U0932615

我在洛阳一个古老的村落度过了贫穷但快乐的童年。儿时的我，在漆黑寂静的夜晚，时常凝望着洛阳城中的璀璨灯火，心中充满期盼与遐想。贫穷产生改变命运的动力，快乐提高汲取知识的效率。斗室的泥巴墙上，贴满了乡村学校颁发的各色奖状。

七年的朗朗书声戛然而止，耳边骤然响起低沉的劳动号子与嘈杂的机器轰鸣。放下工具便拿起书本，苦苦挣扎四载春秋，终于在1979年夏末秋初，抖落满身的尘土，哼唱着洛河边的歌谣，到了滔滔黄浦江畔、幽雅复旦园内，在“沉闷的科学”中欢快地寻觅智慧，人生从此大为不同！

2003年和2010年，作为国家公派访问学者，漂洋过海，先后南下澳大利亚西悉尼大学法商学院，西行爱尔兰国立考克大学经济学系，全方位考察盘点经济学理论与政策实践，零距离感受品味市场经济与民主政治，多角度审视反思华夏文明与礼仪朝纲。

从浩瀚的海洋上吹来的蓝色文明，拂去了我许多迷茫与困惑，滋润了我近乎干枯的心灵，赋予我理想与激情。如今，我执著地在黄土地上涂抹着梦幻般的蓝色，投入地讲述着山那边陌生而动人的故事，忘情地扑向遥远天际缓缓撒下的一片光明！

经济学家茅于轼先生全力推荐

经济学
智慧之光

霍彦立◎著

THE BRILLIANT
WISDOM
OF ECONOMICS

经济日报出版社

图书在版编目（CIP）数据

经济学智慧之光/霍彦立著.
--北京：经济日报出版社，2012.9
ISBN 978-7-80257-451-9

Ⅰ. ①经…
Ⅱ. ①霍…
Ⅲ. ①经济学-文集
Ⅳ. ①F0-53

中国版本图书馆 CIP 数据核字（2012）第 218513 号

书　　名：经济学智慧之光
作　　者：霍彦立
责任编辑：王　含
责任校对：刘妙怡
出版发行：经济日报出版社
地　　址：北京市西城区右安门内大街 65 号（邮编：100054）
电　　话：010-63567690（编辑部）　63567693（邮购部）
　　　　　010-63559665　63516959　83558469（发行部）
网　　址：www.edpbook.com.cn
E - mail：jjrbbjb@163.com
经　　销：全国新华书店
淘宝网店：经济日报出版旗舰店
印　　刷：三河市世纪兴源印刷有限公司
开　　本：710×1000mm　1/16
印　　张：15.25
字　　数：230 千字
版　　次：2012 年 9 月第一版
印　　次：2012 年 9 月第一次印刷
印　　数：0001～4000 册
书　　号：ISBN 978-7-80257-451-9
定　　价：38.00 元

自 序

美国《纽约时报》专栏作家大卫·布鲁克斯，2010年3月25日发表文章，题为《回归历史》。文章在讨论了现代经济学走过的弯路和2008年世界经济衰退的教训之后指出："现如今，许多经济学家开始反思和重新评估经济学。经济学家正向心理学家、神经系统科学家和社会学家取经。经济学开始步入情感、社会关系、畅想、爱与美德的世界。"是的，经济学的道德哲学血缘，使它始终关注大众的福祉，关注人的欢乐与痛苦，关注社会的公平正义。经济学家必须具有人文关怀精神，应致力于推进自由与公正等更基本的目标。

多年来，我一直在强烈的道德使命感的驱使下，默默读书、细细观察、静静思考、娓娓讲述，以经济学的思想智慧观察社会现实，对一些政治经济问题追根溯源，并为其解决献计献策。这个看似平静的过程其实是心绪跌宕起伏，时而欢乐，时而悲伤，时而振奋，时而消沉，但与此相伴，也往往会产生出很多感悟和思想火花。由于这种感悟和思想火花往往是朦胧、单薄、冲动、跳跃甚至转瞬即逝的，为避免它们悄无声息地随风而去，枉费心血，于是，平日里，本人一有感悟和思想火花闪现，便立即下笔成文，记下内心所得，力争让朦胧变为清晰、单薄变为厚实、冲动变为冷静、跳跃变为平稳以及转瞬即逝变为恒久绵长。这样一来，无意中遂积攒下不少随笔文章。希腊历史学家、随笔作家普卢塔克比（46～120）说："我们内心的所得，将改变外在的现实。"是的，短小的随笔文章，只要是作者真正的内心所得，只要是自己认真思考的结果，并且引发他人认真的思考，便具有不可忽视的价值，便会对现实世界产生影响。现在，我从自己以往的作品中，精挑细选一些，修改润色并插图之后，打捆结集出版，与大家分享我的内心所得，也希望这种内心所得有助于改变外在的现实。

纵观现实世界，经济与政治难道不是总交织在一起吗？经济与政治以及经济学与政治学等学科的内在关联是割不断的！因此，本书对经济问题与制度问题给予同等重视。这本随笔集在文章次序的安排上，尽量让彼此之间有一定的理论逻辑关系，符合现代经济学的基本架构。大致说来，本书前一部分内容为"物欲与调控"——经济学；后一部分内容为"人性与规制"——（新）制度经济学。所讨论的主题，基本都是可能为普通读者所理解并感兴趣的内容，多聚焦于基本原理或者"通论"，对普遍规律浓墨重彩。

本书是为广大普通读者写的，因此，它以简明、通俗或许还有点儿优美的语言以及精彩有趣的案例故事和插图，尽可能展现经济学的艺术之美和思想智慧之光以及人文关怀精神，尽可能缩小经济学与普通大众的距离，让人们轻松而快捷地欣赏、理解和运用经济学的基本原理与思想智慧，借经济学慧眼，更深刻和全面地了解自己所置身的环境，能独立判断有关问题的成因并形成自己解决问题的基本思路。经济学家詹姆斯·M. 布坎南（1919～）曾说："学习经济学不能保证你不失业，但保证当你失业之时你知道你为什么失业。"照此说法，我不能消除人与人之间的收入差异，但我可以让你知道为什么存在收入差异；我无力改变弱势者的状况，但我可以让你知道弱势者何以弱势；我不能遏止腐败，但我可以让你知道为什么腐败滋蔓；我无力改革制度但我可以让你知道什么制度能够保障公民权利、增进百姓福利并带来可持续发展……毫无疑问，让人知道"所以然"，是教育和学术工作的重要成果和贡献之一。而人们知道"所以然"，又是解决问题的重要前提之一。启蒙运动彪炳史册的一个重要原因就在于此。因此，绝不可小视让人知道"所以然"的任何工作！

本书首先是侧重于让读者知道"所以然"的作品，或者说，本书重点在于"解惑"，尽可能清晰地揭示困扰我们个人和社会的种种问题的根源；本书其次是让读者自己探索"如何办"的作品：直接或间接地展示摆脱个人和社会困局路的基本路径或者必由之路。经济学家约翰·梅纳德·凯恩斯（1883～1946）说："经济学理论，不能提供一套可直接用于政策的固定结论。它不是一门教义，而是一种方法，一台智力机器，一种使掌握这门学问的人得出正确结论的思考技艺。"希望本书有助于为读者提供一个新的视角，有助于他们对有关经济与政治问题得出正确的结论。

"人的一生都要面临经济问题。挣钱需要经济学知识，作为消费者花钱同样需要经济学知识。经济学不能保证一个人事事成功，但不懂经济学，你可能常常倒霉……没有接受过经济学系统训练的人，甚至没有能力理解并处理政治经济事务，就像一个聋子，给他配上一个助听器，可能依然无法欣赏音乐的美妙……我们不是为学经济学而学经济学，而是为了它所闪烁的智慧之光。"（萨缪尔森，1976）人生确需经济学智慧之光引领照耀，需要经济学的知识帮助我们更好地理解我们所置身的社会，更好地理解经济运行和社会治理机理。

正如英国作家查尔斯·狄更斯（1812～1870）所言，这是一个最好的时代，也是一个最坏的时代。何以见得？见仁见智。在这样一个人们似乎充满困惑与焦躁以及社会仿佛有些不安与彷徨的时刻，本人竭诚尽智为经济学智慧之灯加油，深情地拨亮经济学智慧之灯，愿那光芒四射的智慧之光照耀我们的心灵和前程！

霍彦立

2012.6

经济学智慧之光

The Brilliant Wisdom of Economics

目录
CONTENTS

人性与规制

导论　你说这是为什么

德意志的土地上，密集地演绎着“天下大势，分久必合，合久必分”的悲喜剧。惨烈的第二次世界大战结束之后，德国首都柏林被分为两个部分：美英法控制的西柏林和前苏联控制的东柏林。德国也随后被分成为两个国家：资本主义的德意志联邦共和国（简称西德）和社会主义的德意志民主共和国（简称东德）。20 世纪 90 年代，东德的 GNP 只有西德的 15%；东德的人均 GNP 只有西德的 54%；东德的人均实际收入只有西德的 51%；东德人要工作 3807 小时才能买到一辆简陋的汽车；而西德人工作 607 小时就能买到一辆更好的汽车。（詹姆斯·A. 道《发展经济学革命》，上海三联，第 92 页）1989 年，德国统一时，对新国家的财富贡献比例，西德为 93%，而东德仅为 7%。同文同宗、起点大致相同的两个国家，经济上的差距如此巨大，你说这是为什么？

1959 年 7 月 24 日，美国在莫斯科举办的“美国国家展览会”开幕，美国代表团团长、时任美国副总统的理查德·尼克松（1913～1994），陪同时任前苏联部长会议主席的赫鲁晓夫（1894～1971）参观。在一座美式别墅的厨房展台前，也许是琳琅满目的美国家用消费品刺激了其军事重工业发达而民用轻工业落后的赫鲁晓夫，他发起了事先并没有安排的关于两国制度之优劣的争论，谓之“厨房争论”。赫鲁晓夫左手拿着白色礼帽，挥舞着右手说：“我们的革命才仅仅 42 年，而美国已经建国 150 年了，看看它才发展到什么程度？我们 7 年之内将赶上美国，然后将进一步超越。当我们超越美国之后，我们将优雅地回头向你们招手。”说到这里，赫鲁晓夫环顾左右，喜悦之情溢于言表，其爽朗的笑声与掌声伴随着他波浪般不断上下摆动的手掌在现场回荡。“如果你们喜欢，我们可以停下来，向你们喊‘跟上来。’”接着，他突然变得严肃并且声调提高：“但是，如果你们喜欢资本主义，那是你们的事情！”一直面带微笑站在一旁聆听的尼克松，最后回应：“你们是在某些领域领先我们，比如太空技术和火箭什么的，但是居民消费品比如电视机，你们怎么样？正像你所说的，我们之间的竞争是不可避免的。如果你们计划在消费品生产上也超越我们，如果这种竞争给我们两国人民以至全世界人民带来好处，那么，这种竞争就是必需的，也是有价值的。”啊，1966 年就要超越美国的苏联今何在？就连经济学诺贝尔奖得主萨缪尔森（1915～2009）也在 1973 年建立模型，预计前苏联的人均收入最早到 1990 年、最迟到 2015 年就可以超过美国。可到了 1991 年年底，前苏联解体了，然而，时至今日，美国依然雄霸世界。你说这是为什么？

1978年以前，中国农村地区的贫穷和饥荒折磨着勤劳的农民，例如，安徽省凤阳县小岗村大包干带头人严俊昌说，大包干之前，小岗前后饿死了67口人，全家死绝的就有6户；大包干前一年，小岗村社员年底人均分到了18.2元人民币。农村户口和城市粮票等构成了农民们难以逾越的"篱笆墙"；农民们被阻隔在他们做出了巨大牺牲和贡献的"现代化和繁荣"之外。城市地区只是相对于农村以及往昔而显得现代化和繁荣。事实上，城市地区依然受到消费品匮乏和公共物品不足的困扰。无论数九寒天，还是盛夏酷暑，白色、灰色、蓝色和军装绿为其服装主色调的市民们，拿着五花八门的票证排着长长的队伍去购买可怜巴巴的一点生活所需……从1972年意大利导演安东尼奥尼（1912～2007）所拍摄的纪录片《中国》中可以看到，即便是首都北京的长安街，平日里也是车马稀少，王府井街头有人吃根冰棍儿也招来羡慕眼光。首善之区首都尚且如此，遑论其他城市。然而，从1978年起，中国农村地区却迅速摆脱昔日的贫穷，粮食连年丰收，瓜果梨桃、鸡鸭鱼肉供应充足；城市地区大楼鳞次栉比，车水马龙，灯火辉煌，商业发达，现代工业产品琳琅满目，可说应有尽有；华夏神州大桥飞架，交通发达；科技发达，神舟遨游太空；经济持续高速增长，宏观经济总量GDP也已跃居世界第二，并成为世界最大的债权国。

当今世界，地缘政治与经济实力发生重大调整和变化，经济风云变幻，危机四伏。经济增长强劲、消费品市场广大、外汇储备充足的中国，被视为世界经济危机的拯救者——被期待救主要经济体于危难或扶世界经济大厦于将倾。事实上，中国真的正在为世界经济走出困境做出重大贡献。

“星星还是那个星星哟，月亮还是那个月亮；山也还是那座山哟，梁也还是那道梁。”也就是说，我国发展经济的自然禀赋条件依旧，但社会经济却发生天翻地覆的变化，一跃成为超级经济巨星，成为世界经济强国。你说这是为什么？

物欲与调控

芸芸众生需要无限，小小星球资源稀缺。人类永远摆脱不了由欲望无限与资源稀缺之间的矛盾及其所带来的困扰。经济学一直致力于缓解这种矛盾并减轻人类所受困扰，研究个人和社会如何配置稀缺资源，来生产和分配商品与劳务，以最大限度地满足人类无限欲望并提高社会福利水平。无论何人，无论从事什么职业，终生都要面临和解决积累和管理财富等诸多经济问题，都需要经济学智慧火炬的引领。经济学事关国计民生，正如严复先生所言，经济学乃是“邦国天下生食为用之经”。

上到天上还嫌低

明朝的朱载育（1536～约1610）写有这样脍炙人口的文字："终日奔忙只为饥，才得有食又思衣。置下绫罗身上穿，抬头又嫌房屋低。盖下高楼并大厦，床前却少美貌妻。娇妻美妾都娶下，又虑出门没马骑。将钱买下高头马，马前马后少跟随。家人招下数十个，有钱没势被人欺。一铨铨到知县位，又说官小势位卑。一攀攀到阁老位，每日思想要登基。一日南面坐天下，又想神仙来下棋。洞宾与他把棋下，又问哪是上天梯。上天梯子未坐下，阎王发牌鬼来催。若非此人大限到，上到天上还嫌低。"这段精妙的文字，反映出人类的欲望具有无限性，可谓得陇望蜀，而且以加速度由低级向高级连续不断地产生，可谓得寸进尺。一般说来，人们的前一种欲望得到满足或者部分得到满足，后一种欲望、更高水平的欲望便随之立即产生。

人类的欲望永远难以得到全部的满足。"楼上楼下，电灯电话"的时代早已到来。今天，普通百姓都享用着连昔日皇帝都不曾享用过的飞机、汽车、空调、彩电、电灯、电话，等等。按常理说，如今的人们该心满意足、笑口常开了吧，但实际情况并非如此，他们还是长吁短叹，掩饰不住无奈、失望甚至是不满之情。展望未来，技术的进步，经济的增长，肯定会有更多崭新的商品和更周到的服务出现，人们可以消费的商品和劳务的种类与数量肯定会更加丰富、更加充足，但毫无疑问的是，未来人们也会产生新的、今天想都想不到的需要或欲望；人们仍然会有失望与不满！

人的欲望无限并非完全是坏事！比如，人有着少干活多拿钱的欲望，有着不劳而获的欲望，于是生出许多投机取巧的事情，或者说创造出许多减少劳动投入并增加产出的技术和工具。我多次在普通公路上看到公路护工自制的扫路机，一辆拖拉机牵引并带动后面一个大圆盘，圆盘上扎着十来把大扫把，旋转的扫把将路面的垃圾扫入路旁的沟槽。毫无疑问，公路护工的劳动强度和风险降低了，劳动效率提高了。而我拿不准的是，每一把扫把的背后是否都有一个领着工资却在休闲娱乐或干私活的护路工人？于是，有人认为，人类的懒惰也是推动经济增长和社会发展的动力源泉，因为懒惰可能激励人们去发现或创造减小劳动强度和投入量以及降低工作风险的生产工具和生产方法，而生产工具与生产方法的革新会推动经济增长和社会发展。由此看来，如果把无限欲望和懒惰看做是人类的“恶性”的话，那么，推动经济增长和社会发展的力量来自“恶”而非来自“善”。

事实上，欲望无限以及人们为满足欲望而冒险、创新和努力工作，是经济增长和社会发展的动力源泉。近日看到一家饮料企业的广告，广告词写道：“世界的每个改变都是源自一个个小小的渴望。渴望无限大，成功才会无限大。渴望就是力量！”这广告词深刻而且准确！无穷的欲望，引致出惊天地、泣鬼神的人类壮举；“人心不足”方可“蛇吞象”。今日，西方工业化国家的繁荣与富足，与西方人近乎贪婪的欲望所引致的掠夺、冒险、创新、开拓不无关系。“资本主义有效率，正是因为它利用了贪婪的无情竞争力量和致富的欲望，竭力实现利润的最大化。”（莱斯特·瑟罗，1996）西方经济史表明，为了最大限度地满足个人对财富增长和自我实现的需要，城邦文明必须经常性地及时做出调整，以便满足新的欲望和缓解新的矛盾。而这种为满足新的欲望而进行的城邦文明的调整，实际上就是制度的调整。在张新等人所著的《再塑人文——与2049年的中国对话》一书中，西方文化与东方文化被多角度、多层次地进行了比较。该书中提到，西方文化“主动”教育出对于财富、自由、个性等有着无法遏止的强烈欲望的民族性格，培养出“一半是天使、一半是野兽”的人。作者说，西方人的欲望与

个性中有明显的“兽性”，所谓西方人就是从丛林中狂奔而出的“金发碧眼的野兽”。当他们的个人需要与环境条件发生矛盾冲突时，西方人主要通过创新、奋斗或者掠夺等“外求”方式缓解矛盾。17 世纪，弹丸小国荷兰便称雄世界，经济触角触及亚非和北美洲。荷兰黄金世纪诗人冯德尔（1587 ~1679）在 1656 年新的市政厅落成时写下这样的诗句：“我们阿姆斯特丹人扬帆远航，利润指引我们跨越海洋，为了爱财之心，我们走遍世界上所有的海港。”18 世纪时，英国诗人威廉·怀海德（1715 ~1785）在诗中写道：“战争的勇气因贸易而坚定，新的力量因征服而来。”

保罗·萨缪尔森（1915 ~2009）在其《经济学》中曾列出一个公式：幸福=物质消费/欲望。是的，其他条件不变，个人看破红尘降低欲望的确会改善心境，提升幸福感，退后一步真的天地宽！有时候，这也确实是一种有益身心健康的生活态度。不过，这是对个人而言的，对整个社会而言，情况则就有所不同。经济发展史表明，在“知足者常乐”这一观念深入人心的国度，在小富即安的地方，将无法形成社会规模的冒险、创新、开拓，而这一切对经济的增长和社会的进步又极为重要。欲望水平极低或欲望水平受到严厉控制与压抑时，人的个性难以全面张扬，人的潜能难以充分发挥，从而，个人、民族、国家所能达成的成就必定受到限制。企业家没有对利润的火一般的热望甚至贪婪，则不会以胆大包天的冒险方式去试验开发新的生产方法与新产品，不会以别出心裁的创意去发现或塑造消费者的需求；消费者没有对金钱与物质消费的强烈欲望，则不会出售其拥有的生产要素并充分发挥其生产要素的潜能。居民在要素市场上作为生产要素的所有者和供给者，他们对金钱的欲望程度，决定着生产要素的供给量和使用强度；居民在商品市场作为商品和劳务的需求者和消费者，他们对物质消费的欲望程度，在微观层面决定着商品和劳务的市场空间，在宏观层面决定着国民收入和就业的规模；消费者对价格等信息的敏感程度以及对商品和劳务“吹毛求疵”的程度，决定着供给方的竞争压力和技术更新、产品换代的速度。市场经济的效率或一个国家的富有，有赖于“贪婪”的生产者与“贪婪”的消费者在公开的市场上的互动。只有法治环境中“贪得无厌”的生产者与“贪得无厌”的消费者的品格组合，才产生巨大的社会经济发展推动力，才促进个人与社会财富的增加。“为了金钱，可以生出许多恶事来，从钩心斗角、小偷小摸，直到杀人放火、铤而走险、世界大战。但仔细想一想若大家都不去努力发财，这个世界今天会是什么样子？我们就不会有今天的高楼大厦、电灯电话、电脑音响、卡拉 OK、航天飞机、坦克大炮。它们都是人们不断追求金钱也就是追求物质文明的结果。”

（樊纲，1999）

欲望事关个人幸福，事关社会发展的动力。就增进个人幸福感的途径而言，究竟以“外求”即努力奋斗增加物质消费，还是以“内求”即控制欲望，或者双管齐下，应由个人来决定选择，这完全是个人的事情！“存天理灭人欲”是一种错误的治理思路。经济学所侧重的应是，凭借市场机制有效配置资源，高效率地生产提供商品和劳务，最大限度地满足人类欲望。当然，就像我们后边将要讨论的那样，很多令人生厌和愤慨的见利忘义之举，其实系由于制度堤坝漏洞太多。因此，社会的治理者所应做的不是去遏制压抑人们的欲望，而是应致力建筑制度堤坝，对人类欲望因势利导，既防止物欲横流，又利用好欲望的社会发展动能，最终增进社会福利。

最被自然虐待的是人类

人类发达的大脑产生着无穷的想象，非凡的梦想，太多的追求，无限的欲望。然而，我们却居住在一个有限的小小星球之上，没有足够的资源来满足人类无限的欲望。

传统的政治经济学教科书指出，有些东西有使用价值但没有价值，即其中没有凝结人类抽象劳动，比如空气、阳光和水。于是，根据劳动价值论的价格决定原理，空气、阳光和水都分文不值，可以自由取用即消费不需付费。奔腾到海不复回的滔滔黄河水，真的分文不值吗？2008 年 6 月 15 日下午，我在郑州一带的黄河大堤上驱车欣赏夕阳下黄河的壮美时，发现一家黄河水务机构的围墙上写着这样一则标语：“水是商品　用水交费”。俗话说“物以稀为贵”，水是稀缺的，因此，使用必须付费。事实是，在这个世界上，几乎所有的资源以及商品和劳务都是有价格的，表明它们都是稀缺的。不同资源或商品和劳务的价格高低不同，则表明其稀缺程度不同。“贵”是“稀”的结果。一个有限的地球，其蕴藏的资源不可能取之不尽用之不竭。资源具有稀缺性是不争的事实！

美国经济学家萨缪尔森（1915～2009）曾说，如果让全世界的人们都写出自己所想要的一切商品和劳务，能写的自己写，不能写的让人代写，买起买不起没关系，只管写，想要什么写什么，想要多少写多少，那么，将写出来的所需商品和劳务量加总之后，其总量将会大大超过世界现有生产资源、生产能力和技术水平所能生产的最大数量。“在栖息于地球上的一切动物之中，初看起来，最被自然虐待的似乎莫过于人类，自然赋予人类以无数的欲望和需要，而对于缓和这些需要，却给了他以薄弱的手段。”（休谟，1739）

“我们实际上只不过是一小撮脆弱而没有什么防范能力的哺乳动物。人类自从诞生的第一天黎明开始，便被大群大群的生物团团包围，相比我们而言，它们为生存所作的准备更为充分……有些甲虫即使少了两条、三条或四条腿，仍能一如既往地奔走，而我们自己，只要一个脚趾头被大头针扎一下，我们就无法行走。而人类只能够在最为适宜的环境之中生存，所以不得不在位于高山和深海之间的几小块旱地上寻找居所。我们人类除了非凡的理性天资，相比于其众多敌人而言，没有任何优势。”（房龙，1931）

相对于人类的无限欲望，世界现有的资源供给严重不足，这就是稀缺。我不敢也无法断言人生而自利，但是，我认为在适者生存的稀缺世界里，“最受自然虐待”的人类，自利或者利己也许是迫不得已的，也是生存所必需的。人世间的诸多纷乱争斗与辛酸苦难，皆与人类欲望无限和资源稀缺的矛盾所引发的生存竞争有关。电视纪录片《公司的力量》有这样的解说词：“当地球有限的资源而面对人类无限的欲望时，争夺和冲突无可避免地贯穿了整个历史。”我想，所谓“最被自然虐待的似乎莫过于人类”，无非是说，人类备受欲望无限与资源稀缺之间的矛盾的持续折磨。

缓解人类欲望与资源稀缺之间的矛盾，减轻这种矛盾给人类带来的折磨，使经济学研究成为必要，也是经济学的基本使命。现代经济学和市场经济，强调利用市场供求力量，在“看不见的手”的引导下，合理开发配置稀缺资源，高效率和公正地生产分配商品和劳务，最大限度地满足人类无限欲望。茅于轼先生对经济学的巨大作用和意义进行了归纳：“经济学是一门伟大的科学，它能够帮助我们合理利用资源，使用一定的投入得到最大的产出。靠经济学的指导，人类社会变得越来越富有。经济学发展的二百多年中，社会财富成百倍地增加，教育得以普及，寿命得以延长，人类真正走进了不愁匮乏的时代。大家都认为经济学造福于人类，功莫大焉。”

供求剪刀咔咔响

经济学教科书中常说，经济学研究的困难之一，就是不像自然科学那样，有实验室，可以进行人为控制的实验，可以清晰地观察相关变量的决定与变动过程，甚至通过调整相关变量来达到预期目的。其实，也不尽然。至少关于商品和劳务的价格决定，有个近似的实验室，在那里可以具体观察商品价格的决定与变动过程，这就是拍卖行。

中国封建社会皇帝们，不管其治国安邦能力如何，有些人的琴棋书画功夫还是非常了得，比如，宋朝皇帝徽宗赵佶（1082～1135）就特擅长花鸟画。出自徽宗赵佶笔下的《写生珍禽图》，2002 年 4 月 23 日出现在中国嘉德春季拍卖会上，开拍价 780 万元人民币。作为那次嘉德春季拍卖会的重中之重，《写生珍禽图》吸引了众多买家和新闻媒体到场。当拍卖师一叫出 780 万元人民币的底价时，各路买家竞相举牌；供给量 1 幅，而需求量是齐刷刷举起的一大片绿边白底黑字的应价牌子，只见牌子不见人，难以计数。需求量远大于供给量，竞买价不断攀升。随着喊价不断提高，应价牌子越来越少，举牌似乎越来越艰难，仿佛应价牌子越来越沉重似的。当拍卖师喊出 2300 万元人民币时，拍卖场无数双眼睛都在迅速搜索举牌者。依然还有人举牌，只是，群雄束手，仅有孤零零的 1 个应价牌子，鹤立鸡群，独孤求败。供给量 1，需求量 1，拍卖师的一声槌响，响声回荡缭绕，让人心震颤。《写生珍禽图》的价格最终定在了 2300 万元人民币。接着，全场掌声雷动。加上佣金，《写生珍禽图》实际成交价为 2530 万元人民币。

拍卖会上《写生珍禽图》的价格决定，揭示了市场经济中商品和劳务价格决定的一般原理。在市场经济中，正如经济学家阿尔弗雷德·马歇尔（1842～1924）所说，就像剪纸需要剪刀上下两面刀刃共同作用一样，商品和劳务的价格是由供求共同决定的。供求决定价格，这本是一项经济常识。

那种认为价格由劳动价值决定的理论，其实就是认为价格主要由供给一方决定，因为，所谓价值是生产某种商品所耗费的劳动量或者社会必要劳动时间——在现有的社会正常的生产条件下，在社会平均的劳动熟练程度和劳动强度下，制造某种使用价值所需要的劳动时间，这是生产领域或供给一方的事情：生产领域效率变化了，社会必要劳动时间变化了，则产品价格就发生变化。按此逻辑，《写生珍禽图》的价格反映了其价值即凝结其中的抽象劳动。可是，谁能算出《写生珍禽图》内凝结的劳动量？如何计算？拍卖会上的购买，是一种投资。投资是讲究回报的。有人今天一掷千金，花费 2530 万元购得此画，是因为他对《写生珍禽图》未来的涨价有充分信心。因为，有人说在投资领域，所谓信心，就是当一个人劈柴的时候就感到炉火的温暖。《写生珍禽图》的价格完全可能在未来飙升！于是，即便有神人能够计算出其中的凝结的劳动量，如果若干年后此画价格一如买方预期的那样大幅飙升，那么，作者徽宗赵佶早已逝去而其画作中凝结的劳动量又如何能够增加呢？

美国著名的自由主义思想家伦纳德·里德（1898～1983）在美国 1958 年的《自由人》杂志上发表了一篇文章，题为《小铅笔的家谱》。铅笔用它自己的话，讲述了它产生的复杂历程："没有一个人，知道我是怎样造出来的。首先，造铅笔的木头来自一棵树，一棵长在加利福尼亚和俄勒冈的笔直的雪松。把它砍倒，运到站台，需要锯子、卡车、绳子和无数其他工具。这些工具又涉及其他许许多多的人和各种各样的技能：先采矿、炼钢，然后才能制造出锯子、斧子和发动机；先得有人种麻，加工成又粗又结实的绳索；伐木场里要有床铺有食堂，而伐木工人喝的每一杯咖啡里，就已包含了许多人的劳动。接着，木料被运进木材加工厂，在那里，圆木被制成板条，然后，板条从加利福尼亚运到威尔克斯巴勒，到此，铅笔被正式制成。但这只是铅笔的外皮，那个铅芯根本就不是铅。它最初是从锡兰开采出来的石墨，经过复杂的加工，最后才制成铅笔的铅芯……哎呀，忘了说了，在伐木工喝的每杯咖啡背后，也有成千上万的人的劳作……”这是一个经济全球化、分工复杂细密的时代，用商品生产商品，试问，谁能确定一件商品之中的抽象劳动量？价格何以由劳动价值决定？

供求力量是市场经济的基本力量。“无论什么样的文化、宗教身份、社会主义模式、意识形态和政治体制，都存在供给和需求的力量。”（弗鲁博顿，2000）在市场经济中，大部分经济变量主要由供求力量决定，因此，只要掌握了供求原理，形成从供求两方面考虑问题的思维习惯，就基本获得了打开经济学知识宝库的钥匙，正像无名氏所说：“你甚至可以使一只鹦鹉成为一名博学的政治经济学家，而它所需要学的一切就两个词：需求、供给。”

“再过六个星期，这些工商管理硕士就可以投放市场了。”

今天，不管象牙塔里如何讲解商品价格的决定与变动，实践中的人们，从充满活力的市场上看到了供求力量如何决定价格，以及价格又如何随着供求关系的变化而变动。人们从抽象的理论逻辑回归简单常识。有时候，回归常识也是一种进步！

给一个合适的支点就能撬动地球

阿基米德（前287~前212）有名言道：“给我一个支点，就能撬动地球。”他形象地告诉我们杠杆的魔力，告诉我们以小博大的迷人原理。经济学中则有价格杠杆，威力巨大。经济学家或许也可以说：“给我一个合适的支点，我也能撬动地球。”这个支点是什么？是价格！

从卖的角度看，天下没有什么卖不出去的东西，只要价格合适！其实，价格是个数字，可以大于0，等于0，也可以小于0。任何一件东西，如果卖不出去，一定是价格支点不合适——价格太高。不断调整支点——降低价格，随着价格的不断降低，卖出去的几率就不断增大。如果价格降为0，即不要钱，还是卖不出去，那就倒贴，标出负价格，即价格小于0。如果还是卖不出去，那是因为贴得少；只要不断增加倒贴额，总有卖出去的时候。当然，这种说法似乎有些荒诞，但其中技术原理是没有问题的，并且，在现实中虽不多见但并非没有这种现象。比如，张三家里曾有一件挺占地方的破旧衣柜，整修房子时他急着把它卖了，多少卖几个钱都行，即他的开价大于0。他喊来了一位收购旧家具的人，可收购者非常老道，甚至有几分狡猾。他对张三的开价毫不动心，只是说：“这衣柜式样早过时了，旧货市场上没人买，我不要。”这时，急于让家里焕然一新的张三说：“算了，不要钱了，你搬走好了。”显然，张三的开价降为0。可收购旧家具的人却说：“太沉了，这么笨重，不要钱我也不要。你若是要我把它搬走，你得给我10块钱。”无奈之下，张三最后说：“好吧，就给你10块钱，你把它搬走吧。”张三以负10元的价格卖掉了他的旧家具；他以倒贴的方式卖了想卖的东西。也许有人说，张三的旧衣柜是垃圾，当然要给人清运费。可我在安阳钢铁集团有限责任公司综合利用开发公司见到过高大的广告牌，上面写着：“世上没有垃圾，只有放错地方的财富。”此言极是！张三的旧衣柜绝不是垃圾！我坚信，那件旧衣柜给那个收购旧家具的人带来的净货币收益绝对不止10块钱。但不管怎么说，张三把旧衣柜卖了。是啊，只要价格合适，天下没有什么卖不出去的东西！“皇帝的女儿不愁嫁。”请仔细想想，这到底是为什么？

从买的角度看，天下绝大多数的商品和劳务都是可以买到的，只要价格合适！就绝大多数商品和劳务而言，如果买不到，最有可能的原因，是价格支点不合适——价格太低。不断调整支点——提高价格，随着价格的不断提高，实现购买愿望的几率便不断增大，成交的可能性随之增加。2003 年电视连续剧《走向共和》热播，其中有这么一个情节：袁世凯（1859～1916）视军机大臣瞿鸿禨（1850～1918）为自己仕途的一大障碍，但欲除不能。一日，袁世凯的智囊杨士琦（字杏城，1862～1918）对袁世凯说，如果能够买通一个人，买他一本奏折，让他奏瞿鸿禨一本，必能扳倒瞿鸿禨。袁世凯与杨士琦两人之间的台词如下：

袁世凯：“他是谁呀？”

杨士琦：“吴毓鼎。瞿鸿禨所有为难大人的事情都能找到吴毓鼎的影子。”

袁世凯：“好好好，就是他。杏城啊，一个正直忠诚又有才干的御史，要是能够出面弹劾瞿鸿禨，他一个人就比我北洋一个镇的军队都要有力量。”

杨士琦：“他是有力量，可咱们怎么才能买得动他？”

袁世凯：“杏城呀，我告诉你，没有什么人不会被收买，就看你的筹码有多大。他到现在还没有被收买，那是还没有碰到像我袁世凯这么大的庄家。你要记住我几句话，首先，你要找到他的弱点，还有，每一个人的一生当中，都会有一场大赌局，就看在何时何处发生。这最后嘛，这老虎要是喂饱了，就像猫儿一样听话。去吧。”

杨士琦带着大把的银票和一顶河南巡抚的红顶子的许诺，巧舌如簧地游说据说百毒不侵的吴毓鼎。最终，50 万两银子换来：“御史吴毓鼎奏参，军机大臣瞿鸿禨暗通报馆，授意言官，分布羽翼，其窃权不轨，保守禄位，实属徇私溺职，著即开缺回籍，以示薄惩。钦此。”

我们说这是一个稀缺的世界，说的是资源和物品在特定时点上总量的稀缺和相对固定，但对于个别用途而言，对于某个个体而言，只要肯出高价，几乎可以说想要多少有多少。

前几年，我在一家颇具规模的民营企业讲授《管理经济学》，企业全体管理人员都参加学习，其中就讲到过上述内容。用餐期间，分管人力资源部的副总非常认真地对人力资源部主任说：“今天的课程我深受启发！尽快把我厂急需的专业人才名单报给我。人才问题好解决，只要我们肯出高价，什么样的人才聘不到？哪家的人才挖不过来？”由此想到最近几年时常看到的所谓“民工荒”的报道。一个就业压力巨大的人口大国，怎能出现“民工荒”？若真是招聘摊位前门可罗雀，那一定是给民工的价钱不合适。只要肯付高价，诺贝尔奖获得者也能聘来，遑论普通工人。不是“民工荒”，不是人才匮乏，是价格支点位置不对。

是啊，只要价格合适，天下几乎没有什么买不到的东西！“重赏之下必有勇夫”！请仔细想想，这到底是为什么？

回首往事，由计划经济向市场经济转型的国家，其转型的起点几乎都是放开被长久压制和严重扭曲的价格。它们经济的成功，与价格杠杆的灵活应用密不可分。而今天，它们经济中如果还存在一些供求失衡等结构性问题的话，那么，这些问题的解决，其中一个思路，就是进一步发挥市场机制的作用，给“看不见的手”更大的挥洒空间，不断调整价格支点。

给一个合适的价格支点，就能撬动地球！

富强必自民各能自利始

“人性的首要法则，是要维护自身的生存，人性的首要关怀，是对于自身所应有的关怀。”（卢梭，1762）现实世界是一个“主观为自己，客观为他人”的世界。

亚当·斯密是这样论述的：“我们所以会从屠夫、酿酒者或面包师傅那里得到我们饮食之所需，并不是出于这些人的仁慈或善行，而是出于他们对自身利益的关怀。我们与这些人打交道时所想到的也绝不是他们的仁爱，而是他们的利己之心，他们所想到的也绝不是我们的需要而是他们的利益……每个人都在力图应用他的资本，来使其生产品能得到最大的价值。一般地说，他并不企图增进公共福利，也不知道他所增进的公共福利为多少。他所追求的仅仅是他个人的安乐，仅仅是他个人的利益。在这样做时，有一只看不见的手引导他去促进一种目标，而这种目标决不是他所追求的东西。由于追求他个人的利益，他经常促进了社会利益，其效果要比他真正想促进社会利益时所得到的效果为大。”

社会经济进步的原动力，来自每个人对自我利益的执着而顽强不懈的追求。“世界其实本来就是由大大小小的‘财迷’创造的，没有人们世世代代前赴后继流血牺牲财迷心窍地为了金钱而奋斗，就没有我们今天的一切。”（樊纲，1999）很难相信，一个不珍惜自己性命的人，会真的珍惜他人性命；一个连“我”都忘掉的人，其心目中会真的有“他”。同样，很难相信，一个完全没有个人利益概念的人，会真的顾及他人的利益。英国功利主义哲学家杰里米·边沁（1748～1832）强调人们行为本能的趋乐避苦。萨缪尔森（1915～2009）与诺德豪斯在其第十六版《经济学》中指出，正像艾萨克·牛顿（1643～1727）对宇宙的物质世界有所洞察一样，亚当·斯密（1723～1790）窥见了经济学人文世界的真谛：人们的自利动机以一种奇迹般的方式润滑了经济机器，从而形成了自我调整的自然秩序。美国经济学家詹姆斯·L. 多蒂把基督的教义与资本主义的原则进行了比较，他的结论是：在一个高度专业化的经济中，要达到效用最大化，利己主义是比其他主义更为有效的驱动力。早亚当·斯密和边沁近两千年，我国的管仲（前725～前645）也在《管子·禁藏》中指出：“夫凡人之情，见利莫能勿就，见害莫能勿避。其商人通贾，倍道兼行，夜以继日，千里而不远者，利在前也。渔人之入海，海深万仞，就波逆流，乘危千里，宿夜而不出者，利在水也。故利之所在，虽千仞之山无所不上，深渊之下，无所不入焉。故善者执利之在，而民自美安；不推而往，不引而来，不烦不扰，而民自富。如鸟之孵卵、无形无声，而唯见其成。”近代思想家严复（1854～1921）也曾在其《原强》中明确指出：“所谓富强之者，质而言之，不外利民云尔，然政欲利民，必自民各能自利始。”

西方发达国家的经验表明，只要有严格而健全的约束机制，即便最自私的人，在追求个人利益时，也不得不顾及他人及社会利益，也在自觉不自觉地增进他人及社会利益。罗素（1872～1970）曾指出：“开明的自私自利当然不是最崇高的动机，但是那些贬斥它的人常常有意无意地换上一些比它坏得多的动机。倡导开明自利的人同借英雄品质与自我牺牲的名目鄙视开明的人比起来，对增加人类幸福多做了贡献，对增加人类苦难少些作用。”

任何回避人的利己天性的理论绝不是唯物主义的理论，任何排除了利己因素的激励机制，都不可能产生预期的良好效果，或换言之，只有尊重个人利益、纳入利己因素的制度安排，才能产生预期的效果。国家的法律制度和意识形态宣传教育，应该营造这样一种社会氛围，每个人都可以理直气壮地依法追求个人私

利，依靠辛劳和凭借运气所获得的个人利益和财富均受到认可与保护。

当今世界经济改革的潮流，与其说显示了市场经济的复归，是市场机制的胜利，不如说是人性的复归，是约束引导人的自利性行为的法治的胜利。“各竭一己之能力，各得一己之所需，各守一己之权界，各固一己之自由，各本其人类相固之感情”，有助于市场经济和民主政治的高效有序运行。

相关链接

关于拾金不昧的问题。我们在现实生活中应该经历过丢失贵重物品时的万分焦急，应该知道多数失主都会说如果有人归还失物，那么，一定酬谢！据说拾物者将贵重物品物归原主后若只是得到一声谢谢，不管嘴上如何说，但心中总觉得不怎么是味儿，有时甚至内心深处隐隐作痛，多日难消。但没办法，我们的社会总是从道德层面把拾金不昧分文不取视为高尚之举，夸到天上。电视报道镜头一对，拾物者只能面带微笑地奉还拾得物，即便失主答谢，也会婉拒，否则，连自己都觉得自己境界太低，遑论他人。忽视利己因素的教育，往往使更多人痛苦：拾物者若昧了拾得物，则自己内心紧张不安，失主也焦急痛苦；拾物者若是不昧，完璧归赵但只是得到一声谢谢，则自己又觉得吃亏。我想，如果法律规定凡将所捡到钱财物品归还失主者，失主应将拾得物总价值的一定百分比作为奖励或报酬付给拾物者，那么，这必有助于拾金不昧蔚然成风。比如，《德国民法典》规定：失物价值在1000马克以下者，其报酬为5%，超过此数部分，报酬为价值的3%；归还动物也可获取价值的3%作为报酬；日本《遗失物法》规定，失主应按失物价格的5%～20%之间给付拾物者酬劳；我国台湾则将酬金统一规定为拾得物价值的30%；在西欧，拾物者履行了通知失主、公告或将失物交付警署之后，法国7日内无人认领，拾物者交纳税金后便拥有拾得物，瑞典逾5年无人认领，拾得物所有权便归拾物者。在这样的制度安排下，拾金不昧的行为将会更多，这对双方都好，对社会也好，是多赢的结果。当然，人各有志，若有人心甘情愿无偿送还拾得物，那也是好事。

利己心与红苹果

西方谚语说："天天吃苹果，不用上诊所。"吃苹果肯定非常有益身体健康。果品市场人头攒动，买卖兴隆。苹果摊前，每个购买苹果的人在协商好价钱以后，便开始聚精会神地精挑细选——挑选尽可能又大又红的苹果，真可谓一丝不苟！精心挑选，表明每个消费者都是理性的，都在极力追求自我利益的最大化，并不考虑和在意他人的利益——好的苹果挑选完了，别的消费者买什么呢？卖主怎么办呢？

消费者的利己动机与利己行为，对于苹果品质的提高起着决定性的作用。消费者偏爱并且只选大的、红的、脆的、甜的苹果，于是，具备这些特征的苹果品种不单销售好，而且也能卖上好价钱。苹果销售商为了追求自我的最大利益，也就倾向于批发来这样的苹果。果农为了追求自我最大利益，也就更热衷于栽种盛产此种苹果的果树；此种果树树苗的需求增加，价格上升，果树科研部门也为了自己的最大利益，不断地加大科研投入，积极开发新品种果树。到头来，苹果越来越大、越红、越脆、越甜，产出水平越来越高。规模经济即随着生产规模的扩大所带来的平均成本的降低，不仅使果农和果商收益增加，而且苹果价格由于成本降低和供求规律的作用而相对下降，使更多的消费者得以按更低的价格享用更多更好的苹果，使整个社会的福利水平提高。显而易见，个人的利己动机与利己行为，不仅增加了自我利益，而且无意识地增加了社会利益。是利己心促成了果品的更新换代，促成了果品的优胜劣汰！

在法治与公平竞争的社会经济环境中，只有生产出能够满足消费者需要的商品和劳务，只有其商品和劳务被他人接受，企业才能达到其利润目标；一个人只有提供了他人需要的服务，只有其服务被他人所接受，他才能获得货币收益以满足自己的私人需要。换言之，在法治与公平竞争的环境中，服务他人，或用张维迎的话"伺候他人"，是实现自利目标的唯一有效途径与手段；为实现自利目标，必须时刻敏锐地发现他人的需要，必须以高于竞争对手的商品和劳务的质量以及低于对手价格的方式满足他人的需要。于是，为获得熊彼特（1883～1950）所说的"先驱者利润”——即由于在生产方法、产品设计、服务方式等方面的创新而取得的市场竞争优势所产生的利润，就要进行不断地创新、冒险和开拓，最终，在增进社会利益的过程中实现个人利益目标。不灭的利己心是社会发展和经济增长永不枯竭的动力。

让我们做一个相反的假设。假设人人都“毫不利己，专门利人”，胸中时刻装着阶级兄弟，站在苹果摊前，脑海中便涌现出许多英雄人物。为了别人能买上个儿大、脆甜可口的好苹果，为了商贩更容易卖、更好赚钱，买苹果时专挑选个儿小、干瘪、疤疤瘌瘌的，即人人将争先恐后地抢购又糟又烂的苹果，那么，市场的表现将是，越是干瘪的苹果，越是好卖，越是赚钱。接着，经过一轮轮的市场信息反馈以及供给方的经营反应，苹果有朝一日会变得像干枣一样干瘪。

从长远看，利他动机未必能带来整个社会利益的增加，而利己行为也未必危害社会。据说，当年在鲁国有这样一条规定，凡是鲁国人一旦发现“鲁人为人臣妾于诸侯”，若将其赎买带回，回到鲁国后，可以到官府那里领取金钱赔偿和奖励。孔子（前551～前479）的弟子子贡（前520～前456）从国外赎回同胞，却“不受金于府”。有了这个榜样，人们便陷于困境：赎买奴隶不去报账领赏，自己白白蒙受经济损失，但去报账领赏又蒙受精神荣誉损失——以实际行动证明“小人趋于利”。最终的结果是，“鲁国不复赎人矣”，更多的本可以得救的鲁国人长期在异国他乡漂泊，遭受没有尽头的苦难。而子路（前542～前480）救了一位溺水者，被救者送给子路一头牛以表感谢，子路笑纳了。结果是“鲁国必好救人于患也”。由此便有“子路受人以劝德，子贡谦让而止善”的高论。

在一个资源稀缺和欲望无限的世界上，“斤斤计较”的利己行为远比不计成本的利他行为对于社会经济的可持续发展来得重要。人的远近亲疏的判断与利害得失的计较，及其据此进行的彼此扶助与制衡，确保了社会的基本单位——家庭的稳固与社会的稳定和发展。

不可或缺的激励机制

人们通过学习和实践活动，会积累对经济效率产生显著影响的知识、技能、经验和习惯。存在于人体之中的具有经济价值的知识、技能和经验等因素之和，被称为人力资本。人力资本永远私有，因为它蕴藏于你我的体内，与你我的身心不能分离。除非有人取下我们的项上人头，否则，没有任何人能够以任何方式剥夺你我的人力资本。由于人力资本深藏不露，所以，人力资本发挥作用的程度与效率由其所有人来调节控制，且难以准确测算。工作越复杂，工作中涉及的人力资本投入越多，越是难以判断当事人是否全力工作，是勤勉还是在磨洋工。除非有合理的利益激励，有合理的分配制度，否则，人们不仅不会让其人力资本的作用充分发挥，而且会产生千奇百怪的机会主义行为，整体效率将大为降低。

例如，我国改革开放前，农村实行人民公社制，社员集体劳动，实行工分制。农民只要出工，记工员记下名字，就有工分，至于工作效率与质量，是难以严格准确考核的，基本上是干多干少一个样。于是，男人女人各有磨洋工的招数。比如，男社员，拉着生产队长到地头树荫下扎堆儿抽烟。他们拿出小小的烟布袋，慢腾腾地倒出烟叶，然后搓烟叶，卷纸烟，吞云吐雾，长时间不回地里干活。女社员们也有自己磨洋工的绝招：上厕所，去方便。田野一望无际，无遮无拦，哪有什么像样的厕所呀。一个女子要方便，往往要再叫上几个女子做伴儿。能被喊上做伴儿的女子当然极为高兴，终于可以放下工具，轻松一会儿了！尽管队长对一群女子结伴儿行动有意见，但也无话可说，因为，若有异议，对方的反应往往是："俺是女哩，俺怯得慌"、"你管天管地但你管不住屙屎放屁"。当然，偶尔也有当队长说去人太多影响干活时，胆大的女子会反驳："那你们抽烟的时候男的都去地头，你咋不说呢?"其实，这女子就不得要领了。要知道，队长去地头抽烟，不仅自己可以休息，还可以沾人光——白抽别人的烟叶，他当然没意见了。女子们方便，要寻找什么渠沟呀、青纱帐呀、小树林呀什么的，往往会舍近求远。只见她们同样走到地头，走上渠沿儿。因为渠沿儿太窄无法并行，她们便顺着渠沿儿前后走出一个纵队，在婆娑的树影下慢慢悠悠前行，偶尔还能走出风摆杨柳的韵味来，那必是磨洋工的内心快乐带来的外在体态表达。走哇，走哇，直到那些身影融入绿色的原野，直到视野中只有阳光下熠熠生辉的树叶在晃动，直到生产队长不再凝视远方。一来一回，所耗费时间，绝对不亚于男子抽烟所费时间。有人总结说，人民公社体制下的农民，“出工摇”——摇摇晃晃磨磨蹭蹭；“干活聊”——东拉西扯滔滔不绝；“收工逃”——收工回家健步如飞。

改革开放前，工人阶级也照样磨洋工。“1974 年，我曾在当时最革命的石油战线当过一个月的翻砂工，发现工人们每天只干三四个小时的活儿。我多干了，就有热心的师傅劝我注意群众影响：你这样干可能提高定额，连累大家，群众会对你有意见。后来我在大港油田干活儿，以中上等速度干两个小时，师傅就过来制止我们，说一天的定额已经完成。”（吴思，2007）

不同制度规则下，由于人力资本的存量、质量及其效率与个人利益之间的关联度不同，给人力资本所有人提供的激励就不同，最终导致经济绩效的不同。计划经济及其相应的社会环境，往往把人变成工具，漠视人对个人利益的追求，基本斩断了人力资本与个人收益之间的联系。在知识越多越反动的时代，人力资本存量大、质量高的人，不仅不会因此获得更大经济利益，而且还可能因此而遭受羞辱和磨难，获得负收益。斩断了人力资本与个人收益之间的联系，也就堵塞了效率的源泉。“极左派解决不了（怠工和低效率）这个问题，没有能力弥补激励机制的缺口，就守不住集体经济的阵地，更别提继续前进了。”（吴思，2007）而市场经济拨乱反正，要把工具变成人，强调必要的利益激励，设计合理的薪酬体系，高度强化人力资本与个人收益之间的关联，激发人们积累高质量的人力资本的内在积极性并使人力资本充分发挥作用，以利益激活人力资本，以人力资本激活物质资本，最终带来更高的效率。

美国心理学家、哲学家威廉·詹姆斯（1842～1910）指出：“一个没有受过激励的人，仅能发挥其能力的20%～30%，而当他受到激励后，其能力可以发挥80%～90%。”2008 年 10 月 1 日的《参考消息》有篇文章指出：“人类自幼年起，就在获得奖励的过程中接受教育。孩子们好好吃饭、成绩优异或者收拾玩具都可以得到奖励。专家说，我们需要他人的犒赏，这么做能够振奋我们的精神，激励我们的行动。”激励机制不可或缺！

货币化是一种进步

台湾大学经济系熊秉元先生曾讲过这样的一段经历（载《经济学消息报》NO335）："当儿子还是小孩时，是由保姆带……前后有两位保姆，其中一位是钟阿姨。钟阿姨非常有爱心……钟先生是理发师，手艺很好……儿子试过附近几家理发店，都不理想；最后只好请钟先生帮忙，而他理得真好……内人带儿子第一次去，钟先生一句话：'收什么钱。'就把内人挡了回来。第二次去，知道钱不是万能，就买了一些礼品；钟先生勉强接受。因此，以后就变成常态：内人先去买礼物，买了礼物再带小鬼去理发，理了发再把礼物送给钟先生，（说是）请他转给钟阿姨。而且，小鬼理发公订价格是新台币150元，内人（据她说）总是买三四百块的礼物——这还不包括她花在买礼物上的时间和心思……内人和我都很喜欢钟先生和钟阿姨；不过，我们也真的希望能理发收钱。我猜，在内人买的东西里，有很多可能是他们家根本用不上的。"他还说："……理发店刚好离我们住的地方很近……我知道如果我去理发，他一定不收钱。所以我经常路过和他打招呼，可是从来没有进去理发过。"钱没少花，事实上是多花了，并且熊先生还由于不好意思搭便车而故意不去本想去的钟先生理发店理发，不得不舍近求远，同时，钟先生和钟阿姨家里又添置了一些难以处置的礼品。毫无疑问，这是个双输的结果。其实，人情债也许是世界上最为沉重的债务、最不经济的债务、潜藏着巨大风险的债务。人情债之所以是最为沉重的债务，因为它既没有数量额度，也没有偿还完毕的时候，正所谓"终生不忘"。它使"债务人"的心理与精神上承受着似乎永远抹不去的亏欠与压力。人情债之所以是最不经济的债务，因为债务人以实物或劳务方式"报恩"偿债时，由于不能清楚地了解"恩人"的实际需要与偏好，从而有可能无的放矢，徒费钱财，就像熊先生所面临的情形一样。

我想，如果钟先生按照理发的市场价格向熊先生收费，钟先生不仅可以获得更多的收入，而且还可以避免无法处置不对胃口的礼品的烦恼，最终，他的效用水平会大为提高；另一方面，不仅熊太太可以节省购买礼品所花费的金钱、时间和心思，而且熊先生可以享受钟先生高超的理发技艺，更加潇洒，还省去舍近求远理发所耗时间。而这被节省下来的时间，会使才思敏捷的熊先生创作出更多精彩的作品。精彩的作品不仅使熊先生的名利双收，而且使更多的人增长知识，受到启迪。看来，钟先生还真是收钱的好。

萝卜白菜各有所爱，不同人对同一件物品的喜好程度是不一样的，不同人对同一件物品的需求强度是不同的，因此，不同人对同一件实物给予的主观价值，或者从同一件物品中所得到的快乐，是不一样的。众口难调，且各自偏好深藏不露，因此，一般来说，社会交往中，货币化多比实物化更能增进社会福利或者提高整体效用水平。例如，逢年过节，或日常福利，减少实物礼品，增发现金红包或购物卡，必是各得其所，总体福利水平一定因此提高！比如，中秋节临近，2011 年 8 月 30 日一家报纸上有这样的标题："网友建议过节不如发钱来得痛快——今年过节不发饼，要发就发过节费"。货币化对谁都好！

市场经济是商品货币经济，其显著的特点之一，就是充分发挥货币的计算单位功能，以货币为交易媒介和计量标准，精细计算商品与劳务的价值，进而明确交易各方的权利、责任与义务，以及履行责任与义务的方式、数量与时间。这样做也许会冲淡社会成员相互交往中的温暖人心的友情与亲情，使社会变得冷冰冰的，但它却可以减少社会成员交往过程中的大量的行为与心理冲突，减少许多不必要的纷争与摩擦，节省大量的被消耗于纷争以及解决纷争过程中的物质与时间资源，对社会经济的稳定与发展是有利的。"赤裸裸"的、以可计数的金钱表达的经济关系，总比"含蓄的"的、以无价的情感表达的经济关系少去许多麻烦；白纸黑字肯定胜过君子一言！

1999 年暑假期间，我带领儿子霍达去昆明参观世界园艺博览会，在郑州机场向一位候机的乘客讨了一张 1999 年 8 月 12 日的《彭城晚报》，因为这份报纸上的一则标题引起了我的强烈兴趣。标题是："书画家贾平凹家中贴告示——要字画拿钱来"。报道说，作家贾平凹因 1998 年出版了一本颇有水准的书画集，引得慕名前来索要字画者络绎不绝。为逃脱这种被贾先生称为"生活中的灾难"，贾先生在其住所的入门正厅最显眼处张贴一张这样的告示："自古字画卖钱，我当然开价，去年每幅字仟元，每张画仟伍。今年人老笔也老，米价涨字画价也涨。字斗方仟元，画斗方仟伍，条幅仟伍，中堂贰仟。官也罢，民也罢，男也罢，女也罢，认钱不认官，看钱不看人，一手交钱，一手交货，对谁都好，对你更好。你舍不得钱，我舍不得墨，对谁都好，对我尤其好。生人熟人都是客，成交不成交请喝茶。"他还对记者说："天下的事也真有趣，既然能以字易钱，我也是爱钱的，那我就做书画家吧！”妙哉！真是“君子爱财取之有道”。这样做，贾先生既可稍得宁日，专注于充满奇思妙想的文学作品的创作并挥毫泼墨，又可以增加闲暇与收入；而各色人等既可以求得书画精品，又不欠人情债。难道这不是两全其美吗？

美国学者海尔布隆纳（1919～2005）在《经济社会的形成》一书中指出，把一个传统社会转变成真正的市场经济，需要三个基本条件：第一，以开明的态度对待牟利的经济活动，认为牟利活动是天经地义的，而不是对其充满疑虑；第二，以供求力量指导经济活动，让需求充分自由表达，而不是对其进行人为强制管制；第三，尽量扩大货币化的范围：能够以货币衡量的，一定要用货币衡量；能够以货币表达的，一定要以货币表达；能够以货币支付的，一定要以货币支付。亲是亲财帛分！我想，为人既不要以自己的慷慨放人情债，也不要因自己的小气欠人情债。货币化提高交易效率，降低交易成本，增进社会福利。看来，由计划经济向市场经济转型的国家，经济生活货币化进程是不可避免的；不断提升经济生活货币化程度，不仅将大大推进其市场化进程，而且还提升社会福利水平。

尊重个人偏好　鼓励自由交换

在现代社会里，人们辛苦劳作，是为了挣钱。挣钱是为了购买商品和劳务。购买商品和劳务是为了消费。消费是为了获得满足与快乐。满足与快乐是一种幸福。经济学家将消费者消费商品和劳务之后所获得的心理满足与快乐，称为效用。

［丹麦］赫・皮德斯特鲁普

效用是主观的。同一种商品的效用对不同的消费者往往是不同的。比如，同样的一本书，同样的故事情节，不同的读者读后的感受是各不相同的。

效用决定消费者愿意支付的价格。在具备支付能力的情况下，一个消费者愿意为一件商品支付多高的价格，取决于这件商品对他的效用：效用大，付高价；效用小，付低价；没效用，不出价。我想，一般说来，流行歌手与美声歌剧演员相比，其专业训练所耗劳动量更小，但其演唱会票价和上座率可能比美声演唱会高。年轻听众愿意为流行歌手演唱会解囊购买高价票，而不愿出更少的钱购买美声歌剧票，是因为他们认为流行歌曲给他们提供更大的效用。

既然同一种商品在同一时间对于不同消费者的效用往往是不一样的，而人们又是依据自己的效用评价决定自己愿意支付的价格，因此，企业在商品和劳务的销售定价中，便可以“看人下菜”，即根据效用评价度，向不同消费者索要不同的价格。同种商品的效用因人而异，所以，价格也因人而异。

同一种商品在不同环境下效用是不同的，因而可以有不同的交易价格，比如，雨伞的效用在下雨天肯定更大，因此，下雨天雨伞便可以卖出高价。

无论是物质产品的生产，还是精神产品的生产，其实都是创造效用的活动。效用是一种心理感受，提高产品质量、改善产品包装设计、优化交易环境等，想消费者所想，让消费者赏心悦目，都是可以赚钱的。

萝卜白菜各有所爱，意味着同种商品给不同消费者提供的效用是不同的，从而，消费者自愿进行商品交换是可以增加彼此的效用的。假设一个社会只有两个人，张三和李四。张三喜欢萝卜，1 个萝卜的效用顶 2 棵白菜；李四喜欢白菜，1 棵白菜的效用顶 2 个萝卜。张三用 1 棵白菜换李四 2 个萝卜，李四效用不变。张三用 0.5 个萝卜就可以补偿让出 1 棵白菜所造成的效用损失，于是，这第一轮交换便多出 1.5 个萝卜。其他条件不变，无论这 1.5 个萝卜如何在两人之间分配，社会的效用水平将因为交换而提升。再如，一个酷爱武打小说的人却拥有一本杜拉斯的《情人》，而一个喜欢爱情小说的人却有一本金庸的《射雕英雄传》；两人交换书籍，彼此一定更加快乐，总效用因此增加。现代西方经济学中，用整章的篇幅来讨论和说明自愿交易提升社会效用水平的原理，其所用图形极其复杂，形似鱼骨架，且用一组数学公式表示效用最大化的条件。当然，有人会批评说，那是经济学者故弄玄虚、故作高深之举，是用大家不懂的语言说大家都懂的事情，甚至说完了反而让大家本来懂的事情变得不懂了。不过，对于大学课程，必要的学术范式和数学论证还是不可少的，计量分析的作用是不能忽视的。不管怎样，对自愿交换原理与意义的浓墨重彩，足见自愿交换增进社会福利的原理之重要。

“在孤立状态中，我们的需要大于能力，通过交换，我们的能力大于需要。在孤立状态中，富裕的人们互不相容，通过交换，富裕的人们互相帮助……若果没有交换能力，人类即使不从地球上消失，也只能永远苦苦挣扎在贫困、匮乏和无知之中。”（巴斯夏，1870）自由的、自愿的、不危害第三方的交换，是可以增加总效用和社会福利的。发达富裕国家，繁华都市之中设有红灯区，你说这是为什么？反之，任何时候，无论基于什么目的，直接或间接地阻挠社会成员之间自由的、自愿的、不危害第三方的交换，都将降低总效用和社会福利水平。比如，正当张三和李四按照事先约定的比例交换萝卜和白菜的时候，或者其他人正准备交换书籍的时候，身穿制服、头顶大盖帽的人突然出现，强行终止交易，或者征收如此之高的税费，以至于交易者觉得交换无利可图而终止交易，个人利益和社会福利都将因此受损。一般说来，只要是自愿和不危害第三方利益的交易，都不应该受到过多的外部干预。“周瑜打黄盖一个愿打一个愿挨”，这是两厢情愿，又不殃及他人，你管得着吗？

萝卜白菜各有所爱。任何人，任何机构，都不要轻易地去界定高雅与低俗。依法约束“大盖帽”的权力，规范其行为，尊重个人偏好，疏通交易管道，搭建交易平台，扩大自由空间，鼓励自由交易，对谁都好，不是吗？

相关链接

美国宪法学者斯柯森认为，美国的强大与其所具有的四大自由有着密切的关系。这四大自由分别是：自由购买、自由销售、自由尝试和自由退出。经济史表明，自由既是发展的目的，也是发展的手段。记得茅于轼先生说，真正懂行的经济学家，都是自由派，真正懂经济的都是赞成自由的。我很赞成这种观点！

有度之人福也

马克·吐温（1835～1910）说："每个人都是月球，有其从不展示给人看得的黑暗面。"是的，很多人往往将自己生活中鲜亮快乐的一面示人，博得羡慕与赞叹，也彰显自豪，但与此同时，又精心构筑一道高墙，把自己生活中苦涩的一面严严实实地挡在后面，就像现在有些地方政府用遮羞墙遮挡当地的困苦一样。钱钟书（1910～1998）先生在《围城》一书中说，城里的人想出去，城外的人想进来。我想这是因为高大的"城墙"遮挡了人们的视线，城里的人看不到城外人的苦处，城外的人看不到城内人的无奈。比如，有些普通人家的妻子羡慕官太太的荣华富贵，时常责备自己的丈夫说："看你那窝囊劲儿，每天就会窝在家里。"殊不知，有些官太太最期待的事情之一，就是丈夫窝在家里；她们最痛苦的事情之一，就是独守空房①。她们无奈之时，也许要靠养猫狗来打发时光和驱除豪宅的寂寥。习惯了宠物绕膝撒欢儿的人，宠物一旦丢失，定是伤心焦虑不已。漫画大师丁聪（1916～2009）有这样一幅漫画：局长家里可爱的猫儿丢了，局长夫人很是伤心。局长手下有一批善于察言观色、投领导所好的人。赵科长得知情况之后，立即给局长夫人送来了一只可爱的猫儿。夫人大喜过望，愉快地猛吹枕头风，对赵科长的评价就像对那猫儿的评价一样高。不久，赵科长如愿被提拔了。得知赵科长被提拔的奥秘之后，钱股长、孙组长等纷纷如法炮制。猫儿多了，不仅不稀罕了，而且几只猫儿吵闹打架，爬高上蹿，把家里弄得乱作一团。因此，局长夫人对每一只新来的猫儿的评价都比前一只低，当然，对后来送猫者的评价就像对后来的猫儿的评价一样越来越低（钱股长、孙组长等恐怕要在溜须拍马方面勇于创新方能达到目的）。这验证了经济学家的一种说法，即人们拥有得越多，想要得越少（但金钱和权力除外），从而对于新增加的东西的主观评价

---

① 2011年8月7日，我的一位好友发来手机信息，其中写道："每个人都有自己的活法，自己的伤痛自己清楚，自己的哀怨自己明白……也许自己眼中的地狱，却是别人眼中的天堂；也许自己眼中的天堂，却是别人眼中的地狱。"

越低，而主观评价是决定效用的一个因素，因此，边际效用即多消费一单位商品所获得的额外效用便呈现递减。用经济学术语讲，就是边际效用递减律，即随着一种商品消费量的不断增加，每增加一单位商品所增加的效用，也就是新增的快乐与满足水平逐渐降低。

丁　聪

边际效用递减律的生活启发，就是凡事适可而止，物极必反。俗话说的“天天吃山珍海味吃不出窝窝头的香”或者“话说千遍淡如水”，反映的都是这个意思。再好的东西，消费也要有个限度，过度消费将带来痛苦或负效用。我在给一家煤矿的领导讲课时，一位领导说，他非常喜欢吃他老婆做的卤面，但就是很少开口说要吃卤面，因为只要说想吃卤面，那么他老婆便天天中午做卤面，直至吃得让他反胃。是呵，凡事真的要适可而止，物极必反。2004 年，属相为猴的艺术大家袁熙坤迎猴年新春挥毫颂猴，画得“金猴献福图”，为“人民网”读者及网友助雅！画上题款为：“用智如水，水滥则溢，用勇如火，火烈则焚，此乃大智大勇之金猴所悟。”袁氏又补充说：“金猴献福，福乃度也，有度之人福也。”事实上，经济学中的边际原则的本质，就是凡事要把握好一个度：生产要素投入、企业规模、市场份额甚至利润额以及权力的运用等，都要有合理的限度。不信就问问那些因疯狂扩张而失败的企业家，或者问问那些用权无度而身陷囹圄的政客，听听他们事后反省的说法。是的，凡事把握好度是非常重要的！

我的一位才华横溢、诗如泉涌的朋友李新中，在 2003 年写信给我，信中写道：“边际原则……给我的启示是我三年来学习经济学十分重要的收获。边际原则告诉我们企业不可遏止的扩张冲动有时是毁灭性的。在成熟的市场经济里，边际原则使资源的配置更加科学与合理。边际原则能够使我们看懂以前看不懂的东西。边际原则……的核心内容是事物的‘度’……它也应是一个人一生应当遵循的原则，不管是对你经营的事业，还是对你经营的人生。”这是非常具有专业水准的见解！我个人觉得，在请客送礼和腐败是一种普遍现象时，如若严格按照国家法规和组织纪律评判，恐怕公权力掌握者个个都会有程度不同的问题，个个都会有些滥权的错事儿，但为何只有“不具有代表性的个别人”遭受牢狱之灾呢？原因很复杂，也很多，但其中一定有这个原因，即这些“个别人”以权谋私、贪赃枉法之时没有掌握好度，或者没有把握好分寸。

几年前，我的一位本科学生在考试回答边际原则的启发时，给出了这样的答案：“中国俗话所说‘一个和尚担水吃，两个和尚抬水吃，三个和尚没水吃’正是对这个规律的形象表达。这个规律告诉我们，在一定的条件下，高投入未必带来高产出，因此，要注意投入的合理限度，寻找最佳的投入数量。于是，我想到了自古以来就有的现象‘痴心女子负心汉’，在感情上的一味付出甚至高投入未必就能得到对方的高回报，有时付出或投入超出了一定限度，只能让对方忍无可忍，所以，在情感付出上也要把握好一个合理的度，才能经营好属于自己的幸福。”当我把写有这个答案的试卷拿给判卷的同事们，问他们该给多少分时，大家异口同声：“满分！”假如你批改这份试卷，你会给多少分呢？

人生行事，应该把握一个“度”。“不偏不倚”、“恰如其分”、“恰到好处”，虽不能至但心向往之，因为，有度之人福也！

有钱大家赚了

十几年前的一个上午，我在大阶梯教室讲授西方经济学。课间休息时，一位学生顺着走道来到我的讲台前，我看到他一脸的迷茫，还有似乎夜间没有睡好的困倦。他先是夸赞我的教学，接着便说："老师呀，上课期间我觉得你讲的东西很有趣，很有用，也很容易接受，但是，一到晚上，熄灯后躺在床上大脑翻江倒海之时，你讲的理论和其他老师讲的理论就开始打架，眼前便出现青面獠牙、血盆大口的资本家压榨剥削工人的场面。老师，工人以外的群体是否都是靠瓜分工人创造的剩余价值过活的？到底有没有剥削？"看来，他理论已经学了不少了，有关理论的影响似乎根深蒂固了，我再给他讲纯理论也难解其心中之惑。于是，我以下述方式解答他的问题。

我说："假设我们教室的暖气片漏水了。水往低处流，讲台前水汪汪一片，影响正常教学。为恢复教学秩序，也为给学生提供创收机会，教务处决定，谁把教室的水排干，就给谁100元报酬。商机来了，但是如果没有工具的辅助，你赤手空拳，你怎么干？"

他说："我双手微曲并拢形成瓢状往窗外整。"

我说："劳动效率如何？劳动强度如何？你干吗？"

他没有回答。

我说："你想象一下，弯腰起身，腰疼胳膊酸，并且被水泡胀的手指不小心蹭一下水泥地板疼痛钻心。"

他立即回答："我不干！"

我说："显而易见，没有工具或资本的辅助，有时候给劳动者商机他也无法利用获利。当然，若无劳动者的使用操作，（物质）资本的所有者也难以利用商机获利。"

我接着说："就在这一刻，我来了，我带着一个大木瓢来了。有了大木瓢的辅助，你干吗？"

他说："我干，这可以大大提高劳动效率。"

我说："是啊，有了资本的辅助，有时候劳动者才能高效率地劳动获利。好吧，你挥汗如雨，辛苦劳作，而我袖手旁观。你就把我想象成青面獠牙的资本家。你终于完成了任务，教务处工作人员给你一张百元大钞。就在你手握大钞欣喜之际，我又走到了你的面前，两眼直直地盯着你手中的钞票，资本家嘛，见钱眼开。同学，就在这一刻，请你把所有的理论，我教的，他人教的，统统忘掉，就不要忘掉良心。凭良心说，你该不该分给我点儿钱？"

他毫不犹豫地说："该！"

我说："对呀，我的大木瓢，也就是我的资本，也参与了排水过程。我的资本，你的劳动，共同完成了这项工作。我理所应当分享部分收益。你分给我点钱，那你能说我剥削你了吗？能说我是靠瓜分你的劳动成果过活的吗？"

他又沉默不语。

有旁观者插话了："老师，我觉得你的说法有问题！资本家的资本也是由过去的剩余价值转化而来的。大木瓢不是你的劳动成果，你依然不劳而获，依然剥削劳动，依然剥削这位同学！"

啊，我心头一紧，这倒不是因为插话者似乎击溃了我的逻辑，而是感慨凡事包括理论教育从娃娃抓起的巨大威力。古老的风车倒了，但风依然在刮，很是强劲。

我转向插话者说："当年我爷爷在我家院子中栽下一棵小树，浇水施肥，小树最终长大成材。我爹是木匠，他用来自那棵树的边角料做了这个大木瓢。如果说这木瓢中物化或凝结着劳动的话，那也是我祖上的劳动。如果说我今天坐享其成，那也是我祖上栽树我乘凉。我脑海里常常闪现我爷和我爹辛苦劳作的身影，心存感激。记着，不能排除强取豪夺来路不正的资本所获的剥削收益，但也不能排除自我积累来路正当的资本的正常收益。"插话者不语。

我又转向最初问问题的学生，我说："劳动报酬和资本收益的比例，是以各自的贡献和市场行情为准的。如果市场行情是六四开，你拿 60 元，我分 40 元，那么，我们各得应得份额，不存在剥削的问题。当然，如果我看你年少无知，骗你说市场行情是五五开，并且我们对半分成，那么，剥削发生了，我剥削你 10 元，因此，剥削是和欺诈相关的。或者，如果尽管你知道真实市场行情，但我喊来打手威胁你，非要四六开，否则你要遭受皮肉之苦，你被迫同意，那么，剥削发生了，我剥削你 20 元，因此，剥削是和强制相关的。"一般情况下，只有交易中存在欺诈和强制，才可能发生剥削。从这个意义上讲，遏制人对人的奴役和剥削，根本在于建立法治社会，打击交易中的欺诈和强制。卡尔·马克思（1818～1883）所揭露的资本的每个毛孔都流着鲜血和肮脏的东西，他所抨击的罪恶的剥削等，都确实发生过，都是历史的真实，但那是个制衡权力和资本的法治社会尚未成型的时代。当今世界，有谁看到民主政治的国家发生大规模的剥削？微软、通用、大众、诺基亚等现代跨国企业可否在民主法治国家开设任何的血汗工厂？显然，遏制资本对劳动的奴役和剥削，关键在于完善法治，而不是从产权结构上动刀子，试图去消灭私有制或者资本家阶级。茅于轼先生指出："中国经济面临的最大危险就是贫富差距的扩大。解决这个问题，需要建立保护财富的体系，保护穷人和富人的财产。穷人的财产虽少，但对之性命攸关；而保护富人的财产，就是鼓励穷人争取成为富人。如果富人的财产得不到有效保护，那就没有人敢做富人了；只有富人队伍扩大了，社会才更稳定。"

上课铃声响起，这位学生说了声"谢谢"之后，便转身离开讲台，返回他在教室后边的座位。他的表情并不轻松，步伐并不轻盈。

现实经济中，参与财富创造过程的所有生产要素的所有人，都有权按照其要素贡献，合理分享经济活动所带来的利益。新加坡国立大学的王建国教授在2000年3月17日《经济学消息报》发表文章，题为《在中国南方做生意交易成本为何远比北方低》，他指出在中国南方比北方更容易做生意，他还指出在近现代，北方文化发达但经济落后，南方则相反。为何？其中一个原因，就是南方人的合作分享意识更强。本人猜想，港台影视作品中的台词"大哥，有钱大家赚了"，就是合作分享的商业精神的体现，也是南方经济发达的商业传统或民风因素之一。有一位来自南方经济发达地区的官员，他负责当地招商引资工作多年，业绩骄人，经验丰富。他在给河南的地方官员介绍招商引资工作经验时说，他们那里在路边竖起了巨大的广告牌，上面写着：“××人民热情好客，欢迎你们来‘剥削’；你们来‘剥削’得越多，我们××人民越开心！”这也是南方人合作分享意识的体现。在这里，好在剥削打着引号，只是表明当地政府和民众欢迎投资和利益分享的意识。若是政府与资本相结合，权力与资本沆瀣一气真正剥削起来，那我是坚决反对的！

思想观念会影响个人行为和命运。那些固守传统剥削概念的人，可能不愿与人尤其是出资者合作并分享收益。在分工社会，合作意向弱的人，成功的概率较低。如果被迫与人合作并分享收益，又会心生愤慨或闷闷不乐，降低幸福指数。而那些接受西方经济学中要素收入分配理论的人，就倾向于自愿地与人合作，快乐地与人分享收益，在全球化的浪潮中，就更可能大展宏图成就事业。

我的那位学生啊，你今在何方？你过得可好？祝你成功！祝你快乐！

记着，有钱大家赚了！

穷人与富人并非冤家

1994年暑假，我随学校组织的旅游团游览了风景如画的湖南张家界。多年过去了，张家界的奇峰怪石、潺潺溪流、茂密森林、淳厚民风，在我脑海中已经化为一幅柔美斑斓的水粉画，但在张家界风景区所经历的一件事情，却迄今记忆犹新、历历在目。

进入景区，顿觉精神振奋、心旷神怡，爬起山来也是虎虎生风，但不久我的小腿就隐隐作痛。我顿时紧张担心起来，我知道我的老毛病又犯了：爬山久了，小腿肚就抽筋。

中心景区还很远，但我的小腿肚却越来越疼。

我步履艰难起来，与旅游团其他成员的距离在逐渐拉大。就在此时，我隐隐约约感觉到背后有些动静，扭头一看，发现有两个抬着空滑竿的年轻人充满期待又很有信心地尾随而来。他们炯炯有神的眼睛紧紧地盯着我，我对他们微微一笑，他们便心领神会地疾步赶了上来。确定目的地、协商价钱、交代比如注意安全和讲信用等事项之后，我便开始享受平生第一次滑竿之旅，在富有节奏的优哉游哉中欣赏同样富有韵律的大自然。

目的地到了，奇山美景使我陶醉。凉爽的山风徐徐吹过，送来阵阵湿润的芳香，沁人心脾，我感到极为惬意。但那两位抬滑竿的年轻人却汗流浃背、气喘吁吁，搭在他们脖子上擦汗的毛巾，就像刚从水里捞出来一样，湿漉漉的，沉甸甸的。看着眼前汗水顺着脸颊往下流的年轻人，我既感动又愧疚。眼前的两个年轻人，倒让我真切地理解了亚当·斯密（1723～1790）所说的，把别人消遣的事情当做职业来做的人是值得同情的。我实在是不敢说本人对那两位年轻人表示同情，但我肯定对他们心存敬意和谢意！我支付了事先协商好的价钱之外，又额外多给了一点，然后真诚地说了一声："谢谢！"就是这一声谢谢，引来了我难以忘却的一段对话：

"不谢，不谢！我们要谢谢你！"

“为什么要谢我？我使你们这么辛苦，有什么好谢的？”

“我们在景区抬滑竿是要交纳管理费的。不管有没有生意，管理费一分钱都不能少。如果没有人坐我们的滑竿，我们不仅挣不到钱，还要倒贴钱，那可就赔了。有人坐滑竿，我们就能挣到钱，我们家人的生活就有了经济保障。因此，我们要谢谢你，谢谢所有肯解囊坐我们滑竿的人，就像所有生意人要感谢消费者的光顾一样。”

“你们不觉得很辛苦吗？”

“是有些辛苦，但只要挣到钱，辛苦也快乐，并且，晚上回家，小菜几碟，小酒几盅，然后，躺在床上呼呼睡上一觉，第二天依然精力充沛、心情爽朗。”

“你们就不想换换工作干点别的更能挣钱的活，或者换换地方到山外谋生？”

“想啊！但就我们的文化水平、专业技能和生活习惯，抬滑竿就是最适宜于我们的工作，家乡还是我们最留恋的地方，老婆孩子热炕头，很爽的；我们不擅长复杂的工作，不喜欢外出打工。”

他们用手使劲地拧毛巾，把毛巾拧得跟大麻花儿似的，汗水像断线的珍珠，滴滴答答撒落在面前的青石上。他俩习惯性地擦一把脸，目光已经离开了我，重新搜索步履蹒跚的人。我在相对平坦的山顶主景区赶上了团队，沉醉于万石笋立、悬崖刀削的自然奇景之中。

如果没有抬滑竿的人，像包括我在内的腿易抽筋的人或老弱者，是否还有机会登顶一览群山小，并身临其境感受群山的壮美？如果没有坐滑竿的人，那些留恋家乡故土而又没有技术专长的青壮年及其家人，又何来抬滑竿所获收益以聊补生计？没有人抬滑竿，我自然就难以登顶一览群山小，所花旅费的效用大减，并且旅游人数也会有所减少，至少那些钱袋日渐充盈而体力与耐力日渐下降的人——这些人是滑竿生意的主要服务对象——会望山却步；没有坐滑竿的人，那些农夫山民就少了一份收入，当地的旅游管理部门也少了一笔管理费，于个人和地区经济发展都大为不利。因此，抬滑竿的人与坐滑竿的人之间的自愿合作，增加了彼此的效用福利，带来了双赢的结果。他们挥汗如雨以体力提供服务，我为其支付金钱；我呕心沥血以智力提供教育服务，别人为我支付金钱。表面上看，我们是以金钱交换服务，实际上是以服务交换服务。如果我算得上富人或者把我比作富人，如果那些抬滑竿的农夫山民算是穷人或者把他们比作穷人，那么，我们之间的合作也算是富人与穷人的合作，给我们双方都带来了好处，是标准的互利互惠。在法治的文明社会里，穷人与富人并非水火不容势不两立，如若不信，那就问问张家界景区抬滑竿的农夫山民，看他们可否愿意让我等坐滑竿的人从这个世界上消失？一个文明的社会，也应该是一个不同阶层的人通过高度认识彼此间的依存性，彼此相互尊重、和谐相处的社会。在法治社会环境中，富人的富有不一定就是穷人贫困的原因。有时候，富人的缺乏可能是另一部分人贫穷的原因；富人的每况愈下可能导致穷人更穷。“敌人一天天烂下去”，我们未必就一天天好起来；有可能也要一天天烂下去。这是由政治尤其是国家与国家、地区与地区、人与人的经济活动的内在关联性或相互依存性所决定的，不以人的意志为转移。

但是，令人不安和遗憾的是，有些理论依然鼓吹阶级斗争，依然夸大和激化阶层之间的矛盾，将劫富济贫的运动诗意化！很多人淡忘了变法的商鞅和王安石，却牢记着开仓放量的梁山好汉和闯王。

劫富济贫？穷人无疑该济，可难道富人就该遭劫？为什么不问问富人何以致富？难道合法致富者也该遭劫被宰？劫合法致富者，实际被劫去的不仅是当事人的财富，而且还是社会进步的活力与希望。穷了就劫，劫了更穷，更穷更劫，一个可怕的恶性循环；人们将精力与资源更多地投放于“财富转移”，拼命地在既定的面包上攫取更大的份额，而不是积极地从事“财富创造”。事实表明，其历史是由接二连三的劫富济贫的故事写成的国家，往往是社会经济进步缓慢甚至极度贫穷的国家。

关爱并救助穷人是文明的体现，同样，理解并尊重合法致富的富人也是文明的体现。任何一个不关爱并救助穷人的社会，决不会长治久安，同样，任何一个不尊重并保护合法致富的富人的社会，决不会持续繁荣富裕！

我喜欢网络上的说法，即“人们仇的不是富而是不仁，仇的不是官而是滥权”。因此，完善法治，确保取财有道和用权有度，远比劫富济贫对于社会的和谐和进步来得重要。

什么导致了个人收入差异

个人自然禀赋是不同的。比如，有的人生就沉鱼落雁、闭月羞花之容，而在“爱美之心人皆有之”的世界上，美本身就是一种稀缺而珍贵的资源，可以获得更高经济收益。再如，美国的NBA篮球明星们，人高马大却身轻如燕，而有些人虽然也人高马大，但却行动笨拙，甚至被称为傻大个。再看内在的，有的人天资聪明、悟性极高、富有创造性。在迷人的秋日，躺在果树下仰望蓝天白云，一阵微风吹过，落下一个苹果，被苹果砸一下脑袋，便砸出一个改变世界的“万有引力定律”，而有些人，别说苹果砸一下，就是拿棒子打，也打不出什么发明创造来。而史蒂夫·乔布斯（1955～2011）的“苹果”及其系列的苹果产品，风靡全球，在诸多方面产生了革命性的影响。在一个重视创新和效率的世界上，才思敏捷之人与智力平庸之人会有相同的收入吗？

个人所受教育与训练是不同的。不同的教育与训练意味着人力资本的数量与质量不同。人力资本的质量与数量，通过影响当事人的工作效率和贡献，最终影响其所获收入。

1996年美国男子教育程度与年均收入（美元）

高级中学		比前高出（%）
1～3年	17664	
4年	25056	70
大学		
1～3年	29193	17
4年	42240	45
研究生院	50304	19

宋朝皇帝赵恒（968～1022）有诗道："书中自有黄金屋；书中自有颜如玉。"书中是否真有颜如玉，这说不准，但在正常和健康的社会环境里，肯定"书中自有黄金屋"，或换言之，如果一个社会出现读书致贫，那么，它一定是不正常和病态的。

性别和健康状况是不同的。男女之间体质和体力的差异是普遍而客观地存在的。另外，有人虎背熊腰，力大无比，可倒拔垂杨柳；有人弱不禁风，手无缚鸡之力。在任何时代，不论科技水平和自动化程度有多高，人力因素依然是社会经济活动的关键要素。不同的体力和健康程度的差异，意味着不同的工作效率和贡献，导致收入差异。

个人勤奋程度是不同的。有人起早贪黑，勤奋工作；有人好吃懒做，游手好闲。天道酬勤，勤奋自然意味着富裕，而懒惰必然导致贫穷。

个人的工作贡献与重要性是不同的。在政治、经济和社会活动日益复杂的今天，在许多领域起关键作用的少数，往往制约着处于从属地位的多数。所谓的"二八规律"，说的是80%的成就源于20%的关键少数人的贡献。一般说来，那些与组织的战略匹配度高、贡献大且难以被替代的人，往往获得更高的收入。

个人工作的风险是不同的。不同职业和工种，以稳定性、辛劳程度和对健康的影响等衡量的风险，是各不相同的。按照道理，各种薪酬中都应该包含对风险的适当补偿；从事高风险工作的人，理应有更高的收入，来补偿其工作风险。比如2003年，在伊拉克油田灭火的美国油井消防员的工资，每天就有1500美元。再如，荷兰邮政运输（DHL）在澳大利亚开有一个分支机构，其部门会计主管工作安逸稳定，2011年每小时税前工资为37.45澳元，而新南威尔士州交通道路局

（RTA）的夜班道路施工工人，昼伏夜出，风刮雨淋，挥汗如雨，辛苦异常，作为辛劳与风险补偿，其每小时税前平均工资为则为 55～65 澳元，远高于办公室白领的工资。而那些下井挖煤的工人，其每小时税前平均工资则更高。在澳大利亚，很多男人都在家里自备各种工具，自己动手修修补补，其主要原因，就是人工实在太贵。不过，体力劳动者的高报酬不仅是因为劳工短缺，而且还与民主选举和独立工会的作用有关。当然，投资也有风险，投资决策一着不慎满盘皆输。严重时，投资人可能要以悲壮的方式了结，所以有人说，高利润也是投资人高风险的报酬。

人们的家庭背景是不同的。不同的家庭背景，意味着不同的生活环境，不同的教育训练，不同的经济与人生起点，不同的社会关系，不同的工作机会，最终，形成不同的个人收入。

此外，个人的运气是不同的。比如，有人买了一辈子彩票，都没有中过像样的奖，而有人仅仅花钱买上几注彩票，就中得大奖，百万千万元遂落入囊中。

“人们报酬的不平等，因为他们的才能不平等，他们在自己技能方面的投资不平等，他们对于赚钱所投入的时间和注意力也不平等，他们的起点也不一样（富人或穷人），他们面临的机会不平等（黑人相对于白人，有关系的人相对于没有关系的人），可能最重要的是人们有着不平等的运气……比尔·盖茨……是美国的首富……是运气和才能的结合使他富起来的……巨大的财富既要有才能也要有机会”（莱斯特·瑟罗，1996）。

人与人之间的收入差异是天然的。“不平等是这个世界的组成部分，是不能铲除的。”（刘军宁，1998）当在国家力量的强制作用下实现了社会成员财富占有与收入分配完全均等之时，恰是剥削发生之日——低效率者剥削高效率者，笨人剥削能人，懒人剥削勤快人，风险小的人剥削风险大的人，贡献小的人剥削贡献大的人；社会的贫穷衰败也自此开始。西方学者托克维尔（1805～1859）认为，平等是一个诱人的理想，同时又是一种极其容易堕落的理想，平等常常散发着浓烈的“邪”味儿，它使弱者把强者贬低到他们的水平。顾准（1915～1974）也认为，有些平等主义“必定要‘砍掉长得过高的谷穗’，必定要使一片田地的谷子长得一般齐……要高的向低的看齐。”这不仅造成鞭打快牛，从而损害经济增长的活力，而且使社会成员之间尤其是高收入者与低收入者之间的心理冲突加剧，使前者憎恨政府，后者过分依赖政府而不能自立自强。

收入差别是不可避免的，同时，适度的收入差别对于激励效率也是不可缺少的。正像水位落差产生动能一样，人与人之间基于正当理由形成的政治经济地位的适度差异，也可以对社会成员产生极大的激励作用，激励人们为改变命运而努力奋斗。

面对收入差异与社会公平诉求，政府的政策取向应该是强调机会均等而不是结果均等。在微观层面的国民收入初次分配中，侧重效率，工薪报酬秉持按照生产要素贡献支付报酬的原则，要允许“上不封顶”。所谓“上不封顶”，就是只要企业照章纳税，合法经营，政府便不干预其薪酬结构和薪酬水平。相信私人企业的一切安排，自有其激励效率方面的考虑。在宏观层面的国民收入二次分配中，侧重公平，力争做到“下要保底”。所谓“下要保底”，就是政府通过最低工资法等举措，确保劳动者的基本收入和基本体面的生活。在现代经济中，政府要做的是缩小和控制收入差异，而不是梦想彻底消除收入差异。政府要力争通过税收和转移支付等手段，把收入差异控制在能够被社会所容忍、能够在公平与效率之间维持大致平衡的程度。

相关链接一

劳动经济学家丹尼尔·哈莫米斯与杰夫·比尔在《美国经济评论》1994 年 12 月号上发表的研究成果表明，漂亮的经济收益是普遍存在的。他们认为，漂亮的外貌和迷人的明星气质，是决定生产率和工资报酬的内在因素之一。比如，在文艺演出界、公共关系、商品劳务推销、服务招待等领域，相貌的吸引力的确是很有用处。他们的研究指出，在美国和加拿大，相貌具有吸引力的人比相貌平平的人的收入平均高出 5% ~10%。此外，有研究显示，漂亮的人往往更加快乐、更加自信和更加健康，并拥有更为完美的婚姻和更为舒心的职业。当然，也有人指出，在行政管理圈子内，美对于男人和女人的意义有很大的差异：对于男人，美可以为其插上成功的翅膀，而对于女人，则由于社会的偏见，美反而成为一种累赘，有时会妨碍她们在事业上的发展与升迁。2006 年 6 月 3 日奥地利《新闻报》刊登文章，题为《漂亮的人挣钱多》。文章指出，相貌出众者的薪水比相貌一般者高出 10% ~15%，这是“美貌附加值”。其中原因，除了上面提到的以外，还有一个，这就是漂亮的人，从小到大，在接受教育时，受老师更多的关照和帮助，可能得到更好的教育和成绩。由此看来，找漂亮对象或者美容整容也是一项战略投资。

相关链接二

我在国外的时候，与同行聊起财产和遗产不同所导致的种种问题。我略带批评的口吻说，在西方国家有些人是噙着银勺子来到这个世界上的，即富家子弟生而富贵，这导致人与人收入以及社会地位差别从出生的那一刻就开始，并且不断扩大。但同行说，是的，的确有这样的问题，不过，只要他们的祖上合法经营照章纳税，遗留财富给子孙也无可厚非，也是天经地义，同时，各种税收比如财产税、赠予税、遗产税等，除非富家子弟努力守业甚至广大家业，否则，他们嘴里的银勺子噙不了多少年，就会逐步吐回社会，因此，噙着银勺子来到这个世界上的社会危害并不大。接着，他反击说，但是在有些国家，有些人是噙着公章来到这个世界的！比起噙着银勺子来到这个世界，噙着公章来到这个世界更没有道理，社会危害更大！其实，在那些公权力长期不受有效约束的国家，机会和利益以权力为中心分布。那些手握公章和嘴噙公章的人，有着越来越多、越来越好的政治与经济机会。这会堵塞通过才学和奋斗改变命运的通道，结果，崇尚知识、奋斗和竞争的精神就会渐渐消失，社会发展的内在动力和竞争力开始衰减。毫无疑问，致富的方式与路径，具有强大的社会示范和引导作用。靠知识、勤劳、奋斗致富和成功的人越多，就会激励更多的人努力学习和艰苦奋斗，而靠关系、背景、行贿受贿、造假制假、坑蒙拐骗致富的人越多，就会诱导更多的人走邪门歪道来谋取不义之财。

不求最好但求不同

竞争是残酷的，因为它总要决出胜败。竞争是有代价的，因为当事人总要耗费精力、时间与金钱。于是，高喊竞争的人多是竞争场外的旁观者，而竞争当事人往往厌恶和回避竞争。

假设，王二和麻子两个人都是酿造烧酒的，比如都酿造 54 度烧酒。尽管两人所经营的烧酒品牌不尽相同，但毕竟都是高度烧酒，都是几杯下肚之后便让人晕晕乎乎。消费者购买王二的烧酒，还是购买麻子的烧酒，并无大的差别，或者说，王二的烧酒和麻子的烧酒是可以相互替代的。产品相互替代意味着厂家彼此之间的竞争；“同而不和”。产品可替代程度越高，厂家之间的竞争越是激烈。

备受商业竞争煎熬的麻子，决定设法削弱他与王二之间的竞争。他调整技术与生产设备，改酿 38 度低度烧酒。于是，产品差别出现了。接着，消费者群也开始分化。喜欢高度烧酒的消费者依然消费王二的产品，喜欢低度烧酒的消费者从原消费者群中逐步分离出来，聚拢在酿造低度烧酒的麻子的周围。麻子与王二各自的市场边界逐步清晰起来，彼此的竞争程度由于产品差别的扩大而减弱。后来，麻子转产啤酒，他与王二之间的产品差别进一步扩大，于是，彼此之间的竞争便进一步减弱，彼此似乎感受不到对方的存在。当然，如果麻子改为生产瓶装饮用水，那么，他与王二之间的竞争将彻底消失，而且由于烧酒喝多了人往往要喝更多的水，他俩的产品的互补性反而有可能使其成为合作者，彼此和好相处；“和而不同”。显而易见，产品差别越大，产品替代的难度越大，厂商之间的竞争程度越低，彼此对价格和利润的可控程度越高。曾风靡一时的“蓝海战略”即通过同时实现差异化和低成本，独辟蹊径，突破原有市场边界，开辟新市场，摆脱对手，甩脱竞争，强调的也是“以差别应对竞争”。有人也许会说，酒商麻子逐步转产的行动，是一种自我认输的退缩，是以退缩应对竞争。其实，我觉得他的战略也可以理解为颇具智慧的蓝海战略。

这里所说的产品差别，不是指产品实体的差异，比如牙膏和鞋油的差别，而是指同类产品之间的创造性差别，就是说同样的牙膏或者鞋油在商标、包装、服务、销售区位等方面的差别。产品差别主要是指从消费者的角度看，一个市场上不同厂家销售的同类产品在诸多方面存在不同，从而他们将接受同类产品的市场售价差别，将在购买中进行选择取舍。设想，如果不同厂家生产的所有牙膏，统一容积和包装，上面只能印“牙膏”两个字，别无任何信息，那么牙膏还会有差价吗？消费者会有所谓的选择问题吗？如今，商店里不同厂家生产的同样容积的牙膏，存在明显的价格差别，至少其价格差别程度大于其质量差别程度。这种价格差别源于何处？源于商标、包装、广告等创造性差别。其他产品也是如此，比如“果粉”们痴迷苹果产品，不仅基于产品的质量，而且还有产品的独特外观和风格。显然，消费者认可的价格差别系基于他们认可的产品差别；有产品差别则有产品差价。各种时装店里的服装色彩别致，设计独特，当然，也是价格不菲。其实，很多时装卖的不仅是产品质量，而且还有产品风格。毫无疑问，时装的高价，说明产品抽象的风格也是可以卖出实在的金钱的。即便在某些情况下产品差别难以有效推进差价，但也会通过影响消费者的心理和视觉来影响其购买选择。例如，我在一家药房里买了一瓶复合维生素，回家打开发现，瓶体内至少三分之二都是空的。爱美的女士们，仔细看看你的各色化妆品，把瓶子举过头顶，看看瓶底有多深，或是拧开新买的塑料软管包装产品，挤压一下，看看其中空气量有多大。厂家为何这样做？为的是让消费者感觉其产品与众不同——“挺大的、挺实惠的”，诱导消费者购买其产品。按照这样的思路，上面提及的酒商麻子先生，也可以这样创造差别，即确定醒目包装、加强营销宣传、改善售中和售后服务、提高产品知名度等，最终来削弱与对手的竞争，形成相对的市场优势。顺便说一下，只要具备三个条件，即可靠的产品质量、周到的销售服务和持续不断的广告攻势，任何名称的产品都可能成为名牌。在后两个条件上下工夫就属于从事创造性差别。

差异化对个人也同样具有重要意义。所谓核心员工，就是指工作效率高、与企业的目标匹配度高以及替代难度大的员工。不可替代性，或者替代难度大，的确是企业和个人的核心竞争力。“一招鲜吃遍天”。一个人有所谓“绝活”，无非是有些工作自己会做而别人不会，或者大家都会做，但自己做得更好。有独到之处，就降低了被替代的风险，就增强了讨价还价的能力，就增大了获取额外好处和报酬的机会。专业上讲，拥有绝活的人，或者说稀缺人才，其生产要素的需求价格弹性小，也就是说，涨价也不会使需求量明显减少。

我听说过这么一件事情：有人告诉被酒场应酬搞得苦不堪言的厂长，车间里一位年轻的工人酒量过人，好像千杯不醉。厂长大喜，马上说带出去试试功夫。果然，在商业往来应酬中喝酒功夫不凡，可谓是猜拳行令技艺高，推杯换盏酒量大，惊倒四座，众人皆醉他独醒。之后，凡需要该青工出场应酬，他便可以下午休息以养精蓄锐。瞧，不干活还可以领工资，还可以酒足饭饱，还可以开眼界长见识。时间长了，他便被干脆调出车间，到厂办工作。与领导打交道多了，机会也多了，学的也多了，也更加机灵圆滑了，最后居然由蓝领变为白领，一路晋升。当然，如果擅长吹拉弹唱、琴棋书画，或是工作技术出类拔萃，那就更好了。看来，不管在哪个方面，力争与众不同，对个人发展都是十分重要的。“……企业向员工增股……企业的员工分为可替代的与不可替代的。可替代的员工是指他们的离去并不会给企业带来重大损失，而且可以在劳动市场上很容易地找到替代他们的人。不可替代的员工是指他们的离去会给企业带来重大损失，而且一时是难以在劳动市场上找到替代他们的人。增股的对象是不可替代的员工，而不是可替代的员工。”（梁小民，2006）2012 年 1 月 24 日，《纽约时报》刊登其专栏作家托马斯·弗里德曼的文章，题为“普通不行了”。文章写到：“过去，只要有个普通的技艺，做份普通的工作，工人们就能过个普通的日子。但如今，普通完全不行了。普通没法让你像过去一样活着了……因此，人人都需要发现其额外的——独特的价值贡献，使其无论从事什么行当都能出乎其类拔乎其萃。普通不行了！”

歪脖子

我曾看到一本管理方面的书，它的扉页上写着：“管理的最高境界就是创造差别!”而管理大师德鲁克（1909～2005）认为，重要的“是把事情做得与众不同，而不是做得比别人正在做的事情更好”。是的，无论对企业还是个人，产品或技术差别程度的扩大，意味着被替代的可能性降低，竞争与风险程度降低，而对价格和收益的控制程度提高。产品差别能够应对竞争并形成市场优势，且能够控制价格和收益，但产品差别的创造需要丰富的想象力、创意、专业训练和实践经验。享誉全球的体育服装品牌“耐克”（NIKE），声音响亮，因为元音 I 是英语中最为圆润响亮的音之一；涵义吉祥，因为 NIKE 在希腊故事中是胜利女神；商标动人，因为耐克商标标识是胜利女神飘逸的翅膀。设计者若胸无点墨，岂能有如此想象与创意？知识经济时代来临了，发起竞争和应对竞争皆须凭借知识而不是蛮力。在竞争激烈的环境中，请牢记：“以知识创造差别，以差别应对竞争。”

必然的漏出　必须的注入

狗的忠诚、活跃、聪明以及善解人意，使其成为人类最好的朋友。法国大革命时期的著名政治人物罗兰夫人（1754～1793）甚至说："我认识的人越多，就越喜欢狗。"这话更是耐人寻味。

我曾经养有一条可爱的小狗，名叫威利。它是我书房的常客，比如，在严寒的冬季，晚上我灯下工作，书房窗外飞舞着的雪花，在窗台上静静地堆积，而书桌下却是威利卧在我的双脚之间，用洁白的、厚厚的绒毛静静地给我暖脚。无论工作到多晚，它都始终陪伴。我与人说话的时候，它会昂起头，瞪大水灵灵的双眼，凝视着我，表现出似乎理解和有兴趣的样子。难道它知道主人格外渴望和需要理解吗？威利十分活泼友好，它总以最优美和热烈的跳跃欢迎每一位家庭成员回家，让人倍感亲切和温暖。十几年前，有一日，我读小学的儿子突然问我："爸爸，我们家威利为什么总是那么快乐？"是的，威利一直非常快乐！即便垂垂老矣之时，须发干燥无光，走路步履蹒跚，但家人回来或遇到来客，依然铆足了劲快乐一番。我思索了一会儿，回答道："也许是因为，除了人以外，所有动物包括咱家威利并不知道生命是脆弱而有限的，没有死亡的概念困扰，就会永远快乐！"现在细细想来，对于小孩子来说，这并不是个好的答案。

是的，也许在所有的动物中，只有人才知道不仅自己的生命有限，而且人生充满着风险和不确定性，所谓人有旦夕祸福，所谓福祸相依。更不幸的是，有时候人的生命的结束过程漫长、痛苦且耗费昂贵。2008 年诺贝尔文学奖获得者勒·克莱齐奥说："人可能是充满希望的悲观主义者。"于是，人的理性，理性的人，必然不会今朝有酒今朝醉，必然会未雨绸缪，必然会防患于未然。他们会将辛劳所得中的一个部分节省下来，形成经济学上所说的储蓄。记得曾经读过一个西方故事，说的是一位潇洒的年轻人嘲笑一位不断储蓄的耄耋老人。年轻人尖刻地说："先生，您都这把年纪了，还存什么钱呢，天国肯定不要钱！"老人微笑着回答说："是的，天国的确不要钱。但是，年轻人，你知道天国有多远吗？天国路途遥远，票价昂贵，我这么存钱是积攒去天国的盘缠呢。我想让那可能漫长的最后一次旅行，旅途少点寂寞和痛苦。”春节文艺晚会的小品《不差钱》中，年轻的服务员说：“人生最痛苦的事情是人死了，钱还没花了。”而年长的顾客却说：“人生最最痛苦的事情是人活着呢钱没了。”两人看法的差别，恐怕与年龄和生活阅历的差别有关。毫无疑问，理性储蓄有助于避免“人活着呢钱没了”的尴尬和痛苦。

储蓄是必然的！

我们需要政府提供公共物品等服务，就必须为这种服务支付代价——税收。富兰克林（1706～1790）曾经说过：“世界上只有两件事是不可避免的：一是死亡，二是税收。”

税收是必然的！

地球上自然禀赋的分布不均、产品质量和价格的差异、消费偏好的多样性等，意味着必有产品和劳务的跨国流动——进出口。

进口是必然的！

整个宏观经济类似一个水流循环系统。对于整个经济循环系统而言，储蓄、税收和进口属于漏出项目。由上述讨论可知，漏出必然存在，漏出不可避免！

其他条件不变，经济循环系统漏出越多，则国产商品的订单越少，经济循环水平越低，GDP和就业水平越低。就像人体失血时，要挽救生命，就要及时足量输血一样，经济发生漏出，要确保就业和GDP水平或者宏观经济的健康平稳运行，就必须有相应及时足量的注入！

正常情况下，有居民储蓄，也有企业贷款投资；有税收，也有政府购买；有商品和劳务的进口，也有商品和劳务的出口。投资、政府购买和出口，属于宏观经济循环系统的注入项目。

一般说来，如果经济循环系统的注入小于漏出，则 GDP 和就业水平降低；注入大于漏出，若经济中有闲置的生产资源和生产能力，则 GDP 和就业水平提高。

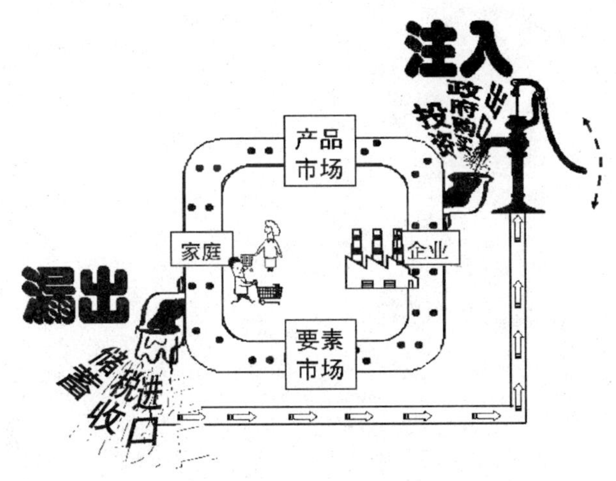

所谓宏观经济调控，其实就是通过调节税收、政府购买、福利支出、利息率、汇率等，简而言之，运用财政政策和货币政策，对宏观经济系统的漏出和注入进行结构或总量的调整与控制，以期达到经济适度增长、物价基本稳定、充分就业和国际收支大体平衡的宏观经济目标。比如，在经济严重萧条而注入项目中的私人投资和出口难以有效增加时，政府——一个庞大的支出单位，就披挂上阵冲向前台。通过政府直接购买商品和劳务，或者兴建公共工程，如修筑大坝、电站、道路、机场，等等，大举向经济循环系统进行注入，推高 GDP 和就业水平。不过，从政府宏观上调整注入和漏出量，到微观层面投资和消费等的实际调整，再到对宏观产出和就业产生影响，是要经历一定时间的，即存在所谓“时滞”，为避免经济的大起大落，注入和漏出的调整是需要微调和构成上的平衡的。过分猛烈的注入和漏出调整，会引起宏观经济的大起大落，会导致严重的经济周期波动。比如，面对经济衰退时，如果注入总量过大过快，虽然会“立即见效”，但后遗症会非常严重，经济泡沫和通货膨胀就难以避免且非常难以消除。或者，注入的构成上，政府注入项过大，会挤出私人投资，此所谓“挤出效应”。总的来看，由于政府投资效率不及私人投资，因此，挤出效应的存在对经济是不利的。其实，这里我真正想说的是，不要以为宏观经济干预力度大、攻势猛、速度快就一定是好事情，就一定是所谓的体制优势；下猛药、猛下药的大夫是好大夫吗？经验表明，重大宏观经济决策的公开讨论、多方争论、科学论证和稳妥实施都是必不可少的！

其地奢其民必易为生

英国作家曼德维尔（1670～1733）的讽喻诗《蜜蜂的寓言》中叙述了这样一个故事：在一个蜜蜂的社会里，最初蜜蜂们追求豪华奢侈的生活，大肆挥霍浪费，结果，社会兴旺繁荣，百业昌盛。后来，蜜蜂们改变了过去的奢侈生活习惯，开始节衣缩食，过着极其俭朴的生活，于是，百业凋敝，社会开始贫穷衰落。《蜜蜂的寓言》的副标题为“个人劣行即公共利益”。由故事梗概及其副标题可以看出，所谓“个人劣行”，就是个人追求奢华生活；所谓“公共利益”，就是社会繁荣。曼德维尔写道：“骄奢给上百万人提供了就业机会。嫉忌和虚荣激发起勤劳之风，而嫉忌与虚荣的产生，是因为衣、食、住的花样不断翻新，这一奇怪而可笑的恶习，竟成了推动商业的最重要的力量。”曼德维尔说，只是因为有钱人为了赶时髦，满足虚荣心，以及一些异想天开的念头，不惜花费大把钱财去购买商品和劳务，才使许多劳动者获得并维持着他们的工作。依此推论，挥霍奢侈在社会伦理道德上是劣行，但对社会繁荣却大有益处；而节约俭朴在社会伦理道德上属美德，但对社会繁荣却危害不小。曼德维尔还写到：“请把蜂窝同人世上发生的一切比一比：诚实扼杀了生意。骄奢消踪，淫逸敛迹，事情完全今不如昔。不单那挥金如土的阔佬不复存在，那些向他们出卖劳力的穷人如今又将何处去？现在到处异口同声：没有销路，没有工作……所有工程一下子全部停止，手工业者接不到订货。艺术家、木匠、石匠也都失业，也都无法活下去。”

也许是受了曼德维尔的启发，也许是基于对现实经济运行的实际观察与实证研究，在极力主张通过刺激消费、增加总需求来促使经济摆脱萧条困境的凯恩斯及其追随者的理论中，也出现了“节俭悖论”。所谓“节俭悖论”，按照加拿大经济学家里普赛的表述，就是“其它他条件不变，各支出单位越是节俭吝啬，则GDP与就业水平越低；反之，各支出单位越是挥霍浪费，则GDP与就业水平越高”。之所以将这样的结论称为悖论，是因为它将“节俭”视为“罪恶”，而将“奢侈”视为“美德”，这恰恰与人们所接受的关于节俭是美德以及奢侈是罪恶的价值标准相悖。

很多人对节俭悖论感到困惑，因为其生活经验表明，他们如果勤俭持家，那么自己的日子就会好过些，而挥霍浪费则终将使日子艰难。比如，出门可以打出租花费21元钱，也可以乘公交车花费1元钱，如果乘公交车则省下20元钱，这可以买不少油盐酱醋，这样一来，怎么能说“节俭”是“罪恶”而“奢侈”为“美德”呢？我国明朝的陆楫（1515～1552）有一段高论，不仅有节俭悖论的含义，而且还解了人们对节俭悖论的困惑。他指出：“自一人言之，一人俭，则一人或可免于贫。自一家言之，一家俭，则一家或可免于贫；至于统论天下之势，则不然。予每博观天下之势，大抵其地奢则其民必易为生，其地俭则其民必不易为生者也。”是的，个别人和个别家庭节俭，是可以过得好一些。再者，个别需求占总需求的比例很小，个别人和个别家庭的省吃俭用、厉行节俭，不至于影响总需求、GDP和就业。但是，如果全社会大家都节俭，那就要坏事儿了。一般说来，在经济处于非充分就业，即经济中存在大量闲置生产能力和包括劳动力在内的生产资源，而人们由节俭而增加的储蓄又不能全部被转化为投资的情况下，人们越是节俭，那么，社会总需求水平就会越低，企业的订单越少；企业根据市场需求或订单确定生产规模，于是，总需求水平的不断降低，使企业不得不压缩生产规模，减少生产要素的购买投入；最终，GDP水平下降，失业增加，更多的人陷于贫困，更多的人难于过上体面的生活；生活的艰辛，又迫使人们更加节俭，形成可怕的恶性循环。结果，“其地俭则其民必不易为生者也”。反之，在经济非充分就业的情形下，人们的近乎奢侈的高消费，会增加社会总需求，企业订单增加，扩大生产规模，增加生产要素的购买和投入，最终，GDP和就业增加。结果，“其地奢则其民必易为生”。我有时候半开玩笑半当真地说：“在奢华的现代大都市，信息充分，就业机会多，买卖商机多，人们的确好谋生！在这样的大城市你说你卖什么吧，你随便想，无论卖什么都有人买，而且都能卖上好价钱！”

在现实经济中，高消费与高收入相互支持，相互依存，在一定的经济环境中互为因果。在西方发达国家，人们高消费，是因为他们富有或高收入，而他们富有或高收入，是因为他们高消费。美国哈佛大学历史学家尼尔·弗格森认为，西方之所以战胜貌似强大的东方帝国，独领世界风骚500年，其中一个原因，就是西方的消费主义或者高消费。

现代经济中，各个行业、各个人群之间具有高度的经济依存性；一个人能吃饱而故意紧勒腰带，会使更多的人欲饱不能！请仔细琢磨西方一家餐馆老板挂在餐馆门前的这条广告：“亲爱的顾客们，请进来用餐吧！不然的话，你我都是要饿肚子的。”

“节俭悖论”的政策含义非常清晰：当一个国家的宏观经济处于萧条或通货紧缩状态时，尽管由于产品积压、失业增加、企业利润与个人收入减少，各个支出单位感到巨大经济压力，难以增加开销，但是，政府还是应该通过扩张性的财政政策和货币政策以及从舆论导向上，刺激和鼓励包括居民在内的各个支出单位尽可能减少储蓄、增加开销，以便通过增加总需求使 GDP 和就业增加，促使国民经济摆脱萧条。

克服经济萧条的妙招

面对20世纪30年代席卷美国波及西欧的经济大萧条，许多经济学家纷纷对此进行研究并提出应对之策。英国经济学家凯恩斯（1883～1946）于1936年出版了应对经济萧条的里程碑著作《就业、利息与货币通论》。该书虽然晦涩难懂，但也不乏通俗有趣内容，比如，其中的挖坑理论。

在经济萧条、企业倒闭、失业严重之时，政府无奈之下决定雇200人挖坑。于是，需要配发200把铁锹。铁锹厂得到新订单，它又向木材厂购买锹把，向钢厂购买钢铁，向煤矿购买焦炭……铁锹厂、木材厂、钢厂、矿山……所有关联企业，机器重新轰鸣，人头再次攒动，就业开始回升，GDP开始增加；响应政府征召前来挖坑的人，挥汗如雨，辛苦劳作，地面上遍布大坑小坑。可是，坑挖好了之后干什么？坑挖好之后，再将其填上。把坑填上之后干什么？再将其挖开，如此重复下去……挖坑也好，填坑也罢，这是政府安排的工作，干完了活政府就得给钱，就得发工资。发了工资，工人们及其家人便增加消费，牛奶、面包、香烟、啤酒、衣帽等需求量开始增加，所有相关企业增雇工人，扩大生产；牵一发而动全身，整个经济开始缓慢复苏，渐渐走出萧条。

后来有人演绎说，决策者最初听到这套说法觉得颇为有理，但仔细一想，便发现问题并略感不快地对凯恩斯说："我也知道给工人们发钱，就会有消费，就会启动总需求，经济就会缓慢走出萧条。可现在金融体系崩溃，银行关门，企业倒闭，失业剧增，我到哪里弄钱去？"凯恩斯微微一笑，靠近对方的耳根悄悄地说："喂，别生气，别着急，想想，那印钞机不是咱管着呢？让它们多轱辘几圈不就有钱了吗？"对方说："这不是空发钞票吗？将来怎么办？"凯恩斯回答："对，就是空发钞票，这就是赤字财政。不过，不要紧，只要经济走向繁荣，各种税收就会不断增加。到那时，以未来之丰补今天之歉，用那时的盈余补今天的窟窿。最终，经济平稳健康地运行，一切如常，神不知鬼不觉。"

对上述内容的批评主要有两条。第一，搞基础设施建设不行吗？干嘛挖了填填了挖？其实，挖坑理论只是一个理论说明或比喻，现实未必真的那么做①。不过，有时候，当公共工程的建设遇到政治上的困难而无法实施时，上述“荒谬”的政府干预措施，总比坐以待毙好得多了！第二，干脆直接给民众发钱好了，干

如果财政当局设法把钞票装在旧瓶子里，然后将之抛入废弃的矿池中，再将其表面覆以垃圾，然后交由私人企业去从事“掘钞”工作，将钞票再度挖出……如此一来，失业问题将迎刃而解，而且，国民收入也将有所增加！

如果用失业人口去建造公共设施，那更属明智之举。但若此种方式有政治上的困难，那么，上述“多此一举”的政府干预措施，总比“坐以待毙”好得多了！

嘛还多此一举让他们去挖坑？其实，从政府手中直接拿钱，那是嗟来之食，而我挖坑赚钱，那是劳动所得，对社会成员的身心影响是不一样的。我的好友李新中先生就此有他自己独到的见解：“凯恩斯著名的解决危机、刺激总需求和就业的‘挖坑理论’，是这位伟大经济学家的重大贡献。窃以为，凯氏的理论不仅闪烁着经济学的智慧之光，而且体现着社会学的人文关怀，或者说是困难时期政府以人文关怀来解决经济问题的良方。劳动创造价值，劳动是安身立命的必需，劳动也是作为社会成员受尊重和体现自身价值的必要条件……祥林嫂最大的悲剧不是死了两个丈夫，也不是贫困，是丧失了劳动的权利……不管是出去挖坑还是填坑，失业的丈夫就业了，妻子认为丈夫能够挣钱养家了，她会没有心理负担地购买生活用品。儿女认为爸爸了不起，他们没有阴翳，快乐而健康地生活。安排他挖坑，旋即又安排别人填上，或许并没有直接创造出财富，但这比他赋闲在家苦等救济好得太多了，而且肯定会因此创造有效需求，孕育繁荣。”

“挖坑理论”看似荒唐的说法，其实智慧之处在于，它揭示了经济系统各部门之间的高度关联互动与应对萧条型经济危机的政策思路及其作用机理。

---

① 现实中，由于城市规划不完善，或是为从市政工程的发包和建设中获取回扣等不法收入，使得城市道路挖挖填填，造成极大的公共资源浪费，也给市民带来诸多不便。本文绝非为这种劳民伤财的行为张目！

没有买就没有卖

蜿蜒曲折的山间公路像银色的飘带一样，在微风吹拂中优美舒展地飘洒在神农架的崇山峻岭之间。我坐在车上，近乎贪婪地凝视着窗外的蓝天白云、青山绿水和修竹农舍。远处一抹红色渐行渐近。走近仔细一看，原来是悬挂在路边两棵小树之间的一条红色宣传横幅。横幅上写着“光缆无铜取之无用”八个大字。溪流潺潺，山风习习，横幅及其承载和传达的信息自由自在地摇曳着……

“光缆无铜”即不含值钱的金属，便无人收购，无法出售换钱，于是“取之无用”，最终便无人盗割供货，达到保护通讯线路的目的。中国电信则统一制作了便于悬挂安装的牌子，两个“光缆”大字醒目地印在中间，两边分别竖排“光缆无铜”和“回收无用”。其实，这其中有着一个简单的经济学道理：社会经济中没有买就没有卖，或者说，只有有人买才会有人卖。我们平常说经商做生意就是做买卖，请看文字次序，买在前卖在后。花钱费力挂出上述条横幅者，其

实就是运用“没有买就没有卖”的道理，希望以控制买来减少卖，期望达到保护光缆线路的目的。我在澳大利亚和爱尔兰做访问学者时发现，没有人偷盗路面上的自来水和污水系统的井盖。其中重要原因，是我所在城市没有日常生活废品有偿回收制度，没有直接给居民付钱从其手中收购废铜烂铁的废品回收站。因为，没有买所以没有卖，金属井盖都安然无恙。最近，影星成龙在电视上做保护老虎等野生动物的公益广告，广告词是“没有买卖，就没有杀害”。其实，在野生动物制品的交易链条中，“杀害”系卖方行为，于是，这则广告词如果要改动一下的话，就该写作“没有买就没有杀害”。只要大家不用虎骨药品，不吃熊掌和鱼翅等，那么，猎杀老虎、狗熊和鲨鱼者就会减少。显而易见，这则广告依然依据“没有买就没有卖”的原理，期望以控制买来减少卖，最终达到保护野生动物的目的。

经济学里有个术语叫“消费者主权”，说的是在市场经济中，是消费的需求偏好，最终决定着资源配置结构和产品供给，即需求决定供给或者买决定卖。即便有人说，现代大公司可以通过强有力的营销攻势影响消费者偏好来创造需求，即卖创造买，但这种营销攻势毕竟最终还是要落脚到消费者“愿意买”这一点上。消费者若不愿意买，一切营销策略和手段都白搭。

经济学家凯恩斯把这样的道理放大，应用于宏观经济层面，提出了他的宏观经济理论。凯恩斯宏观经济理论的核心是：在经济非充分就业即存在闲置的生产能力和资源的情况下，一国一定时期的就业总量和财富总量或 GDP，即最终卖出的商品和劳务量，取决于各个支出单位计划并且能够买入的商品和劳务量即总需求。其中道理简单得就像在柴米油盐充足的情况下，家里究竟需要几个人做饭以及做多少饭，唯一地取决于有多少人吃饭以及要吃多少饭一样。凯恩斯宏观经济政策所谓“需求管理”，其实也就是通过管理和调控“买”来影响“卖”——GDP 和就业水平。

宏观经济调控者要聚焦于买。企业是按照市场订单即经济中各个支出单位的买来组织生产活动的。经济中各个支出单位买得多，企业投入的包括劳动在内的各种生产要素的数量就多，商品和劳务产量就大，最终也卖得多，结果是 GDP 和就业水平就高。于是，当一个存在就业压力的国家或者地区，希望经济增长和就业增加时，非常重要的一点就是采取措施刺激买，不管是国内的买即内需还是国外的买即外需。采取必要措施增加总购买量即总需求，必将推动经济增长和就业。

市场秩序的维护者要聚焦于买。比如，假发票问题，只要假发票可以报账，那么，就有人购买假发票，假发票交易就会屡禁不止；因为有人买就会有人卖！如果严肃财务纪律，加强审计监督，严惩以假发票报账行为，使人不能也不敢在财务上弄虚作假，那么，没有人买假发票，就自然没有人卖假发票。在假发票问题上，如果市场秩序的维护者挥舞执法大棒，棒子雨点般落在印刷销售假发票者的屁股上，而对以假发票报账者的处罚却不疼不痒，那么，这是不能从根本上解决问题的，也是不公正的。再如，房地产价格调控。价高者得，是市场的基本规则。只要有人出高价买，就必定有人按高价卖！地王频出，地价不断被刷新。有人敢于购买天价地，是因为他预计可以售卖天价楼；所以可以售卖天价楼，是因为有人购买天价楼。只要有人能够通过房产的交易将脏钱洗净，只要有日进斗金者笑傲房市一掷千金，一句话，只要有不在乎价格的买，就会有天价的卖。因此，抑制房价和降温楼市的釜底抽薪之举，乃是规范和抑制房产的投机性和洗钱性的买。遏制了非理性的买，才会遏制非理性的卖，才能有助于遏制高房价和房地产业的疯狂。

顺便说一下“文化产业”的问题。一个并不崇尚文化、不爱读书和文学艺术、热衷盗版、剽窃滋蔓的社会，不会有对文化产品的大买，自然没有文化产品的大卖，于是，很难形成所谓“文化产业”。因此，“大力发展文化产业”的关键之一，就是培养全社会崇尚文化和拒绝盗版之风，形成对于文化产品的有效社会需求。唯有培养起对文化产品的巨大需求，方能有文化产业的形成和大发展。

企业家要聚焦于买。经济学里有个术语叫“消费者主权”，说的是在市场经济中，是消费的需求偏好，最终决定着资源配置结构和产品供给，即需求决定供给或者买决定卖。是的，就当今的技术水平和经济环境而言，对企业成败具有关键影响的不是生产而是销售；生产出产品是不成问题的，而关键是有没有人购买其产品。经营管理中所谓开拓市场无非是增加买者。所谓企业家要对市场敏感，实际上是对买者的偏好及其变化敏感。优秀的企业家要能够及时地发现和归纳买者的偏好，然后高效率地配置资源，生产商品和劳务满足其偏好，或者实现自己的利润目标。

当然，那些具有创意和进取精神的企业家，既尊重消费者偏好，在消费者偏好引导下从事生产经营活动，但又不会一味被动地完全被消费者偏好牵着鼻子走，他们会通过强有力的营销行动“矫正”甚至“塑造”买者的偏好，自己创造市场。比如，电视片《公司的力量》中说：“如今，各种各样的公司并存于世，它们的产品不同、规模不同、目标不同、管理不同，但有一点是共同的：它们承载着人们各自的梦想和创造。公司已经成为一种生活。它告诉我们如何挣钱，并教给我们怎么将钱花出去；它引导我们吃什么、穿什么、住什么样的房子、开什么样的车，甚至最私密的个人事务——恋爱、结婚，也逐渐由公司帮助打理……经济学家约瑟夫熊彼特曾经说过，光是制造出令人满意的肥皂还不够，还必须诱导大家洗澡，于是，公司发明并传播了体臭和口臭的概念。有人说需求决定供给，但公司不墨守这个成规，公司创造了需求。”不过，请不要乱了“买决定卖”的逻辑。即便这里说现代大公司可以通过强有力的营销攻势影响消费者偏好来创造需求，即卖创造买，或者公司创造了需求，但这种营销攻势毕竟最终还是要落脚到消费者“愿意买”这一点上。消费者若不愿意买，一切营销策略和手段都白搭。在企业经营管理中，切记，只要生产有人愿意并且买得起商品和劳务，就必定有市场。

“买”是经济链条中的关键一环，是一个关键着力点，也是一个重要支点。宏观层面的政府经济调控和微观层面的企业经营管理，有时候都需要聚焦于买！阿基米德说，给他一个合适的支点，他就可以撬动整个地球。按照这一思路，我可以说，利用好“买”这个支点，就可以达到四两拨千斤的管理奇效。

扩大内需兼顾外卖才是坦途

有这么一个国家，疆域广阔且土地肥沃，人口众多且勤勉劳作。这个国家经过许多艰难曲折之后，向世界打开了关闭已久的厚重大门。世界上很多餐饮业大腕，看上了这个国家资源丰富且价格低廉，厨师和服务员能干勤快且工薪微薄，于是，纷纷前来投资建饭馆。没过多少年，该国便成为“世界饭馆”。

辽阔的大地上，饭店林立，美味佳肴应有尽有。但是，饭店的美味食品主要靠外来食客消费和外卖——出口卖给他国消费者。当然，也有本地食客，但消费量有限，而那些海吃海喝的本地食客，则只是少数富人而已。造成这种局面的原因至少有：第一，政府政策鼓励外卖。外卖有税收优惠，有时还有相关补贴。第二，外卖赚钱。国外人有钱，保障也好，今朝有酒今朝醉。他们若是进店消费，必是大吃大喝，饭馆获利颇丰。外卖也因为国内生产成本低和国外售卖价格高而利润诱人。第三，本地普通食客少且消费低，内卖既没有量也没有价。之所以这样，不是因为本地人不喜欢下馆子，而是因为囊中羞涩。饭店众多，虽然厨师和服务员多为本地人，但他们是低工资和低保障，没有钱下馆子吃，就是有俩钱也不敢下馆子吃。这又可能与下列事实有关：政府在理论上重劳工而轻资本，实践上则重资本而轻劳工，其各种政策具有明显的重商主义倾向。由于劳工大众无力制衡权力和资本，权力和资本便公然切割走了财富大蛋糕中太大的部分，而劳工大众分享的部分太小。

不管怎样，现实是，外卖战略实施顺利。虽然该国税费不低，饭店利润也丰厚，但由于劳动者劳动时间长、工资和福利保障格外低，外卖食品在国际市场上的价格很低，很具竞争力。凭借着劳动者的这种巨大牺牲所带来的巨大国际竞争力，各色食品在国际市场上所向披靡。政府笑了，投资人建饭店政府可以卖地；饭店经营要缴税，财政收入颇丰，“三公”支出巨大，政府办公楼雄伟壮观，办公设施一流。在国际收支方面，外卖又使外汇滚滚而来，外汇储备猛增，成为真正的世界级大款。饭店老板笑了，开饭店利润丰厚，日进斗金。各种富豪排行榜上，该国上榜者日益增多。不仅财源滚滚来，而且荣誉花环戴不完。但劳动者，厨师和服务员等却笑不起来，不仅因为挣钱少，还因为自己烹制的佳肴总让他人享受，自己觉得眼馋和不满。虽然遍地建饭店，自己有份活干，也有收入进账，这是好事儿，但自己终日粗茶淡饭而他人顿顿山珍海味，总是让人心里不舒服。并且，有时候想采取宪法许可的集体行动来争取一下权利，政府和老板往往基于事关天下安危的理由联手加以遏制，倍感压抑无助。

经济气候也变幻无常。有一年，饭店的外来食客和外卖突然大幅度减少。饭店老板、厨师和服务员看着冷冷清清的饭店，各怀心思地忧愁着。有些厨师和服务员已经开始丢掉饭碗。有些贷款投资饭馆的投资人和银行已经开始焦虑。政府也发愁，不仅因为忧虑民众生计，也忧虑失业增加时无事者生非，那会威胁自己的治理。

有一天，正袖手倚门望天黑的老板，突然看见一位外国老顾客光临。他和服务员都马上起身，热情相迎。来人随便找一个位置落座，喝了一杯茶之后才开始点菜。但令人意外的是，比起以前一掷千金，这次他显得格外节省，点菜点得特别简单。老板亲自沏茶倒水，跑前跑后。老板、服务员甚至厨师都围着这位食客，有问有答，好是热闹：

问："你最近怎么不来吃了？今儿好不容易来了，为啥还就点这么点儿菜？"

答："我没钱了。"

问："你不是挺富有的吗？怎么没钱了？"

答："装什么糊涂？"

问："我怎么装糊涂了？"

答：“我们的钱都让你们给拐跑了！”

问：“这我就不明白了，我们怎么拐你们钱了？”

答：“你们的钱便宜，你们的东西便宜，每年都是卖给我们的多，买我们的少。而我们的钱又是国际结算货币，一到结算期，我们大把大把的钱就跑到你们的账上。看看你们的外汇储备吧。再者，你们的便宜食品，挤垮了我们国内的很多饭馆，使我们失业增加，经济困难。我们现在也遇到经济危机了。我们没钱了，没办法，只有将就着在国内填饱肚子得了，少来你们这里吃，也少买你们的外卖了。你们说怎么办？”

老板听到这样的话，似乎也觉得有几分道理。于是，他对来者说：“我有个懂行的政府官员朋友，这就去私下请教一下，看看他怎么说。你先别急着走，慢慢吃，在这儿等我信儿。”对方点头，继续细嚼慢咽盘子里那可怜巴巴的一点饭菜。

老板带着一位政府官员回来了。官员对食客说：“我已经知道你都说了些什么。你的话简直就是胡搅蛮缠！我觉得你们有些讹人耍赖，但我们不跟你们计较。你看这样行吧？我们的钱也是辛苦挣来了，也不能白给你们。要不然你们发点债券，我们拿外汇储备购买。你们直接用这钱来我们馆子吃饭或买我们的外卖，或者用这钱搞好你们的经济、增加你们的收入之后，还像以前一样，来我们这里吃饭，买我们的外卖。这样，你们可以解燃眉之急，我们可以维持生意，厨师和服务员可以维持就业。当然，我们还可以挣些利息，并且减少由于你们那里经济恶化、货币贬值所导致的我们手里外汇储备的贬值损失。”

来者满意地点点头，抽一张餐巾纸边擦嘴边说："好吧，眼下先就这样。但长期看，你们也要让你们的钱更值钱，并且，要完善工会制度，让你们的劳工权益得到更好保障，提高劳工薪酬待遇，改善工作条件。你们生产技术并非世界一流，世界级品牌也不多，政府税赋不轻，企业利润不薄，能源价格也与国际接轨，但产品却畅销世界，极具竞争力，奥秘何在？不就是币值和劳工工资奇低带来的低价优势吗？劳工才是创造奇迹的真正英雄！要知道，百姓是商品和劳务的生产者，也是商品和劳务的需求者。工资是支撑社会经济的柱石。不管基于什么原因，只要长期实行低工资和低福利，宏观经济迟早都要陷入由于需求不足和公众不满等导致的困境……还有，更重要的是，你们要推进民主，遏制腐败，改善收入分配，提高国有企业分红比例，完善社会福利保障。还有……"

官员不耐烦地打断了来者的话，略带不快地说："关你屁事儿！咱就说经济上的事儿，不扯别的，扯那么远干嘛？老是对别人的事情指手画脚，你管那么多不累吗？闭上你的嘴！"

国际经济衰退加剧了。大难临头各自飞，国际贸易保护主义势力抬头。昔日那种外卖火爆的场面恐怕一去不复返了。该国这种靠外卖驱动的经济的脆弱性和不可持续性日益显露，重资本而轻劳工的政策取向也呈现出其负面效果。那位官员头疼焦虑。有一日，有经济学家对官员说："看，饭店的房前屋后，有那么多看上去食欲佳饭量大的老乡在那儿等着呢。他们是救星，他们是希望！政府减一点税，饭店让一点利，给劳动者腾出更大的加薪空间。这样加薪，不会对全部平均成本和市场售价有太多影响。他们是财富的创造者，理应分享财富。只要想做，分享财富的途径多着呢，比如，国企交足红利，红利用之于民，甚至将国有上市公司的部分股票以及国家部分外汇储备按人头分给老百姓，也不是没有道理的。想想国企到底是谁的企业？外汇储备到底是怎么积累起来的？改善国民收入分配让国人有钱下馆子，完善社会福利保障让国人敢下馆子。百姓有钱花和有钱敢花，就有助于避免或减少内需不足和外需波动对宏观经济的抑制和冲击，宏观经济才能稳定运行。放心，有人就有一切。泱泱大国，只要百姓下馆子，哪怕每人只点一盘小菜，乘以几万万甚至十几万万，结果便是一个天文数字，这样，即便外来食客和外卖减少，也没有什么了不得的，我们照样生意兴隆。"

那位官员恍然大悟，原来仅着重外卖是不行的，扩大内销兼顾外卖才是坦途。

吃一堑　长一智　进一步

经济增长，类似行驶的汽车，并非速度越快越好。驾驶汽车，不断加大油门，速度越快，稳定性越差，事故风险也越大。同样，不断地放松银根，加大财政刺激力度，经济增长速度越快，经济的稳定性越差，经济发生危机的风险也越大。一旦宏观经济的自我扩张过快，像丰田汽车的油门踏板故障导致的“自加油”风险一样，经济也会“自加油”朝着危险的方向疯狂地奔驰。在这样的危险时刻，经济机体本身所具有的“破坏性自我防护机制——经济危机”登场了，为疯狂的经济列车减速，避免更大灾难的发生。

覆巢无完卵。经济危机的短期破坏力不容小视，政府、企业、投资者和大众等，都会以不同方式和程度遭受损失。大家都会痛苦地吃一堑。据说，2007 年之后世界范围的经济危机，共吞噬了全球 50 万亿美元的财富，并招致难以言表的痛苦。

吃一堑，便会长一智。经济危机将宏观调控的盲点和监管政策的漏洞清晰地一一暴露。政府亡羊补牢，完善政策与监管。企业关门倒闭，让企业家惊醒，开始重视科学管理、员工培训、技术升级、控制成本等，苦练内功。经济危机让股票指数一路狂泄①，投资者经历过山车的刺激之后，他们会冷静下来，进行更为理性的决策和更为谨慎的投资。消费者的消费也会变得更加理性，不敢再奢侈地寅吃卯粮，“量入为出”重新成为生活的基本指导原则。

长一智，便会进一步。经济危机过程中，那些管理差、效率低、成本高的企业，会首先被无情淘汰。这不仅促使企业提升管理，而且使稀缺的资源和有限的市场空间被转移到效率更高的企业和个人手中。资源配置结构因此而改善，资源

① 海派清口演员周立波如此描述中国股市风险：“老板进去，瘪三出来；人才进去，棺材出来；杨百万进去，杨白劳出来；进去的时候想发财，出来的时候想发疯；握着双枪进去，举着双手出来；想学巴菲特进去，被扒层皮出来；小康家庭进去，五保特困出来；拍着胸脯进去，抽着耳光出来；男人进去，太监出来；周立波进去，周扒皮出来；大小非解禁进去，大小便失禁出来。

利用效率因此而提高。西方民主政治国家，政府对经济的干预范围和手段受到法律的限制。一般说来，政府不能随意规定哪个企业开张或者哪个企业关门，也就是说，“看得见的手”在调整产业结构和资源配置结构方面作用有限，至少相对于权威主义国家是这样。但市场力量即“看不见的手”发挥作用的空间却相对较大。政府“借刀杀人”——趁经济危机之际，让市场力量或“看不见的手”淘汰掉一批本应淘汰而不能淘汰的企业。“事实上，经济市场的最大优势之一，就是人们为其错误付出代价。当政府介入保护犯错者时，就消除了这一优势，它仅只是对不负责任行为的一种补贴。”（托马斯·索威尔，2010）

当然，由此想到另外一种做法：有些政府，或是由于传统产权理论的束缚，对不同产权特征的企业实施差别待遇，看人下菜，厚此薄彼；或是基于政治与社会稳定的考虑，让那些本该淘汰的企业，继续靠政府不惜代价的直接输血，或者由政府支出强撑的行情而苟活。而那些比如在就业、税收、GDP 增长等方面贡献巨大的私有企业，却备受资金匮乏和政策歧视的煎熬，甚至政府借应对经济危机之机而怂恿支持国有企业兼并私有企业，强计划而弱市场，重公有而轻私有。这是违背市场规律的做法，不仅无助于从根本上摆脱经济危机，而且大大延迟产业结构、资源配置结构和经济增长方式的转变和优化，为经济埋下巨大隐患。显然，只有当事人实实在在地吃一堑，他才能踏踏实实地长一智，才会真真正正进一步！毫无疑问，经济危机是资源配置结构调整的一次契机。资源配置结构的调整，对于经济稳步走出危机而步入健康轨道意义重大。

经济危机期间，丛生的社会问题与矛盾，会大大地推动制度创新与制度变迁，必定迫使权力结构、利益分配等发生变化以及社会公平正义得到更多和更为切实的重视。比如，20 世纪 30 年代美国的大萧条，就催生了《紧急银行法令》、《国家产业复兴法》、《农业调整法》、《社会保障法案》以及社会安全保障基金、美国证券交易委员会、美国联邦存款保险公司、美国联邦住房管理局、田纳西河谷管理局等强化宏观调控和推进社会公正的机构，使资本主义制度得以进一步完善。于是，有人说，如果想让制度变迁加速，想让社会福利制度和基础设施得以更快完善，那就“每过几年就出现一次可控的经济危机吧”。

1825 年，在迅速崛起的英国爆发了世界经济史上第一次经济危机。从那以后，经济危机便与市场经济为伴，如影随形，世界经济便在繁荣与萧条交替中运行。然而，经济危机不是摧毁了市场经济，而是让市场经济更加强大，更具活力。市场经济可谓“凤凰涅槃、浴火重生”，市场经济在繁荣与萧条交替中向着更高水平运行，显示着其高度的弹性和韧性。

可以肯定的是，经济危机过去发生，现在发生，未来还会发生。经济危机周期性地出现，是经济机体的一种自我防护，是经济机体的一种自我盘整。经济危机带来的不仅仅是经济灾难，它也夯实了经济发展的基础，也提升了人类应对经济挑战的能力，也促使制度创新和制度完善，也产生了新的机会，也带来了经济的重生！

吃一堑，长一智，进一步！

计划经济远去

正如本书开篇所说，人类深陷欲望无限与资源稀缺的矛盾所导致的经济困局之中。几乎所有的社会都面对一些共同的基本经济问题，比如“生产什么？生产多少？如何生产？为谁生产？”在漫长的历史长河中，人类不懈地探索突破经济困局之路，可歌可泣。大致说来，最重要的、最具代表性的突破经济困局之路有两条：计划经济和市场经济。

计划经济希望通过国家统一计划来管理经济、配置资源，强调对自然和人的积极改造，强调通过思想教育控制人类欲望，通过科学计划增加商品供给，双管齐下，以缓解欲望无限与资源稀缺的矛盾，以突破经济困局。计划经济对基本经济问题的回答是以“人民群众的需要”为中心的，即一切经济活动都旨在最大限度地满足人民群众不断增长的物质文化需要。计划经济模式以及计划经济理论，从其表述的动机、目标和逻辑上看，的确是美好动人的。计划经济模式，如果能够避免经济的自发波动及其所造成的财富损失和个人痛苦，如果能够避免有人凭借生产资料占有优势奴役剥削他人，如果能够带来社会公平正义以及个人的富裕和自由，等等，那么，这种经济模式就的确是迷人和值得追求的。倡导计划经济的理论家和政治家把上述诸多“如果”当成理所当然，他们的特点之一，就是理论上重彩浓墨来演绎计划经济的科学，倾情描绘未来社会的美好，做出种种迷人的许诺。

回首历史，计划经济几乎都是伴随着武装斗争取得政权之后而实施的“强制性制度安排”，并非自然秩序。因此，计划经济一开始就依托国家强力，具有高度的行政强制性和鲜明的人治特征。起初，凭借国家的资源动员和财富集中强力，以及民众由改天换地和美好期待而来的高涨热情，计划经济是可以在短期内大起的，比如可以很快铺垫现代工业基础、军事力量迅速增强、社会迅速安定等，“头三脚”的确是很猛的！当然，计划经济“头三脚”所带来的短期成就和特定贡献是不可否认的。但是，计划经济的代价巨大，是它的发展不可持续。

计划经济的成功，有赖于计划的完善与科学性，以及人的奉献与纪律性。然而，迄今为止，人类尚不具备制定庞大社会所需的复杂计划的能力，或者，我们的知识和信息不足以制定科学的计划。同时，人的利己天性和对个性与自由的追求，其行为也达不到计划经济所要求的无私奉献和绝对服从。

为实现宏伟蓝图和伟大目标——自己的富裕强大和战胜敌人，计划经济便在"集中力量办大事"的过程中，资源配置结构和产业结构日益朝向重工业和军事工业优先的方向发展，以至于居民消费品严重匮乏；产权结构大举"国进民退"，日益朝着公有制一枝独秀演变，国有经济垄断日益严重，以至于民营经济发展空间被挤占；经济供求失衡的调节日益放弃价格手段而倚重行政干预，以至于政府机构叠床架屋，官僚主义泛滥，行政效率降低。由于缺乏制定科学计划的信息数据以及贯彻计划的利益激励，计划经济的实践效果令人失望。历史表明，计划经济在国家力量的支持下，具有极强的资源动员和集中能力，但由于计划的失误和个体利益激励不足以及缺乏强迫节约的机制，使得资源利用效率极低，甚至出现严重的浪费。

在一个稀缺的世界上，资源利用率低本身就意味着计划经济终将陷入困境。评价成就的关键标准是其背后的代价，永远不要忘记代价，"不惜一切代价"很多时候就是一种招致失败的蛮干！

法国经济学家巴斯夏（1801～1850）在《经济和谐论》一书中曾说，那些痴迷于建立美好社会的具有领袖潜质的人物，在掌握大权之前，就常常假想，"如果民众是一群羊，我是牧羊人，我应该怎样做才能使人类幸福呢？""或者：

一边是一些黏土，另一边是位制陶工人，制陶工人该怎样做才能最充分地利用这堆黏土呢?”这些有“鸿鹄之志”的人，一旦得了天下，大权在握，便开始实施其宏伟蓝图。但是，他们遇到的难题之一，就是大众缺乏他们所期待的牺牲奉献精神和组织纪律性，换言之，普通大众不是一群羊，不是一堆黏土，于是，为了伟大的事业，必须先改造人，先与人斗，要让人类灵魂深处爆发革命。因此，计划经济及其所依托的社会模式，在实践中往往出现以目标的伟大和美好掩饰手段的违法和不人道，以整体利益吞噬局部利益，以集体利益侵害个体利益，以国家权力侵蚀个人权利，终使得个人的利益和行动空间被不断挤压；国家强大是以个体作为整体的殉道者为前提的。有俄罗斯学者认为，前苏联的悲剧就在于，它以皮鞭驱使现代化，其现代化是以前苏联人民的生命和自由为代价的，其现代化的过程是牺牲个体的充满血腥的过程；在一次次的清洗、批判、斗争、没收的运动中，演绎出一个又一个饥荒、屈辱甚至死亡的辛酸故事。难道需要在这里列举触目惊心的案例和数据吗？英国哲学家卡尔·波普尔（1902～1994）指出：“唯美主义和激进主义必然引导我们放弃理性，而代之以对政治奇迹的孤注一掷的希望。这种非理性的态度源于迷恋建立一个美好世界的梦想……但它总是诉诸我们的情感而不是理性。即使怀抱着建立人间天堂的最美好的愿望，但它只是成功地制造了人间地狱即人以其自身的力量为自己的同胞们准备的地狱。”2007 年 10 月 30 日，时任俄罗斯总统的普京在莫斯科附近出席活动，追忆和缅怀那些在 20

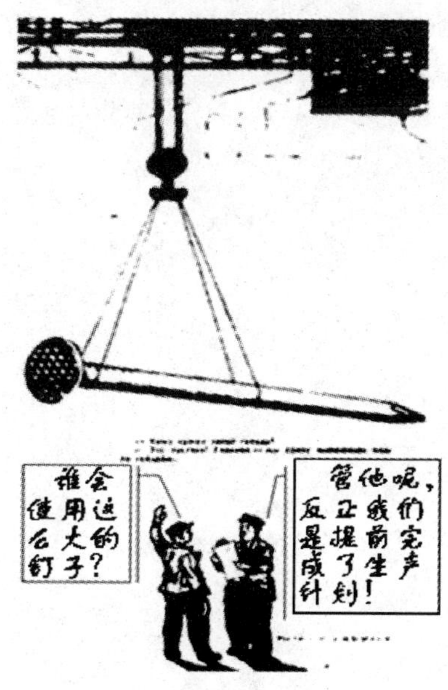

世纪30年代被“红色绞肉机”夺去生命的人们。这位冷面铁汉总统在讲话中居然几度哽咽，他说道：“这样的悲剧在人类历史上曾反复上演，其原因就是那些看似吸引人的空洞理想被置于人类的基本价值观——珍视生命、人权和自由之上！”

计划经济中，个人不仅被剥夺了物质财富，而且还被剥夺了精神自由。前苏联的奠基者之一托洛茨基（1879～1940）说：“在一个国家，那里政府是唯一的雇主，这种政策（对于反对者）意味着慢慢地被饿死。古老的原则：不劳动者不得食，已经被不服从者不得食所取代。”难怪经济学诺贝尔奖获得者哈耶克（1899～1992）著述指出，计划经济是一条通向奴役之路。

历史表明，计划经济以人民的需要为中心，听起来暖融融的，可它虽暖心但却不暖腹，使普通人穷困饥寒。

相关链接

“拥有最终支配权力并且同时控制着社会中暴力的合法使用权的那些人，出于行善的感情而力求扫除阻挡其前进的所有障碍。这些就是人类社会中产生出最极端形式的压迫的条件。每当人类抱有强烈的动机和正确的信念而被授权使用恶的手段行善时，巨大的危险便出现了。”（V. 奥斯特罗姆，1988）正确的事情如果以错误的方式去做，依然是错误的！比如，打黑除恶、为民除害，或是惩治腐败，强化党纪，都是绝对正确的，但是，必须依法进行。我时常想，作为治国者，仅是文学、史学、科学和工程技术等某个方面的专才是不够的，他们必须不仅知道对于社会而言在理想上什么是好的，还要知道在经济上什么是可行的，更要知道在法律上什么是合法的。

市场经济走来

市场经济强调顺应或者借力自然和人性，希望通过市场配置资源，以价格调节供给与需求，以缓解资源稀缺与欲望无限的矛盾，以突破经济困局。它以这样的基本思路回答基本经济问题："生产什么?"答案是，在合法的前提下，什么东西能赚钱就生产什么。其前提对了，贩毒贩枪来钱快，但那违法，排除！一般说来，合法买卖时，一件东西能赚钱，一定意味着需求量大，意味着稀缺和高价格。于是，当企业生产这样的产品时，多赢的结果出现了：企业赢了，赚取利润；政府赢了，获得税收；消费者赢了，随着供求规律的作用，可以以更低的价格享受更多的稀缺物品。"生产多少?"答案是，在既定的市场和生产条件下，什么产量能赚最大利润就生产多少。这样以利润为目标精打细算地选择生产要素投入量，有助于稀缺资源的充分利用。"如何生产?"答案是，在合法的前提下，什么生产方法最能赚钱就运用什么生产方法。依然是前提对了，使用童工或污染环境的方法生产，虽降低成本增加利润，但是违法，所以加以排除。"为谁生产?"答案是，为出价钱最高的人生产。"市场把产品分配给那些愿意并且能够付出最高价格的人。就像拍卖市场上竞相购买的人那样，那些愿意并且能够付出最高价格的市场参与者才能把物品买回家。"（斯蒂格里茨，1993）市场经济里绝大多数企业为自负盈亏的营利性企业。这样的企业面对激烈的市场竞争，只有获得适当的利润方能生存①。为出价最高的人生产，是企业获利生存所必需的！市场经济中有一种说法是："没有利润就没有产品！"是的，长期看，当一种产品的利润为零之时，也是它寿终正寝、退出市场之日。显而易见，想让我们的消费品数量增加和品质改善，想让 GDP 和就业增加，就必须宽容地对待利润，甚至宽容地看待营利企业在销售中"认钱不认人"的做法和"为有钱人生产"的

① 由利润和亏损表达的优胜劣汰，也是一种强迫节约的机制。前苏联发展经济的自然禀赋条件极佳，但由于缺乏这种机制，经济效率极低。同期的日本，自然资源匮乏，但强迫节约机制作用充分，经济高速发展。

说法。我国一位房地产大腕儿，被称为“任大炮”，常常对房市楼市发表看法，其说法往往惊倒四座，比如“只给富人盖房”。尽管他的表达也许过于直接并且口气咄咄逼人，让人感觉有些不舒服，但他对楼市、价格和销售的很多看法是符合市场经济原则的，是很专业的，人们尤其是网民不应该那么样地对他口诛笔伐。请问那些义愤填膺的人士，你如果经营一家自负盈亏的企业，你会把产品提供给谁呢？己所不欲勿施于人！其实，如果说市场经济具有残酷性的话，那么，价高者得，就是一种体现。这也许不合理，但无法改变！当然，有人会说，如果商品和劳务都流向出价最高的人，那么，那些出不起高价的人怎么办？这不是自负盈亏的企业要回答的问题，这是个人奋斗和政府管理的问题：一方面个人努力奋斗增加收入，提升购买力；另一方面政府推进机会均等，创造就业，改善收入分配，增加低收入者的货币收入，同时强化社会救助，保障低收入者的基本生活。

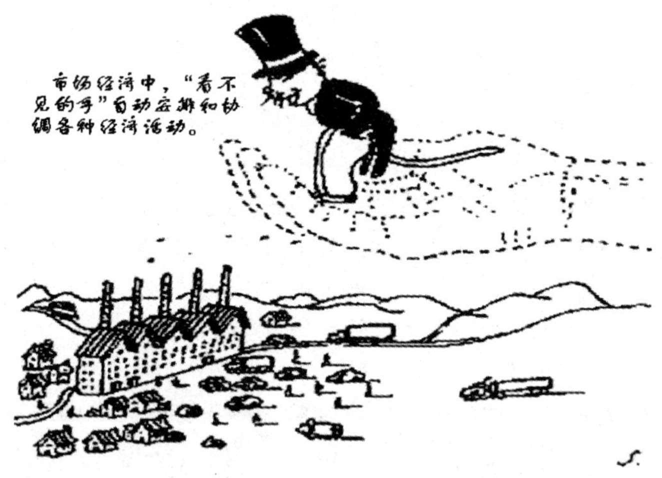

市场经济是一种非人格化决策的经济，即有关经济变量的决定较少受到政府权力以及掌权者的个人意志的影响。个人的经济状况主要受到无形的市场力量的左右，即由“看不见的手”安排。在竞争性交易中，按照供求力量确定的交易条件进行资源与商品的分配，将资源和商品交付给出价最高的人，不管分配结果的公正性如何，较容易为社会员所理解，尽管不一定被接受。在分配中处于不利地位的人们，即便要发泄自己心中的郁闷与愤怒，他们除了责备自己比如自家坟头少了根儿富贵草、运气差、没能耐等以外，几乎找不到具体的发泄对象，因为几乎一切都是无形的市场力量、无情的竞争或“看不见的手”所安排的；是风，是一阵呼啸的风吹掉了你的帽子、揉乱了你的秀发，你怪谁？你找谁？你只有默默地认了。于是，只要机会均等并且竞争公平，那么，即使市场分配所促成的结果不尽如人意，也较少引起人与人以及公众与政府之间的直接摩擦或对抗，有助于社会和谐。德国学者柯武刚和史漫飞在其所著《制度经济学》一书中指出，在竞争性的市场经济中，失利者“一般都会将其失败归结于市场的匿名力量，而不是其他具体的竞争者或买方。这意味着，想索要高价的卖方与想索要低价的买方之间永远存在的冲突被非个人化了。这是一种对确保国内和平和国际关系中的和平都做出重要贡献的环境”。再者，市场经济与自由主义有一定的联系，强调个人权利、自由与个人责任的对等；世上没有救世主，一切只有靠自己。“看不见的手”培育了人们独立自主和艰苦奋斗、勇于竞争的人格特征。1776 年，美国启蒙主义者潘恩出版《常识》一书，其中论述市场经济发展的部分有这样一段话：“我是不会选择做一个普通人的。如果我能够做到的话，我有权成为一个不寻常的人。我寻找机会，但我不寻求安稳。我不希望在国家的照顾下成为一名有保障的国民，那将被人瞧不起，而使我感到痛苦不堪。我要做有意义的冒险，我要梦想，我要创造，我也要成功。我的天性是挺胸直立，骄傲而无所畏惧。我勇敢地面对这个世界，自豪地说，在上帝的帮助下，我已经做到了。”这种豪气冲天的“冒险、创造、无所畏惧、独立自主”的精神，是市场经济培育的，同时也是市场经济的活力源泉之一。

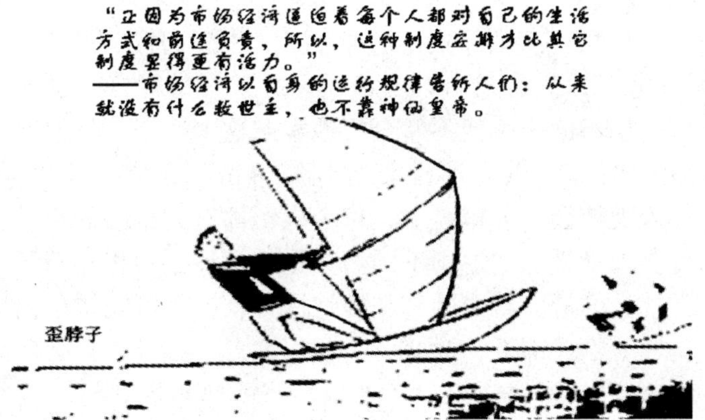

市场经济尊重个人权利，保护私有产权，倡导公平竞争，为个人的经济决策和行动提供足够的自由空间，以“看不见的手”或者价格机制配置资源和校正经济失衡，以企业亏损和退出强制节约。实践表明，市场经济具有很高并可持续的经济效率。张维迎在《理解和捍卫市场经济》一文中指出，根据美国伯克利大学经济学家德隆的研究，在人类历史上，从旧石器时代到公元2000年的250万年间，人类花了99.4%的时间，即到15000年前，世界人均GDP达到了90国际元（这是按照1990年国际购买力核定的一个财富度量单位）。然后，又花了0.59%的时间，到公元1750年，世界人均GDP翻了一番，达到180国际元。从1750年开始到2000年，即在0.01%的时间内，世界的人均GDP增加了37倍，达到6600国际元。换句话说，人类97%的财富，是在过去250年，也就是0.01%的时间里创造的。这250年是市场经济蓬勃发展的时期。

历史表明，市场经济以金钱为中心。听起来冷冰冰的，可它虽不暖人心但却暖人胃，让老百姓丰衣足食。事实上，市场经济是增进消费平等并普惠老百姓的经济，在计划经济条件下，大面积房子、轿车、软卧、电话、出国留学，等等，要么是按照行政级别配置，要么是国家计划安排，岂是寻常百姓所能及？而市场经济条件下，管什么行政级别，管什么社会身份，只要有钱，只要合法，谁想消费什么就消费什么！比如，市场经济条件下，软卧包厢里，这边坐一位司局级干部，对面可能坐一位个体户。如果说计划经济条件下，面对高级消费品的消费，是百姓心里不舒服的话，那么，市场经济条件下，可能是当官的心里不舒服：你一小小个体户怎能与我同乘软卧？你一普通老百姓怎能与我一样坐轿车？市场经济条件下，没有行政级别的人照样坐轿车，照样乘飞机，照样出国留学……也许有人说，自己这寻常百姓的轿车没有官员的轿车气派，但是，这只是轿车好与差的相对差异，绝非计划经济条件下有与无的绝对差别。法治条件下的市场经经济，是绝对普惠大众的经济！

“在政府中掌权的人，容易自以为昌明，并且常常对自己想象的政治计划的那种虚构的完美迷恋不已……他不断全面地实施这个计划……他似乎认为他能像手摆布一副棋盘中的各个棋子那样非常容易得摆布偌大一个社会中的各个成员……但是，在人类社会的大棋盘上，每个棋子都有它自己的行动原则。这个原则和立法机构可能选择施加的原则不同。如果这两种原则相互一致，作用方向相同，那么，人类社会的博弈就会顺利和谐地进行，极有可能快乐而圆满。但如果两者不同或者南辕北辙，那么，博弈就会苦不堪言，并且社会必然时刻处于高度的混乱之中。”（亚当·斯密，1759）计划经济的博弈规则与人们心中的行动原则或者“自然秩序”相悖，社会博弈不顺畅，也不成功；市场经济的博弈规则顺应人们心中的行动原则或者与“自然秩序”相容，社会博弈和谐而圆满。

20世纪80年代末，整个世界又掀起一轮经济市场化浪潮，许多曾经实行计划经济的国家纷纷向市场经济转型，难道这不是历史的必然吗？计划经济潮落和市场经济潮起，其来有自，应是人类社会的一次进步！

人性与规制

将制度因素纳入经济分析，是20世纪经济学的重大进展之一，而“制度很重要”则是20世纪末最重要的经济学共识。大千世界，几乎所有的人类善行与恶行，都与当事人所处的制度环境有关；制度是决定、塑造和调节个人行为的重要因素之一！制度经济学运用经济学的方法和原理，研究个人行为、社会秩序、经济效率与制度规则之间的相互关系，探讨改变特定规则会如何促进或阻碍某些后果的出现。治国安邦之道关乎个人的祸福、企业的成败、国家的兴衰。制度经济学探索治国安邦之道。

还原人类以本来面目

——从嘎子和胖墩的博弈谈起

制度是人制定的，用来规范人的行为，调节人际关系，营造适宜人类生存和发展的环境，因此，人是中心。了解真实的人，而不是基于理想而想象的人，了解其真实的行为动机，对于制度设计则是极其重要的。

1963 年拍摄的电影《小兵张嘎》，是人们都非常熟悉和喜欢的电影。张嘎子的机智和勇敢让人们津津乐道。他用老钟叔给他刻制的玩具木手枪，顶住日本翻译官的腰，缴获翻译官的真手枪。嘎子欣喜而自豪地向包括胖墩在内的小朋友讲述智斗翻译官和智取手枪的过程，绘声绘色，眉飞色舞。小伙伴儿胖墩的视线跟着嘎子手里的那把手枪移动，目不转睛。后来，胖墩终于向嘎子开口，想要嘎子的木头手枪。

胖墩："嘎子同志。"

嘎子："干什么?"

胖墩带着一脸求人的表情说："你有了真家伙，把那木头的给我吧。"

嘎子板着脸不高兴地说："去去去，来不来要人家东西，臊不臊?"

胖墩碰了一鼻子灰，开始挠着头思考。他的视线渐渐移向了自己腰间缠着的一串儿鞭炮。接着，提着那串儿鞭炮在嘎子面前晃荡，并说："瞧瞧，这是什么?真正的 200 头，响着呢，怎么样?"

嘎子："给我看看。"他起身盯着那串儿鞭炮，好像有些喜欢。

胖墩："咱俩换吧?"

嘎子："换什么？换木头枪啊?"

胖墩："啊！这鞭炮放起来像炒爆豆一样，噼里啪啦……"

注意，胖墩白要别人东西碰了一鼻子灰后意识到，要从别人那里得到东西，就必须先给别人点什么。他终于想到了交换，为了得而舍。这让人想起亚当·斯密（1723～1790）的话："我们所以会从屠夫、酿酒者或面包师傅那里得到我们饮食之所需，并不是出于这些人的仁慈或善行，而是出于他们对自身利益的关怀。我们与这些人打交道时所想到的也绝不是他们的仁爱，而是他们的利己之心，他们所想到的也绝不是我们的需要而是他们的利益。”基于自利而与人合作并交换，也许是人区别于其他所有动物的根本。

嘎子眼珠一转，扫了一眼树梢说：“不换！咱俩打赌！你赢了，枪是你的，输了，鞭炮就归我。”

胖墩：“行啊，赌什么呢？”

嘎子：“上树，掏老鸦窝。”

胖墩仰头一望，只见老鸦窝就在高耸入云的树杈上，似乎倒吸了一口凉气，然后摆开架势说：“不赌那个，咱俩摔跤！”

注意，身手灵活的嘎子提出打赌上树，而壮实有力的胖墩则提出打赌摔跤。每个人在博弈决策中首先考虑的都是个人的优势，扬长避短，趋利避害，盘算如何以自己的优势战胜对手。

李天心

嘎子慢慢地打量胖墩，似乎在估计胜算几何，犹豫着说：“摔跤？”

胖墩激将：“不敢呀？”

嘎子一抖精神：“来就来！”

注意，嘎子答应胖墩打赌摔跤，是因为他估计取胜的概率超过50%。

紧跟着，两人伸手进行博弈约定："拉钩上吊，一百年不许要！"两人把鞭炮和木头手枪一起放在了地上，拉开架势开始摔跤。

不出几招，胖墩便将嘎子按倒在地。胖墩满脸欢喜起身就去拿那把木头手枪，而嘎子扬手一拦说："慢着！咱们三盘两胜。"

胖墩："你原先没说三盘两胜！"

嘎子："你也没说一盘赢呀！"

注意，首先，嘎子机敏地钻了博弈约定的空子，即双方事先并没有明确规定一局定胜负还是三战两胜，以增大翻盘的可能性。这表明人具有机会主义行为倾向，即凭借个人机智或者信息优势损人利己。其次，嘎子没有料到胖墩能将自己那么快放倒，尽管自己事先进行了胜算估计。而胖墩也没有料到小八路嘎子也会钻约定的空子，也会要赖，或者有机会主义行为。这表明，人具有有限理性，即人们对于环境的认知能力和计算能力有限，不可能未卜先知，难以明察秋毫。再次，"拉钩上吊一百年不许要"的约定方式是靠不住的。害人之心不可有，防人之心不可无。各种博弈约定要正式和尽可能细致全面，法律协议是不可少的。

旁边观战的伙伴们也喊着要三盘两胜，近乎于煽风点火，一脸无奈的胖墩只好再战。

你来我往几下子，胖墩便高高抱起了嘎子的左腿。眼看胖墩要把嘎子摔倒在地，第二局就要分出胜负。就在这千钧一发之际，嘎子猛一起身回头，张开大嘴咬了胖墩肩膀一口。疼痛使胖墩立刻放开了嘎子。

胖墩捂着疼痛的肩膀，气愤地说："为什么咬人？你属狗的？咬人，你算什么八路？不害臊！"

注意，嘎子如若不咬胖墩一口来中止比赛，第二局他定输无疑。到那时，他既丢人又丢木头手枪。咬胖墩一口，胖墩一疼便松手。松手后第二局便无果而终，打赌不了了之，木头手枪和鞭炮各归原主。这时，嘎子虽然丢人，但不丢木头手枪。丢人但不丢木头手枪，总是胜过既丢人又丢枪。因此，嘎子的行为也算理性行为，即让损失最小化的行为；在注定亏损的情况下，亏得少就是赚！

经济学诺贝尔奖获得者，也是新制度经济学的掌门人之一罗纳德·科斯先生说："现代制度经济学的研究应该还原人类以本来面目……只有这样，现代制度经济学才能称之为'现代制度经济学'。"（转引自威廉姆森：《资本主义经济制度》，第67页）小八路嘎子和乡村少年胖墩的博弈，可否有助于"还原人类以本来面目"？可否清晰地揭示了人的特征：自利、趋利避害、有限理性、机会主义，等等？

宁肯把人想得坏一些

一个电视节目中讲了这么一个故事：在美国和墨西哥边境的美国一侧，一位美国警察在奋力追赶一名墨西哥盗窃嫌疑人。好不容易逮住了嫌疑人，美国警察便问他将盗窃的金币藏于何处。但是，语言不通，美国警察说英语，墨西哥人说西班牙语。于是，美国警察找来一位翻译，并对翻译说："告诉他，要老实交代窝赃地点，否则将严加处罚。"翻译如实翻译后，墨西哥人有些紧张，随后便一五一十地交代了金币的藏匿之地。原来藏匿地就在附近，非常容易找到。然而，翻译一转脸却对美国警察说："他说他宁死不屈，打死也不交代窝藏地点！"美国警察究竟如何处置这位墨西哥嫌疑人，无从知晓，但你一定知道那袋金币将落入谁人之手。

有一套"5 分钟管理课程"的资料，其中讲到这样一个故事：一位先生在太太刚刚洗完澡之后，便随即进入浴室趁着热气儿开始洗澡。就在此时，门铃响了。太太裹上浴巾快速下楼。开门便看见邻居大卫站在门口。大卫抢在她开口之前说："如果你把浴巾摘下来，那么，我就给你 800 美元。"稍加思索之后，她摘掉了浴巾，赤身裸体站在大卫面前。几秒钟之后，大卫给了她 800 美元，然后转身离开。这位女士重新裹上浴巾回到楼上。听到太太返回楼上的脚步声，正在洗浴的丈夫大声问："刚才那人是谁呀？"她答道："是隔壁邻居大卫。"她丈夫说："好啊，他对你说没说他欠我 800 美元的事情？"这位女士极为懊恼和尴尬！作者由该故事得出的结论是："如果你迟早要与他人分享关乎信用和风险的重要信息，那么，你要沉住气，别过早泄露信息。"显然，这结论不仅说沉住气不少打粮食，而且教人隐瞒重要信息，教人为人处世要花样。

上述两个故事中的翻译和邻居大卫，都凭借其知识或信息优势，以巧妙的方式损人利己。俗话说，从南京到北京买的没有卖的精。在现实世界的诸多交易中，交易双方所拥有的与交易相关的信息的确是不对等的，即信息不对称。这将导致严重的机会主义行为。"机会主义表示靠诡计谋求私利的行为。它包括，但绝不仅限于，说谎、偷窃和欺诈。”（威廉姆森，1985）或者说，机会主义行为是指在信息不对称的情况下，人们不完全如实地披露所有的信息，并藉此从事其他损人利己的活动。制度设计的重要目的之一，就是应对和遏制现实世界普遍存在的各种机会主义行为。

建造防洪大坝时，设计者一定要考虑可能出现的最高水位，考虑大坝要能够承受最高水位和抵挡最大的洪峰，尽管最高水位和最大洪峰出现的概率很低，甚至永远不会出现。大坝只要能抵御最大的洪水，那么，极端年份，百姓生命财产一定不会受到洪水侵害。人类社会需要制度堤坝，以防止人的物欲横流，防止人对人的侵害，防止危害群体利益的行为。构建制度堤防时，制度设计者也要把困难考虑得充分一些，要考虑到可能出现的最糟糕的情况，宁肯把所有人都想象成唯利是图、以邻为壑、投机取巧甚至穷凶极恶的小人。大卫·休谟（1711～1776）提出了所谓

“无赖原则”假定，即假定包括进入权力圈的每一个人都可能是无赖，除了追求私利，别无他求，并且“一旦离开了法律和正义，他就是最恶劣的动物”。诺贝尔经济学奖得主、美国经济学家布坎南指出，在作为“预测科学的经济学和旨在设计合适的法律和宪法限制而塑造相互作用的模式的政治经济学科学中，只有把私人看做是无例外的最大限度的追求财富者，市场的法律构架——法律和宪法才能设计出来”。制度设计如果以无赖或追求私利最大化的小人为假想对手展开，那么，制度的防范功能将十分强大，有助于社会的安定。一位朋友说，2003 年有些地区卓有成效地阻止了“非典”的传播蔓延，原因之一，就是应用了“无赖原则”假定，即假设每个人都可能是“非典”病毒携带者，严防死守，检查站绝不免检放过任何

一个人。美国华裔历史学家黄仁宇（1918～2000）先生认为，西方主流思想人性为恶，好色好货之心，人皆有之，贪婪之心，人皆有之，法律只防治人之为恶时侵犯旁人，贻害社会。是的，人性本恶，制度使之为善！

西方社会今天的安定与繁荣，与其制度的强大防御功能是分不开的。而其制度之所以有强大的防范功能，其中重要原因，就是认为人性本恶，把人尤其是政治家想得很坏和很危险。美国《联邦党人文集》中有文章认为，如果人人都是天使，那么，就不需要任何政府；如果天使治理人间，那么，就无需对政府施以任何内部和外部的控制。作者的本意乃是，大众不是天使，可能生出很多恶事来，因此，就需要对人的活动进行规范，或对社会事务进行管理的政府，就需要相关的制度规则和奖惩机制。同样，无论统治者如何通过控制意识形态宣传将自己打扮成天使，或者强迫民众把他们看成天使，但事实表明，他们的确不是天使，他们有着强烈的贪恋权力和滥用权力的倾向，因此，就需要设计制度分割统治者的权力，限制公权，规范政治家的行为，最大限度地避免政治家将公权力玩弄于股掌，滥用公权和侵害私权。

布坎南和图洛克说：“人们当选掌权后其背上长不出‘天使的翅膀。’”是的，一个人身份和地位的改变，比如进入政府或加入什么组织，其道德水准与业务水平也许会有所提高，但人的本性却不会因此而发生根本的改变；江山易改，秉性难移！建立法治社会所需要的社会条件之一，就是社会成员坚信“人们当选掌权后其背上长不出‘天使的翅膀’”，并对政治家和政党时刻充满怀疑与警惕，重视用制度来约束政治家、政党和政府行为。

在宏观领域，民众对政治家和政党的过度信任甚至盲目崇拜，是滋生专制和暴政的温床。在微观领域，对合作伙伴的过度信任，往往加大商业风险。试问，在诸多的商业失败的案例中，有多少是由于不信任合作伙伴和下属所致？又有多少是由于过度信任合作伙伴和下属或疏于必要防范所致？我在复旦大学读书时，记得读到过这样一则洛克菲勒（1839～1937）的轶事：洛克菲勒儿时，他爸爸陪他玩耍，要他从桌子上往下跳。他跳下，他爸爸便伸出双手接着，然后，再把他抱上去，他再跳，如此往复。但当洛克菲勒高兴得忘乎所以、毫不防备地往下跳时，他爸爸并未出手，他自然摔得鼻青脸肿。他爸爸面对哭泣的洛克菲勒说，长大要想成就大事，就要未曾迈步先看路，不要轻信任何人，包括自己的爹。洛克菲勒日后的成功可否与从他父亲那里学到的谨慎以及防范意识有关？“企业家对规范管理体系的信任，极大地依赖于‘信任’在关键点上被抹去，而以不信任任何人的制度代替。”（歪脖子）有研究山西票号的专家说，山西票号不敌西洋现代银行的原因之一，是它过分信任客户，并标榜“万两银子一句话”，而西洋银行坚决施行抵押贷款，以防范客户机会主义行为。2012 年 1 月 8 日下午，我去附近一家奶品专营店买酸奶。一到门口，就见店主拿着手机很恼火地经由电话与人争执。进了商店，店主的家人对我说，元旦前一位熟人让他们为其进 2 万元的货，因为是熟人就没有让其交定金，可现在对方却说不要这批货了。店主家人最后说：“以后不管是谁，不管生人还是熟人，要让我们先进货，就必须交定金，少一分钱都不行！”这就对了，防人之心不可无！

人类欲望无限与资源稀缺之间的尖锐矛盾，引发人们为获取资源而展开激烈竞争。人性中的恶，有可能使得竞争充满暴力与血腥，机会主义可能导致经济与

社会混乱，而有限理性可能导致决策失误。为了营造适宜人类生存的良好环境，就需要一套规矩或规则，对人们的行为方式以及竞争方式进行规范。经济、管理、法律和政治制度的设计，要把困难考虑得充分一些，把人尤其是政治家想得坏一些，以便设计出纵是小人和无赖也攻不破的制度堤防。这样，制度对人的行为才能有效地约束和调节，才能国泰民安。

制度旨在降低交易成本

自给自足的生产和生活都是简单的，可以与他人老死不相往来。但是，当生产力水平的提高带来剩余产品以后，情况便发生了变化。有了剩余产品，就要与人交换，就要与人打交道。要交换，就要决定交换什么，与谁交换，在哪里交换，以什么比例交换，交换出了问题怎么办，等等。人的机会主义倾向，投机取巧甚至坑蒙拐骗，往往使得交换过程充满不确定性和风险。人们渐渐发现，与人打交道并不容易，交易并不容易，交易并不能瞬时顺利完成。在当代，社会经济结构更加复杂，经济竞争更加激烈，机会主义行为更是令人眼花缭乱，交易范围扩大到全世界，交易难度大增。显然，所有交易都是要耗费时间、人力和物力的，即交易是有成本的。

进行经济交易或做买卖，总得决定跟谁做买卖，在哪里做买卖，什么时候做买卖，以什么条件做买卖，有了纠纷怎么办，等等。一般说来，发现交易对象和交易价格的成本，讨价还价的成本，订立交易合同的成本，执行交易的成本，监督违约行为并对之制裁的成本，维护交易秩序的成本，等等，所有这些成本，就是交易成本。

歪脖子

在目前中国社会，跑是最充满动感的字之一，也是搅乱社会秩序与百姓生活的一项活动。上幼儿园要跑，上学要跑，工作要跑，市场要跑，地要跑，钱要跑，项目要跑，案子要跑，官儿要跑，居然政策也要跑。跑，意味着要借助法外力量、依靠人际关系来达到利益目标。跑字的结构含义奇妙。“足”字旁意味着，有困难，有所求，仅仅在家坐等天上掉馅饼是不行的，必须腿脚勤快，积极寻找机会和关系。“包”字旁意味着，仅仅腿脚勤快只是必要条件，事情能否办成，目的能否达到，还要看充分条件是否具备，那就是“包”，即你为能给你办事儿的人准备的“包”的大小以及其中装了些什么。

跑的过程所耗费的金钱、时间甚至尊严，都是与人打交道时所发生的成本，也可称为交易成本。大千世界错综复杂的关系，可以归为两大类，即人与自然的关系和人与人的关系。处理人与自然的关系所发生的费用，称为生产成本，而处理人与人的关系所发生的费用，则称为交易成本，或者说，社会经济活动中一切非生产性费用都是交易成本。如果政府对社会经济活动过度管制和干预，政府机构叠床架屋，办事程序繁琐复杂，官僚主义作风，等等，就会让简单的事情复杂化，并将大大地增加交易成本。

一般说来，交易越复杂，人的机会主义倾向越强烈，官民越是不按规矩办事儿，其他条件不变，则交易成本越高。但是，交易成本是一种虚耗和浪费，尽管其中有些是按“劳务收入”计入 GDP 的。“我们所付出的许多成本是计入 GDP 的……这样创造的 GDP 实际上是一种浪费。”（姚洋，2005）鸡鸣狗盗之徒猖獗，于是，家家都装防盗门安全网，恨不得把防盗门做得 1 尺厚。这样一来，钢厂和门厂生意火了，GDP 增加了，可这种增加对于社会成员的福利有何意义？企业偷排废气废水，其成本降低，利税增加。清理污染河流所用活性炭越多，相关企业产值越高。污染导致的病人越多，病得越严重，医院收得钱也越多，则 GDP 越高。这种 GDP 的增加又有什么实际意义？一个社会的交易成本越高，意味着越多的稀缺资源被消耗于交易过程之中，用于人与人的彼此防范或相互协调，其他条件不变，它所能生产和消费的物质财富就越少。“……走进西方的一家超级市场，按照习惯，我们是不打算偷一瓶矿泉水喝的，因为那太违背当地约定俗成的规则了。如果大家都没有这个打算，那么，超级市场就可能减少保安人员和相应的开支。这样，在一个西方国家的 GDP 统计里，由于这类约定俗成的行为习惯，就减少了一项‘收入’。依此类推，一个西方国家 GDP 的 4% 的增长率，就可能等价于我们中国 GDP 的 12% 的增长率。”（汪丁丁，2005）

此外，“技术进步对于交易费用的影响是不确定的。一方面，技术进步可以产生诸如新的有效的度量方法使交易成本降低；另一方面，技术进步意味着更复杂的商品会提高交易成本……在发达的工业国家，技术进步的净效应是提高了交易成本。”（埃格特森，1990）

交易成本的高低，也可以用于对不同组织和制度的优劣进行对比判断。一般说来，一种组织和制度的交易成本越高（低），则它的竞争力越弱（强），效率越低（高）。事实上，交易成本过高，不堪重负，正是某些企业或体制最终走向崩溃的原因之一。例如，与法治相对的人治，其实就是社会治理的“手工操作”。随着社会复杂度的提高，五花八门的政府机构不断增加致叠床架屋，人手不断增多致十羊九牧，且公权力掌握者在职务待遇上没有退出机制，一旦搭上奢华舒适的职务待遇便车就再不下车，其各种基本待遇一直保持到死亡为止，社会治理的交易成本不断攀升，终有一日，政府财政不堪重负，公众忍无可忍，可能导致颠覆性社会后果。

“资本主义的各种经济制度的主要目标和作用都在于节省交易成本……如果不把节省交易成本置于重要的中心地位，就不可能对资本主义的各种经济制度做出准确的评价。”（威廉姆森，1985）制度设计的目的之一，就是遏制人的机会主义行为，增强人们行为的可预见性和彼此的信任，促进和扩大合作，以有效降

歪脖子

低交易成本，并将更多的资源由交易领域转向生产领域，创造出更多的物质财富。因此，完善法制，推进法治，约束公权，凡事按规矩来，疏通交易管道，扩大交易平台，强调机会均等，讲究诚信，最大限度地减少机会主义行为，将有助于降低交易成本并增进社会福利。

制度是怎样形成的

可以想象一下这样的情节。

很久很久以前，农耕乃是人类赖以生存的基本经济活动。一大片沃土上有甲乙两个部落，虽然大家辛苦劳作，但作物产量仍难以维持生存。饥寒生盗心。庄稼成熟，在一个月黑风高夜，甲部落组织人手盗割乙部落的庄稼。后来，乙部落则以牙还牙，如法炮制。于是，双方不得不耗费人力和物力，砌围墙，扎篱笆，养大狗，派人看管。久而久之，双方发现，相互偷盗只是财富分割行为而不是财富创造行为，大家可享用的粮食总量不仅不会增加，反而进一步减少，因为，防卫设施和防卫活动有太多的耗费，比如有人不种地而改当守卫使粮食减产，有一部分粮食用于交换砌墙或扎篱笆的材料或者要喂养看庄稼的狗。不仅如此，相互偷盗还导致人员冲突与伤亡。总之，相互偷盗时，社会的交易成本很高，相互偷盗带来得是多输的结果，没有赢家，或者是负和博弈。

终于，有一天，风和日丽，两个部落的首领各领一干随从，一路匆匆地来到事前约定的地点。在河边一棵高大的槐树下，有一个粗糙的石桌，两个部落的首领面对面落座，随从分列两厢。两位部落首领基于彼此长远利益的最大化，讨论协商，订立各种规矩，对天发誓，一定彼此安守本分，严禁一切偷盗以及危害对方利益的行为，违者严惩不贷！

从此，两个部落相安无事，交易成本下降，带来的是劳动生产力的提升。

在人类漫长的历史长河里，曾溅起无数的智慧浪花。无数人的无数次互动博弈，无数人的经验教训，无数人的智慧，形成无数的习惯、习俗、伦理规范、商业惯例等，其中也包括我国古代的“礼”或者“家规”和“村规”等，用以解决人类面临的种种问题，增进个体和集体的利益。这些在人们长期交往和社会实践中自然形成的习惯、习俗、伦理规范、商业惯例等，虽然多数并未白纸黑字地表述出来，但对人们的行为和相互关系却具有一定约束和引导作用，故被称为“非正式制度”或“非成文法”。历史上的文明古国，虽然法律条文不多，但在正常情况下，社会基本上井然有序，其中原因之一，就是一些约定俗成的规矩即非正式制度塑造、约束和引导着人们的行为。

蠢驴尚能在利益冲突中悟出合作的意义并能够进行合作，何况聪慧的人类？

但是，非正式制度的强制性和规范性不够。为了加强对社会成员行为的约束和引导，某些重要的非正式制度规则便被完善和升华，用白纸黑字清晰无误地表达出来，所有人必须无条件服从。“一旦习俗和惯例变成了正式规则，变成了法律原则和用书写语言记下的契约和规章、规程，它们就变成了‘制度’。”（韦森，2005）经过规范程序确定、表达清晰准确、所有人都必须无条件服从的各种规则，称为“正式制度”或“成文法”。它包括“界定国家的产权和控制的基本结构”的宪法，以及依据宪法确定的用以约束特定行为模式并调节特定人际关系的一套具体行为规则，即各种具体的制度安排。正式制度涉及确立生产、交换、分配的基础的一整套政治、社会和法律的基本规则，它的约束力具有普遍性。“传统中国是一个‘礼俗社会’，而不是一个‘制度化社会’。中国人的‘礼’……恰恰就是一种‘惯例’。中国社会是走到‘惯例’即‘礼治’和‘礼的约束’后就基本不再往上走了，因而从整体上看，中国社会没有走向‘法治’。”（韦森，2005）我想，“五四运动”和今天的改革，都旨在加快并完成中国社会从“礼治”向“法治”的飞跃。

在当今世界，正式制度是可以进行移植的。所谓制度移植，就是指某项制度或制度体系跨地域、跨文化从其原生地转移到其他环境并被实践的过程。当然，这种移植也不是全盘照搬，而是因地制宜地进行调整。制度移植是现代制度建构的一种重要方式，对于后发国家来说更是如此。许多由计划经济迈向市场经济的转型国家，短短几十年间，《公司法》、《会计法》、《破产法》林林总总，雨后春笋般出现，有些转型国家甚至宣布其法律体系建设已经完成。其市场化程度还不够，市场经济的历史也不长，怎能有自己那么齐全的原创市场法律规则？哪来的？多数是移植来的。

正式制度可以移植，并通过国家强力快速推广实施，而非正式制度往往与特定的历史和文化传统密切相关，移植困难，演变缓慢。通过移植生成的正式制度，往往会面临非正式制度的兼容度的问题。这是因为，非正式制度对正式制度的实施效果和效率具有明显的影响，正式制度只有在与非正式制度兼容的情况下，才能发挥应有的作用。正式制度像汽车，非正式制度像道路。道路泥泞，坑洼不平，再好的汽车也跑不出应有速度。正式制度像种子，非正式制度像土壤。再好的种子，如若土壤不匹配，也难以高产。那些具有封建集权和重农抑商传统的国家，其民主化和市场化进程之所以艰难曲折，多源自（所移植）正式制度与非正式制度之间的兼容性不够。因此，其民主化和市场化进程的加快，需要做的事情之一，就是调整非正式制度。正如清末倡导变法的蒋智由（1866～1929）所说："工商之世，而政治不与之相宜，则工商不可兴，故不得不变政。变政而人心风俗不与之相宜，则政治不可行，故不得不改人心风俗。人群之事，复沓连贯，不变则已，变则变甲必变乙，变乙必变丙者，其势然也。"提高正式制度与非正式制度之间的兼容性，事关转型国家转型的成败。解放思想，宣传和实践市场经济与民主政治理念，开放互联网，加强国际交流，等等，都是提高非正式制度与正式制度兼容性的重要手段。

所有的制度规则，对个人都是一种约束。如果没有一套机制强制实施制度并对违反者施以惩处，那么，制度便会被由不断升级的人类智慧所引发的机会主义行为冲击得千疮百孔，最终成为一纸空文。"习俗是一种制度，因为它是调节人们关系的规则……习俗之所以能够维持，大体都是因为有这样的来自权威的惩罚；服从道德不是自发自生的行动，而是因为有强权在后面强制着。"（姚洋，2005）于是，确保制度规则得以贯彻执行并对违规者实施惩罚的实施机制就必不可少。实施机制决定着违规行为，或者违反正式制度和非正式制度的行为的成本代价，从而决定着正式制度和非正式制度的作用效果。而实施机制的效果，又取决于承担仲裁与惩处职能的人和机构，比如检察官和检察院以及法官和法院能否免于政治力量的控制，能否真正独立行动。依附就生偏袒，独立才有公正，执法者才能上打君主下打臣，才能王子犯法与庶民同罪。有些国家，虽然正式法律制度体系基本健全，但是社会依然乱象丛生，究其原因，无非是：第一，立法取向不正或有些法律本身有失公正；第二，正式制度与非正式制度不兼容；第三，司法不独立导致实施机制软化。

制度是靠人类的长期经验形成的，是人类活动的产物，但绝对不是哪位具体的先知先觉者个人的设计。制度的确立与完善过程，是一个自然演化的漫长过程，或者是一个多次重复博弈过程。经济学诺贝尔奖得主哈耶克的话在我的耳边回响："在人已取得的最伟大的成就中，有许多成就并不源于有自觉目标的思想，也很少是周密地协调众多个人努力的结果，它们是一种过程的产物……如果我们称人类文明完全是自觉理性或人为设计的产物……那就是在吹捧我们自己……世上最危险的人，是自负的知识分子，他们缺乏必要的谦逊，无视社会无需主子，也不能自上而下地加以计划。"

相关链接

法治是需要民主的土壤和基础的，否则，无论法制多么完善，都难有真正的法治。不要以为依法行政就是法治。希特勒的种族灭绝暴行，依据的就是1935年的《种族法》，也是依法行政。是否是法治社会，关键在于立法的程序、取向和法律的公正。如果立法过程不民主，法律旨在保护政治垄断和既得利益集团的利益，或者将既得利益者的意志法律化，那么就会出现恶法。恶法的法治还不如无法的人治，因为，无法的人治情形下，受害人的反抗仅只是反人，而恶法的法治情形下，受害人的反抗则是违法。两者相比，恶法的法治给人民带来更大的危害。当然，恶法的法治也不可能带来长治久安。

人们跟着制度走

当代世界，美国军队的作战范围是最大的，因为美国声称“为全世界人民的自由和解放而战”。大范围作战，空降兵和降落伞是必不可少的。第二次世界大战后期，美国空军在欧亚同时作战，需要采购大量的降落伞，但一开始供货商提供的降落伞合格率大致维持在99.9%。

虽然供货商认为这已经是最高的合格率，但军方认为，从企业生产角度看，99.9%的合格率的确可以接受，可从军事上看，这意味着每1000名美国伞兵中，将有1人不是死在敌人的炮火之下，而是仅仅由于同胞们的工作疏漏而献出宝贵生命。供货商却说，人无完人、金无足赤，降落伞100%的合格率绝对达不到，断然拒绝了军方提出的改进要求。后来，美军改变了策略和规则，要求降落伞供货商亲自参与验货。验货的方式是，让供货商定期到军需品仓库，戴上由他自己随机抽取的降落伞，登上飞机，从空军正常的跳伞高度跳下。由于不合格降落伞的代价由士兵承担转变为由供货商承担，此法一出，产品合格率便达到100%。

防止铁路事故的最好方法，就是将公司的董事捆绑在每辆火车的车头处。

由此看来，要有效降低现代工业体系的风险事故，关键在于让最有能力或权力预防事故的主体承担起事故的成本。当然，如果有了成绩，就归领导，出了事故，就归临时工或编外人员，那么，各种事故就会频频发生。

中国政府网2010年7月23日全文公布了《国务院关于进一步加强企业安全生产工作的通知》。通知要求，煤矿、非煤矿山要有矿领导带班并与工人同时下井、同时升井，对无企业负责人带班下井或该带班而未带班的，对有关责任人按擅离职守处理，同时给予规定上限的经济处罚。这与让降落伞供货商空中跳伞有异曲同工之妙。

社会大课堂，课堂小社会。大学的课堂尤其是大合堂教室里，时常发生会议室里常出现的场面：前排空着一些位置，后排座无虚席。本人经常上合堂课，虽然教室不曾出现过令人尴尬的上述局面，但教室后排常常是坐得相当零乱。有个学期上课期间我做了试验，想检验一下制度规则对人的行为模式的调节作用：连续几次课，我总是提问坐在教室最后边的学生，根据其回答问题的质量评分并计入平时成绩。不久，学生的行为便悄然发生了变化：他们都往前排坐，往前排挤；每一排都坐得满满的，后排也大为整齐。不仅如此，学生到教室的时间也大为提前，因为害怕来晚了坐在后边被提问。由于我事前并没有宣布课堂提问规则，学生座位的调整持续了几次课。如果我事前宣布“从下次起，每次都将由坐在教室最后边的学生回答问题，成绩记录在册”，即宣布提问“制度”，那么，第二次课，学生就会早到教室并“争先恐后”。这表明，个人行为会对规则制度的变化做出反应，并且人们会通过实际经验判断制度规则的变化，进而自发自觉地调整自己的行为。

显然，制度影响人的行为模式，制度是决定人类行为的重要因素之一。“……不能把种族这一因素与其他因素割裂开来，把它看做是经济发展的决定性因素。居住在自己国内的中国人总是被认为缺乏从事企业的精神。然而，细胞中具有同样遗传因子的他们的后代在马来西亚和东南亚却受到指控，认为他们太擅长经营企业了。”（萨缪尔森，1976）

“人类在很大程度上是被利益所支配的。”（休谟，1739）人本能地趋利避害，精于利害得失的计算，致力于追求最大利益。以这种人类特征为基础，制度通过明确具体的对鼓励性活动或行为的政治和经济奖励与褒奖——正激励，以及对禁止性活动或行为的经济和法律处罚与贬斥——负激励，使人们据此对自己行为可能的利益与代价做出比较，进而做出能使其净利益最大化的选择并采取行动。简言之，制度通过决定和调整人们行为的“本 - 利”结构，来确定和调整人们的行为模式。不同的制度安排，规定了不同的“本－利”结构，使人们选择不同的最大化方式，出现不同的行为模式（张曙光，1995）。一般说来，当期待某种行为的时候，就摇晃胡萝卜或者如管仲（前725～前645）所说“劝之以赏赐”；当想阻止或减少某种行为的时候，就挥舞大棒或者如管仲所说“纠之以刑罚”。不断地调整赏罚力度，直至达到预定目标。想想，当年美国军方让降落伞供货商空中跳伞，今天中国让矿山领导带班下井，这些制度规定依据的什么原理？

一般说来，个人、企业或机构往往基于自身利益考量，会沿着制度所确定的路径行动。在文化教育、宗教熏陶、法律约束三位一体所营造的健康社会环境中，人们会以增进他人利益即互惠互利的方式实现其利益目标，促成良好社会秩序。

理性行为意味着人们总是在遵循制度所确定的各种“游戏规则”的前提下，力图以最小的代价去追逐和获得自身的或所在部门或所在地区的最大利益。因此，人的行为，不管是合理的还是不合理的，均与其生活其中的制度即“游戏规则”有着直接或间接的关系。张维迎先生提出人们获利致富的两种逻辑：强盗逻辑，即通过使他人不幸福而自己幸福，或者说损人而利己；市场逻辑，即通过使他人幸福而自己幸福，或者说给别人带来好处而自己获利。其实，个人和组织究竟遵循哪种逻辑，最终取决于制度环境。

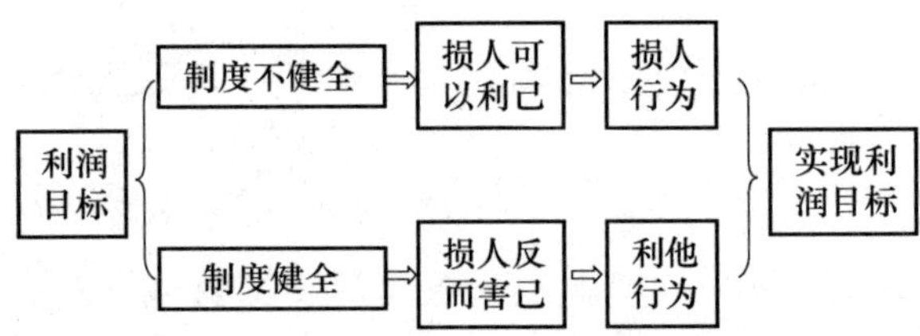

约翰·洛克（1632～1704）提出了“白板说”，即人生来其大脑心田犹如一张无瑕的白纸，其后天置身的社会环境在上面绘制各种图画；社会环境对于人的行为模式有着决定性的影响。是的，几乎所有的人类善行或者恶行，均与当事人所处的制度环境有关。大千世界，凡事皆有其因，皆有其果！通常，面对不合理的个人行为和社会现象时，人们总是指责当事人道德水准低，品行恶劣，致礼崩乐坏。于是，有人对恶行口诛笔伐，甚至强调“盛世也需用重典”，但就是不去挖掘导致有关个人行为失当与社会乱象的制度根源。其实，完善制度，事先积极阻止绝对胜于事后严厉处罚！

从前有段时间，家住一楼，室内偶有耗子出没，造成财物损失。于是，本来就喜欢并善待宠物的妻子花钱买了一只小黑猫，精心饲养照料，并对其寄予厚望。那黑猫大了，倒也可爱尽职，偶尔也逮只耗子，有所斩获。但有一日，这黑猫趁人不注意，居然纵身一跃，跳上客厅里的桌子，把爪子伸进鱼缸，捞鱼缸里的小鱼吃，吃得是有滋有味。妻子从卧室出来，见此一幕，立即火冒三丈，随手操起笤帚，似乎要么将其痛打一顿，要么将其逐出家门。那猫从桌子上跳下来，蜷缩在沙发前的地板上，表情紧张，浑身瑟瑟发抖。

在这黑猫可能受到严惩的时刻，我却出手帮这黑猫，尽管我也十分恼火，也想将其痛打。我对妻子说："这猫贪嘴，实在该打，但它是只猫啊，世上哪有不贪嘴的猫呢？你正在火头上呢，若将其痛打一顿万一失手要了它的小命，那我们不是要蒙受多重损失吗？鱼没了，猫也没了，我们在这猫身上花的钱和心血也打了水漂了，耗子也肆无忌惮了。这是多么划不来呀！"可妻子依然怒火难消，不依不饶，气愤地说："我们再买一只更好的猫，并且要好好地教育训练它。"我说："再好的猫也是猫啊，只要是猫，它就贪嘴！要不人们怎么把贪嘴的人叫做'馋猫'呢？至于教育，想教育猫不贪嘴，就仿佛是劝说苍蝇不叮有缝的蛋，说服狗不迷恋喷香的骨头！不断地买猫、训猫、换猫，只能使我们所蒙受的损失更大。"也许是我的话有几分道理，也许是妻子觉得我有些狡辩，她火气渐消，但却仍然带有几分讥讽的口吻问我："教授，经济学家，面对如此局面，你有何高见？"我说："一言以蔽之，建立一套制约制度！"她不耐烦并面带不屑地说："得，得，得，少卖关子，说具体点！"我只好硬着头皮但颇为认真严肃地答：

"将鱼缸妥善放置，置于猫够不着的地方，即猫鱼分离；或是给鱼缸加盖子，使猫的爪子伸不进鱼缸；或是给猫套上绳子，使其活动范围受到适当限制，可捕鼠，但不可及鱼。这些才是既治标又治本之道。"妻子消气了，打开电视，欣赏节目。机灵的黑猫一看没事儿了，便在地板上使劲舔干净自己的爪子，抓耳挠腮，翻身打滚，又快乐地玩耍起来。

在这件事情上，其实我在心里也挺想责怪这猫的主人——我的妻子。猫本是她挑选的，她原来既不让给鱼缸加盖子，也不舍得用绳子栓小猫，并且平时还挺娇惯这黑猫，但在如今这个女子当家的社会环境中，责怪妻子，抱怨当家的，那不是冒天下之大不韪吗？岂敢？岂敢！

行文至此，我的脑海里清晰地浮现出了电视连续剧《走向共和》中的一个情节：康有为给弟子们授课，他说："一部五千年的历史，史学家们就写了两个字：道德。那是幻想！他们以为只要讲究这两个字，我煌煌华夏的所有问题都解决了。大错特错矣！我告诉你们，把这两个字扔掉，埋葬它，它是误国的垃圾！换上两个字：制度。不错，就是这两个字：制度！如今举国腐败、朝政僵化，指望几个做官的讲究操守就能救国。哼，这是天大的笑话！"是啊，屋漏在下，止之在上，上漏不止，下不可居！

人们跟着利益走，利益跟着制度走，从而人们跟着制度走。

权为谁所用

权为何物？它竟让无数英雄竞折腰。权力是实现个人才学抱负的手段和媒介；权力是获取实实在在的物质经济利益的资格和名分；权力是带来心理荣耀与满足的开心果。中国社会科学院于建嵘教授2010年12月6日发了这么一条引起轰动的微博：“有一个任省级官员的同学，一次与我谈心里话说：兄弟，你总批评我们这些当官的拼命往上冲，这是因为你没有当过官，不知道当官的感觉。那种感觉真的很让人非常受用，就是不贪污受贿，那种前呼后拥，指点江山，有什么事给个眼色就有人办的等等官威，也让人感到此生没有白过。而官越大，这种感觉就会越明显。”2011年春，清华大学百年校庆，“清华校刊《新清华》用‘知名校友’照片拼成了著名的清华‘二校门’造型。在这个造型下，从清华毕业的政要们占据了封面最突出、显赫的位置。更难得的是，特刊编辑们还根据他们的职务、行政级别、在职、退休和候任等项标准，硬是排出了个上下、先后次序，把一件政治难度很大的政要排序工作，做得几乎天衣无缝。而那些在中国现代史上声名彪炳的各行各业杰出校友们，则一律靠下靠边。”（曹辛，2011）清华大学校刊这超一流的创意，毫无疑问强化了为官的魅力和良好感觉。

事实上，不管实行什么制度，权和利都是相连的，只不过两者联系的紧密程度、以权谋利的方式和数量等，在不同的体制下有所不同罢了。因此，几乎所有的争权，不管有多少冠冕堂皇的理由，其实都是为了夺利。权有利，所以追求权力并期待青云直上者必对授权者感恩戴德，必竭力投其所好。在政治领域，负责方向与授权方向总是相反的；当权力是自上而下授予时，不可避免会出现“说你行，不行也行；说你不行，行也不行；不服不行”的局面，出现“领导喜欢的被提拔当领导，群众喜欢的留在群众中”的情形。这就必然导致自下而上的负责，必然促成唯上是从、阿谀奉承、溜须拍马、行贿受贿之风盛行。萨缪尔森（1915～2009）在评价前苏联的社会经济时曾说：“在某些方面，各地和各单位的情况大致上是相同的。企业的头头几乎肯定是共产党员。一位成功的官僚有时很像我们这里的成功的‘有组织能力的人物’：他必须服从命令，但还要有机智，必须卑躬屈节地逢迎，同时又傲慢自大地对下，既要精力充沛又要冷酷无情。我并不是说坏人在步步高升，而是说在一般情况下，能力确实起作用，但是，仅有技术能力而不善于与人相处是不够的。”因为在个人的宦海沉浮取决于“上级”的喜怒哀乐的情况下，唯上是从、阿谀奉承、溜须拍马、请客送礼是效率高而成本低的获取并维持权力的手段；从技术的角度看，采用这种手段也是一种理性选择。电视连续剧《走向共和》中有这样的情节：李鸿章（1823～1901）对属下提供的关乎江山社稷安危的情报无动于衷，而当下人说送给慈禧太后（1835～1908）的鹦鹉生病时便大惊失色。他将能喊“太后万寿无疆”的鹦鹉送给太后，以博心烦意乱的太后一笑。慈禧太后听到那鹦鹉喊出“太后万寿无疆”之后大喜，然后说道：“难得李中堂还把这样的小事挂在心上。”李中堂面带微笑答到：“太后之事无小事！”是啊，授权者之事无小事。不仅高度关注授权者，

就是授权者身边人的偏好，也会受到追求权力者的重视。李鸿章不远万里从大英帝国带回一瓶脚气药水，亲自到宫里送给总管太监李莲英（1848～1911）。李莲英拿着那瓶脚气水说：“还是啊，中堂大人惦记我，为这么点儿小事，千山万水的。”李鸿章则说：“公公的事儿怎么能说是小事儿呢？公公的脚好好的，把太后伺候得好好的，咱们的福分就有了。”李莲英说：“好！中堂这话说到家了！”是的，这话真是说到家了！

蒲松龄（1640～1715）在《聊斋志异·梦狼》中有这样的描述：有关阴间衙门的一场噩梦，吓坏了白翁，于是，他写了一封哀切的信，派小儿子去衙门找他哥哥白甲，劝他为子民多做些好事。弟弟在白甲那里的所见所闻也的确太不像话，于是鼻涕一把泪一把地劝哥哥多给百姓办好事。可是哥哥根本不搭茬儿，反而开导弟弟说：“弟日居衡茅，故不知仕途之关窍耳。黜陟之权，在上台不在百姓。上台喜，便是好官；爱百姓，何术能令上台喜也?”只要权为上台所授，必然导致情为上台所系、权为上台所用、利为上台所谋。

权为谁所用？权为授权者所用！而如果是“权为民所授”，也唯有如此，那么，不用扯着嗓子吆喝，不用写标语挂横幅，不用文山会海，不用三令五申，必然出现情为民所系、权为民所用和利为民所谋。

相关链接

话为民所懂。几年前，我的一位学生对我说：“尽管有干扰的杂音，尽管是外语，可从《美国之音》中依然可以基本听懂美国政治家演说的内容。可是，我却听不大懂我们一些的领导讲话，您说这是为什么?”我回答：“大概是因为在美国，讲话者刻意讲话简明、缓慢、优美和动人，刻意让民众听懂和理解其讲话，因为只有这样才可能赢得选票。而我们的有些情况我说不准，也许这些是大领导对小领导或者对代表们讲的，压根儿就不是对百姓讲的，大众是否听懂对他们没有太大关系。”说实话，我也不大懂有些领导的讲话和官文。官腔中的“重点抓、抓重点”还有什么“把手、抓手、拉手、推手”等等说法和句法，实在莫名其妙。我想，有些领导可能闲得发慌，或是刻意塑造媒体形象，几乎天天总结、日日归纳，种种提法满天飞，而“现任一把手一贯正确”型学者，则纷纷座谈或发表文章，纵论领导提法的新高度和巨大意义，一些媒体则润色渲染不亦乐乎。我一直怀疑，这些无论其本人或者使其秘书们的身心被创造新提法和行政辞藻占去太多空间、天天说百姓听不懂的话的领导，是否真的能有足够的精力办实事和解决棘手问题。

分蛋糕的智慧

詹姆士·哈林顿（1611～1677），是英国古典共和主义政治理论家，在1656年出版了《大洋国》一书。该书以两个女孩分蛋糕的故事，揭示制度设计与政府治理的原理。2005年10月10日，时任全国人大副委员长的成思危先生，在中央电视台第二套节目的《中国经济大讲堂》中发表演讲，题目为“自主创新与中国现代化”，其中提到了这个分蛋糕的故事。不过，人物换成了两位先生，情节也有所改动，但核心都是一样的。他说：“……老张老李一人出100块钱买了一块大蛋糕，老张说我切这块蛋糕咱俩平分，老李担心他切得不公平，于是请了三个朋友来出主意，怎么切得公平。第一个是搞政治思想工作的，他说老张你不能以权谋私，你要提高你的政治觉悟，要做到尽量公平。第二个是搞技术的，他说老李，你得好好测量一下这块蛋糕的面积，还有它的质量和均匀度，因为有的地方可能厚，有的地方可能薄。测量好了，通过计算，选择一个最佳的切入面，切下去，尽量切得准。第三个是个制度经济学家，他说甭那么费事，我跟你说，老张，你负责切，但是老李先挑。这就解决问题了，因为他切得不公平，他吃亏，对不对？他切下来一块大，一块小，老李就把大的挑走了，他剩下小的不吃亏了吗？所以从制度上做这么一个规定，就解决了前面那两个人要费很大劲才能解决的问题。”简言之，“谁切谁后拿”就可以保证蛋糕分得公平。此外，“前面那两个人要费很大劲”，意味着前两种方案的交易成本很高。从制度上规定，“谁切谁后拿”，则以更低的交易成本解决问题。是的，好制度的功能之一，就是有效降低交易成本。

然而，在“谁切谁后拿”的制度规定下，却有可能没人愿意执刀切分蛋糕，因为，切分蛋糕不仅劳神费力，而且还有风险，比如划破手指，或者，即便没有主观恶意，确实很想把蛋糕切分公平，但如若一刀下去没有切匀，大的一块让人拿走，自己劳动反而留下一块小的。让我们把这蛋糕比作社会财富，必须有人执刀切分。或者把蛋糕比作社会事务，必须有人处理。但在“谁切谁后拿”的制度规定下却没人切分。怎么办？其中一个办法是，按照利益相关人自愿协商的分割比例，事先切出一块儿蛋糕作为掌刀者的报酬。这事先切出的一块儿蛋糕类似于税收，用以支付公权力掌握者服务社会以及提供公共产品的费用。但这又产生新的问题，即很多人都想切，大家争着切，因为，掌刀有额外报酬和好处，比如，美国总统还有漂亮的白宫居住。很多人争着切，那么，到底由谁来掌刀切分？怎么办？其中一个办法是，公开选举。想掌刀的人自愿报名，为候选人。然后，所有候选人必须公平、无一例外地向人们展示其刀工、过往业绩、人品甚至家庭背景和家人的情况，等等。更重要的是，展示一旦掌刀将如何分配蛋糕的具体方案。候选人真的要劳其筋骨、苦其心智，据此，大家投票。由于关乎自己将来所能享受的蛋糕份额，投票一定格外严肃认真，理性的人绝不会随意投票。最终，得票最多者掌刀切分。但是，人随着时间和地位的变化是会改变的，不受约束的权力是会让人堕落的。为防止掌刀者掌刀太久之后变得自私专横，滥用权力，破坏公平原则，公开选举必须定期举行，限制掌刀者的掌刀时间，比如最长执掌 8 年。一言以蔽之，经定期公开选举产生的人掌刀切分，谁切谁后拿，是确保蛋糕公平分配的有效制度安排。

分蛋糕的故事所揭示的道理，告诉人们选举制民主的必要性与重大意义，形成了民主政治国家制度设计的基本思路。比如美国的开国元勋们认为，政府应该具有四个特征：第一，高效并充满活力；第二，依附于其人民；第三，各部门之间相互独立；第四，确保民众个人的自由。实现这些特征的制度安排是：通过对各级政府官员的定期选举，确保第一和第二个特征；通过分权和制衡，确保第三个特征；在上述措施基础上，将保护个人权利写进宪法并确保宪法实施，以确保第四个特征。但是，在前苏联情况却不一样。在那里，谁掌刀切分蛋糕？武装斗争，打仗，谁打赢谁掌刀切分蛋糕，所谓“枪杆子里面出政权”。谁先拿？谁切谁先拿。例如，公房分配，最先挑选房子的往往是所在单位最大的领导，所以最好的楼层、最好的房子属于最有权力的人或者掌刀人。社会财富与机会一定是以权力为中心分配。切多长时间？垄断掌刀权，谁切谁永远切。此外，那刀不仅切分蛋糕，而且取敢于挑战掌刀者地位的人的项上人头，用以维护致命的种种垄断。前苏联何以崩溃？仅仅是外部敌对力量的颠覆和戈尔巴乔夫或叶利钦的背叛吗？听听当今俄共总书记久加诺夫的说法。他在 2009 年 11 月接受《南风窗》杂志专访时说：“苏共丧失政权的最主要原因是，在长期一党专政的制度下，实行了‘三垄断’：垄断真理的意识形态制度，垄断权力的政治法律制度，垄断资源与经济利益的经济制度。思想文化领域的专制，导致稍有不同于官方的意见，就会被认为是异端邪说，就动用专政工具整肃、镇压，或投入监狱，或关进疯人院，或驱逐出国、剥夺公民权利；垄断了权力，使得苏共及其领导人的权力凌驾于政府和法律之上，出现了一个脱离人民的官僚特权阶级；垄断了资源和经济利益，使得社会经济生活缺乏活力，大量资源被用于军事工业，人民生活得不到改善，对苏共的不满日益增加。而在前苏联那样的多民族国家，少数民族往往会把对既得利益集团腐败专制的不满情绪转化为民族矛盾，一旦累积到不可调和的地步就将导致民族动乱、国家分裂。”由此看来，美利坚合众国建国 235 年，今天依然自称雄霸世界，而前苏维埃联盟 74 年便成为历史的尘埃，这些确实值得人们深思。

相关链接一

华盛顿的掌刀权最初也是打仗得来的，从英国人手里夺来的。美国独立战争结束后，一些军人依照“谁打的江山谁坐”的逻辑，强烈建议华盛顿称王，成为美利坚合众国的“乔治一世”，与当时的英国国王乔治三世并驾。但华盛顿坚决拒绝称王，说如果称王，独立战争就失去意义，献身者的鲜血就等于白流。最终他还是还权于民，奉行推举之法。即便民众推举，也最多掌刀 8 年。山西五台人徐继畲（1795 ~ 1873）对华盛顿曾有这样的描写和评价：“华盛顿，异人也。起事勇于胜广，割据雄于曹刘，既已提三尺剑，开疆万里，乃不僭位号，不传子孙，而创为推举之法，几于天下为公，駸駸乎三代之遗意。其治国崇让善俗，不尚武功，亦迥与诸国异。余尝见其画像，气貌雄毅绝伦，呜呼，可不谓人杰矣哉！米利坚合众国以为国，幅员万里，不设王侯之号，不循世及之规，公器付之公论，创古今未有之局，一何奇也！泰西古今人物，能不以华盛顿为称首哉！”

相关链接二

垄断危害大而且十分危险。《吕氏春秋·尽数》说："流水不腐，户枢不蠹，动也。"其实，民主国家的实力源泉之一，就是这种"动也"。2009年11月16日，美国总统奥巴马在上海与中国大学生交流，他在回答听众问题时说："……来自中国和肯尼亚的移民能够在我们这里安家，这里有追求的人均有机会。这就是为什么像我这样的人，不到50年前，在美国某些地方连投票都有困难的人，如今却能够做到这个国家的总统。"而长期存在真理、权力和经济垄断的社会，垄断者会形成日益庞大和坚固的既得利益团体，一切都以维护和增加其既得利益为依归，终使得社会循环系统出现日益严重的栓塞，普通人凭借德才经由奋斗改变命运的通道日益狭窄。社会各阶层之间的人才流动越来越困难，会出现危险的"代代官"、"代代富"和"代代穷"的阶层固化，中国古代封建社会就是这样，最终大多诱发以暴力打破这种固化的革命。反观中国历史，我时常困惑的是，那些批评者、反叛者、革命者，其离经叛道的言行，究竟是天生的还是社会不公逼出来的?

诚信履约　便利富裕

澳大利亚西悉尼大学法商学院，位于悉尼市西南郊坎贝尔敦校区，那里是一派田园风光，充满诗情画意。灿烂的阳光透过冰山般洁白壮丽的云朵洒向大地，清澈的小河静静地流过绿树掩映的红色校舍，醉人的浓绿沿着舒缓的山坡一直涌动到视野的尽头，消融于远方山峦与白云之间。爬满青藤的图书馆，有一面墙临路，墙上有一个还书孔。图书借阅者一年四季、一天二十四小时，可以随时把书投进还书孔还书，不用办理手续，不用停留，只要随手一投就行。由于临路，骑车者脚一点地，开车者打开车窗，便可还书。我问起学校的澳大利亚同行，如果有人没有还书，但硬说自己还了，或者将书损毁比如撕页、剪图后经还书孔还书，遇到这样的情况怎么办。对方对这样的问题先是略显惊讶，接着便反问："啊？这怎么可能呢?"我有些尴尬，不，很尴尬！

在澳洲，从坎贝尔敦校区开汽车到悉尼市区，要经过一个定额收费站。在距离收费站一两公里的时候，路面上方就出现醒目的以文字和图形标出的标识牌："电子付费道"，"不找零道"，"找零道"，当然，路边还有个更大的牌子，上面写着"超宽车辆道"。需要收费站找零钱的司机，调整到"找零道"上；不需要找零钱的司机，调整到"不找零道"上。那时候多用胶卷照相，很多司机就用胶卷盒装硬币零钱。由于是定额收费，大家都知道该装多少钱。走到收费站，把硬币呼啦倒进收款机就可以开车走人；"电子付费道"的行车道最多，且在路中央，收费站辕门大开。装有电子收费卡的司机，则不用停车和减速直接过站。电子收费卡，类似人们日常使用的电子公交卡，装在汽车后视镜的背后，汽车过站时，听到蜂鸣器轻轻地响一声，就算扣掉过路费了。"电子付费道"既没有安排值守人员，也没有安装升降杆。吸取上次询问关于还书问题所遇尴尬的教训，我从没有再问过这样的问题，比如要是有人硬闯收费站怎么办？或者付费不足怎么办？或者用金属片冒充硬币怎么办？市场经济是一种个体自由签约和个人自主决策的经济。个人的履约意识和诚信非常重要。只有诚信，只有履约，相关制度或契约的实施成本，或经济运作的交易成本，才能降低到最小点，社会成员才能享受市场经济所提供的各种便利，例如上述无人值守的图书馆还书孔和“电子付费道”。我回国后，把收费站的故事讲给有关部门的领导，他们说，这不稀罕，他们在国外考察见得多了，但那是国外，我们这里，雇用很多年轻力壮的小伙子，穿戴装束跟警察似的，高度警惕地站在收费站，就这样还有闯卡的，若是镣门大开，那还了得？“享受便利，配吗？”我有些尴尬，不，很尴尬！

在澳洲，我租住的房屋就在大学校园的附近，上学要经过一个居民区。这个居民区的房舍围栏很是特别，所谓围栏，其实只是一排整齐的木桩，木桩高度大概1.5米，木桩与木桩之间有2米左右的间隔。在一个私有财产受到普遍尊重的社会里，保护财产有时候仅需要向他人显示私产标识，即给他人一种信号，说明私人财产的范围，以避免不必要的误闯。这排木桩就是私产标识。有了这种标识，行人便有了一种自我约束的参照，便不会随便进入私产领域。人们很守规矩，安分守己。木桩内侧草地更绿，而木桩之外则有清晰的行人踏踩的印迹。当然，小狗也走在外侧，纯属偶然。保护产权是需要耗费资源的，是要发生交易成本的。这种木桩围栏，比起那种高大厚实的砖石围墙来，肯定节省很多资源和费用！我在国外的居民区也很少看到窗子上安装金属防盗网。显然，在一个讲诚信、守规矩的社会里，人们相互信任，相互尊重彼此的权利，纠纷和冲突相对较少，于是，用于财产和人身安全防范的开支减少，产权的保护成本降低。相反，正像经济学家阿罗所说：“在没有诚信的情况下，各种制裁和保障的运行费用将

会非常高，互利合作的许多机会将会消失……缺乏诚信事实上是经济落后的原因之一。”由此推论，像澳大利亚等西方发达国家，其发达富裕的原因之一，就是社会成员讲诚信和守规矩。

计划经济是一个错综复杂的文件网络，没有对文件的坚决贯彻执行是不行的，因此，外在的行政强制非常重要。市场经济则是一个错综复杂的合同网络，没有对契约的不折不扣的执行是不行的，因此，个人诚信和规则契约意识非常重要。社会成员讲诚信、守规矩，可以降低交易成本，如交易信息搜寻成本、经济合同与日常经营的防范成本、各种纠纷的处置成本，等等，使更多的稀缺资源由交易领域进入生产领域，增加物质财富数量，让生活不仅安全便利而且多彩富裕。

歪脖子

人最好有些禁忌

爱尔兰考克市有条河叫做李河，到了市区分为南河与北河，出了市区两河再次并流奔向大海。南河从爱尔兰国立考克大学校园穿过。河流两岸绿草茵茵、树木葱茏。好像从来没人修剪过的高大古树，树干长满青苔、藤蔓缠绕，枝叶遮天蔽日，低垂的树枝插入水中，搅起朵朵浪花，激起哗哗水声。河岸边有一不高的

断崖。断崖之上便是大学的主楼和校园的主体部分。主楼建于 1845 年，属于哥特风格，是带着历史积蕴和稳重气质的欧洲古典建筑。雄伟的塔楼下是通往主校区的门厅。宽 3 米左右的门厅地面铺的是马赛克，正中间用彩色马赛克镶嵌着直径不足 1 米的圆形校徽。穿过塔楼门厅，便是一片整齐翠绿的草坪。草坪被十字路又分为四块。超过万人的大学校园，通常也是行人熙攘，但行人会刻意避免踏踩门厅地面的校徽和院内的草坪。什么原因？原来学校有一传说，说是如果踏踩主楼区门厅地面的校徽和院内的草坪，哪怕是从草坪中间的十字路走过，那么，

考试将不及格，女生会怀孕。每届新生首先了解的学校轶事之一，便是这个传说。久而久之，这种说法深入人心，成了一种禁忌。正是这种代代相传的禁忌，约束了学生和教职员工的行为，保护了地面校徽和主楼区草坪，其效果远远大于扎起围栏或者树立告示牌的效果。用专业术语讲，用禁忌约束行为的交易成本更低。满腹经纶且为人豪爽的经济系主任康奈尔先生也对我说，学校的这条禁忌的确很有效果。

我想，要让禁忌约束人们的行为，需要做这么几件事：首先，确定不合意行为，即确定哪些行为是要禁止的，或者确定为人的底线[①]；其次，指出代价，即如若发生不合意或坏的行为或者越过底线，那么当事人将要付出什么代价；再次，通过说教，让人们深信因果报应，即犯禁是一定要付出代价的。人们一旦牢记禁忌并相信了因果报应，那么作恶便会自我心理惩罚，比如噩梦连连，心理阴影便长久挥之不去。吸取教训，为让梦稳心安，还是安分守己多做善事的好。清代周安士（1656～1739）所著《安士全书》，清末民初广为流传，书中说道："信因果者，其心常畏，畏则不敢为恶；不信因果者，其心常荡，荡则无所忌惮。一人畏而行一善，万人即增万善；一人荡而造一恶，万人即增万恶。故曰人人知因果，大治之道也；人人不信因果，大乱之道也。"当年在三晋之地，买卖所用杆秤的秤杆上都额外嵌有三颗铜星，分别代表福、禄、寿。做生意的时候，如果少了 1 两就是缺德，少了 2 两就一定要破财，少了 3 两要遭天谴，必折阳寿！相信这种禁忌，对于规范传统社会商业行为，以及塑造晋商的诚信和壮大晋商实力，肯定有积极影响。

西方国家，医学院的学生毕业或医生就业时都要咏诵著名的"希波拉底誓言"："医神阿波罗，埃斯克雷彼斯及天地诸神为证，鄙人敬谨宣誓……我愿尽余之能力与判断力所及，遵守为病家谋利益之信条，并检束一切堕落及害人行为，我不得将危害药品给予他人，并不作此项之指导，虽然他人请求亦必不予之……无论至于何处，遇男或女，贵人及奴婢，我之唯一目的，为病家谋幸福，并检点吾身，不做各种害人及恶劣行为……凡我所见所闻，无论有无业务关系，

① 底线是指当一个人由于各种原因，处于困境甚至绝望之中而必须做出选择时，无论怎样选择，都必须既适应自己的实际情况，又符合社会的基本道德规范。比如，司机可以违反交通规则，但底线是不能撞人；一旦不慎撞人，底线就是不能再蓄意二次伤害。大学生毕业论文可以写得不好，可以引用很多资料充数，但底线是不能全部抄袭；学生上课可以睡觉或者玩儿别的，但底线是不能闹出大声音。人们做生意可以斤两略微不足或者产品质量略差，但底线是不能添加有毒材料造假制假；甚至穷极可以越货，但底线是不能杀人，等等。

我认为应守秘密者，我愿保守秘密。倘使我严守上述誓言时，请求神只让我生命与医术能得无上光荣，我苟违誓，天地鬼神共殛之。”相信西洋医生的医德和自律，一定与他们相信因果报应并畏惧天地鬼神有关。

许多神神鬼鬼故事的作用之一，就是给人的内心植入一种禁忌或者底线，使其不敢肆无忌惮、胡作非为。有这种禁忌的人总会比不畏鬼神的人少造恶业；有点禁忌总比没有强！英国人类学家、民俗学家 J. G. 弗雷泽研究发现，在原始文化中，作恶杀人者及其所在的群体对被杀者的鬼魂极为畏惧。这种恐惧鬼魂报复的迷信，“一方面，它使得每个个人为了他自己的利益而更加不愿意去杀害同胞；另一方面，它又唤起整个群体去惩罚杀人者。它将每个人的生命都置于道德和法律的双重保护圈之内。鲁莽的和冷酷的人都有了双重的动机以避免走最后那致命的一步：一方面他们不能不害怕受害者的幽灵，另一方面则害怕法律的惩罚”。

禁忌也好，法律也好，只有被人们信仰才有作用。而宗教在给人们心中植入禁忌，并在培养人的信仰习惯方面具有不可替代的巨大作用。美国学者伯尔曼所著《法律与宗教》一书中说，宗教给予法律一种精神和灵魂及其获得尊敬所需要的神圣性，从而激发人们对法律仪式、惯例和正义的忠诚。俗话说，君子爱财取之有道。经济学点燃君子取财的热望，宗教及其植入的禁忌有助于让人遵纪守法而取财有道。

在一本叫做《市场经济——大师们的思考》的书中，讲到这么一个关于美国葡萄酒商的案例：一个月朗风清的夜晚，人们突然听到作坊里物品坠落液体的声音，仔细一看，是一只耗子掉进了酒缸。徒弟将耗子捞出来之后，便将酒缸盖上。老板看到后，立即要求将整缸的酒彻底倒掉，并要求把酒缸刷洗干净。徒弟说：“这么晚了，没人看见，算了吧，别倒掉了，挺可惜的。”老板说：“不，上帝时时刻刻都在看着我们，我们的所作所为绝对逃不过他的眼睛。”这类似我们中国人所说的“举头三尺有神明”。最后，徒弟还是彻底倒掉了整缸的葡萄酒，将酒缸洗刷得干干净净。

文化教育、宗教熏陶及其所植入的禁忌或者底线，让人们自我奖惩——行善则自我荣耀与快慰，作恶或者越过底线，则自我良心不安和自责，促使人们在社会经济活动中自律。当人们自律时，社会的治理成本或者交易成本大大降低，而治理效率会大为提高。“必须引入道德伦理因素。没有它们，任何市场都难以运作……认为有实施机制比如法院和警察就够了，这是有问题的；法院和警察服务本身也是耗费金钱的。”（阿罗，1973）“在缺乏有效的意识形态约束时，约束行为的考核费用就会非常之高，以至于使新的组织形式无法生存。”（诺斯，1981）

是的，人若不能自律，试问社会治理要多少警察？多少监狱？多少法庭？社会承担得起相关交易成本吗？学者金迪斯提出了所谓“社会学基本定理”，即一个社会，长期而言，如果没有任何说教机构——例如教堂、学校、报纸或家庭的灌输等，那么，这个社会必定瓦解。教堂居首。因此，无论假科学之名，还是什么其他名义，摧毁宗教体系、焚烧经书、拆毁寺庙、砸碎神像、羞辱宗教信仰者、破除各种禁忌之举，都显示出决策者与行动者的自负与无知，迟早都要产生难以收拾的恶果，当属祸国殃民！

人若没有禁忌，凭借其智慧和科学手段，将成为世界上最危险的动物，比如用海藻酸钠水溶液制造鸡蛋，用皮革水解蛋制牛奶，水果纸箱板中加水泥，等等，不一而足。不信神、不怕鬼、无所畏惧、藐视一切的人，坑蒙拐骗、造假制假、杀人放火之时，则面不改色心不跳。

在佛、道、儒三教荟萃之地登封，我参加了一次地方发展讨论会，会上一位来自北京的长者说：“有神论者有所不为，无神论者无所不为。”没有信仰习惯的社会，法律也不会有应有的庄严与效力；这世界上，不是每一个法条齐备的国家都有良好的法治局面。没有信仰与禁忌的社会，无论实行什么政治经济模式，都会面临混乱与失败的风险！

当然，一定有人说，宗教、神神鬼鬼、各色禁忌都是骗人的。有些人甚至常常问，那什么什么真的存在吗？但需要指出的是，首先，神神鬼鬼、各色禁忌存在的唯一可行的论证方式，就是信仰本身；如果你不信，那么，对不起，不能向你证明其存在，或者说，信则有，不信则无。其次，在这个世界上，难道仅仅宗教领域才存在“欺骗”吗？有谁不是在家长和教师等的充满善意与爱心的“哄骗”中长大成人的？不过，我想，如果善意的“欺骗”与“美丽的谎言”确能带来良好的结果，那么，搞一点善意的“欺骗”以及编造一些“美丽的谎言”也未尝不可。“不要抽去人类生存仰赖的这根拐杖（指宗教）吧，哪怕是虚幻的，麻醉人的，它也会使万分需要的人支撑一下，使他们在陷入危机时还信仰什么，理想什么。无法改变的社会强力，无法解脱的命运困难，时常会把深陷在里面的人带入一种病态，而这种病态的治疗是需要麻醉的，就像对于一些生理疾病的治疗一样。在无法承受又必须承受的时候，精神的麻醉首先是一种由心灵引发出来的自我保护功能，生命要求这种保护，理想要求这种愿望，否则就难以继续生存下去，发展下去。”（李蔚红，1996）本人是不可知论者，但对于所有宗教以及宗教信仰者都给予高度尊重。我坚信，宗教补助世法，可以强化正式制度的效果，具有积极的社会治理功能，有助于降低交易成本。欧美诸国的现代教育和科技不先进发达吗？它们至今依然笃信上帝，你说这是为什么？

“人要有怕头，要有可敬畏的人，要有震慑灵魂的英雄，要有能忏悔的神父，要有能寄放我们灵魂深处隐私的教堂。”（李新中，2005）2008 年 9 月 25 日，北京大学网站上刊登了一篇文章，作者是时任北大校长的许智宏先生，题目为《大学教育，反思还是腐烂?》，文中提到：“……应该加强传统的道德文化教育，让学生重塑传统的道德价值观……传统文化中的仁义礼智信，对天地自然的敬畏……人必须有所敬畏。我在这里所说的，不是指对权贵的敬畏，而是指对正义、对天理的敬畏。若失却了敬畏之心，人便会无法无天，什么伤天害理的事都干得出来。尤其在这个法律体系还不太完善的社会，更必须保持这种敬畏的心态。”后来有人说，是他人假冒校长之名发表的文章。我想，不管谁写的，文章的论点属于真知灼见，我是非常赞成的。

“所有的社会都依靠一定的非正式规则、传统和禁忌来保证合作和维持产权结构。”（埃格特森，1990）是的，社会治理要求人要有信仰与禁忌，必须有道德底线。也就是说，人必须从内心深处崇敬点什么，理想点什么，惧怕点什么，以便自己为自己设定合理的目标与坚固的防线，避免危害他人与社会。

相关链接

至高无上的统治者的敬畏之心尤其重要！“即使说，老百姓信仰宗教是没有用处的话，君主信仰宗教却是有些用处的；宗教是唯一约束那些不畏惧人类法律的人们的缰绳，君主就像狂奔不羁、汗沫飞溅的怒马，而这条缰绳就把这匹怒马勒住了。”（孟德斯鸠，1748）孔子（前 551 ~ 前 479）曰：“君子有三畏：畏天命，畏大人，畏圣人之言。”中国古代的皇帝们还真是“畏圣人之言”，皆熟读儒家经典，兴建孔庙，同时也敬天畏地，祭天拜神。而统治者一旦在万寿无疆的呼号声中而藐视“天命”，一旦权力不受约束而成了“大人”，一旦恃才傲物而让自己的说法成为“圣人之言”，那么，关乎社会稳定和可持续发展的文化价值和道德基础就可能发生漂移，而这会导致严重的社会后果。我觉得，对于传统道德文化思想，统治者应该表现出应有的谦逊！对于天理，统治者应该表现出应有的敬畏！军事和经济称霸世界、科技独占鳌头的美国，其总统在重要演说中也总虔诚地以“上帝保佑美国”结束。

峭法严刑治天下

澳大利亚悉尼的城市铁路交通系统很发达，多条城市铁路一直延伸到偏远的郊区。麦卡瑟火车站就在西悉尼大学坎贝尔敦校区的附近，距离悉尼中央车站很远，据说是那个方向城市铁路服务的终点。郊区线路长，站点多，但客流小。这是地广人稀之地，交通运输业者普遍头疼的事情。为节省运营管理成本，郊区的小站往往无人值守，辕门大开，由自动售票机售票。列车上也没有固定的列车员，乘客上下随便。这种情况下，在无人值守车站地区出行的乘客逃票吗？逃票或不逃票，我们要先具体算算账，看看逃票的预期毛代价与预期毛收益如何。

先看看逃票的预期毛代价。逃一次票的预期毛代价，等于逃票行为被发现的概率乘以罚款额。城市列车虽然没有固定的列车员，但有随机出现的保安人员，会要求出示车票并核查站点等。在悉尼，我乘坐城市列车往返于市中心和郊区住所，其实路途也挺寂寞的。澳大利亚人并没有明显的种族歧视表现，但是，他们在公共场合尽量与非西洋人保持距离，比如，在列车上他们很少与我相邻而坐。也好，我落得个座位宽敞和清静，还可以透过大大的玻璃窗凝望窗外的美景：草场，野花，大树，栅栏，牛羊，木屋，小河，教堂，蓝天，白云，夕阳，令人陶醉的一幅油画。我还可以在孤独中细致地观察和冷静地思考。我发现，乘坐 10 次列车，大概有 2 次在车上遇到保安人员检票，即逃票行为被发现的概率为 20%。我们再来看对逃票行为的处罚。

在悉尼，逃票是被定性为违法行为，处罚相当严厉。2003 年对逃票的处罚标准是，最低 200 澳元，最高 550 澳元。我们在这里选最低罚款标准 200 澳元。于是，逃一次票的预期毛代价为：20% ×200 即 40 澳元。这只是逃一次票的预期毛代价，不知道逃票的预期毛收益，还不能决定是否逃票。所以，我们下面计算逃一次票的预期毛收益。

逃一次票的预期毛收益，等于逃票行为成功的概率乘以单次票价。既然逃票行为被发现的概率如上所述为20%，那么，逃票成功的概率就是80%。要计算出预期毛收益，就只差票价了。以我从麦卡瑟车站到中央车站为例，2003年单程票价为6澳元。于是，逃一次票的预期毛收益为：80%×6即4.8澳元。

逃一次票预期毛收益4.8澳元，预期毛代价40澳元，于是，逃一次票的预期净收益为负35.2澳元，或者说，逃一次票的预期代价为35.2澳元。得不偿失！理性的人逃票吗？答案不言自明！逃票行为在既定的制度规则下，被乘客自我排除。

显然，其他条件不变，违法乱纪行为比如贪污腐败、造假制假、坑蒙拐骗等的代价，取决于两个关键因素：第一，违法乱纪行为被发现的概率；第二，违法乱纪行为被发现后所受到的处罚力度。

其他条件不变，违法乱纪行为被发现的概率越大（小），则违法乱纪行为的代价越大（小），收益越小（大），从而，违法乱纪行为发生的数量就会越少（多）。对于声誉敏感型人群和声誉资本很重要的企业和政党，单是违法乱纪行为被发现本身，就有助于遏制违法乱纪行为。在政治领域，违法乱纪行为被发现的概率，则取决于政治领域是否存在公平竞争，司法是否独立，新闻是否自由，等等。政治领域的公平竞争，意味着为了个人或集团的政治利益，为了权力，竞争者不仅严于律己，而且都把眼睛擦得雪亮，紧盯着对手的一言一行，竭力收集并放大不利于对手的各种信息。这种彼此毫不留情的揭短，大大提高违法乱纪行为被发现的概率。司法独立，就是司法不听命于任何个人或集团，意味着司法调查与审判较少受到政治干扰，有助于进行彻底全面的司法调查，提高违法乱纪行为被发现的概率。新闻自由，意味着新闻媒体真正成为公正的代言，在反腐肃贪和发现不法行为方面，成为法力无边的“照妖镜”。调查型记者无孔不入，是福尔摩斯般的"侦探"。任何个人，尤其是政府、政治家和公众人物，媒体一旦发现其违法乱纪行为，即刻昭示于天下，有时还添油加醋，推波助澜，当事人马上成为众矢之的。美国"水门事件"的主角尼克松（1913~1994）的结局，"拉链门事件"的主角克林顿的尴尬局面，就是活生生的例子。"媒体对当前政客私人生活的公开细查亦使政客在职期间的敛财越来越困难了。完全合法的巧妙贿赂（金里奇出书的预付款）在政治上变得不大可能了。"①（莱斯特·瑟罗，1996）政治竞争、司法独立和新闻自由，通过提高违法乱纪行为被发现的概率，从而有助于减少违法乱纪行为的发生。

其他条件不变，违法乱纪行为被发现后所受到的处罚力度越大（小），则违法乱纪行为的代价越大（小），收益越小（大），从而，违法乱纪行为发生的数量就会越少（多）。即便违法乱纪行为被发现的概率为100%，若处罚不疼不痒，比如这里辞职，那里上任；今天下台，明日复出；今朝重判，来日减刑，那么，当事人所付出的代价依然微小，不能有效遏制违法乱纪行为。显然，其他条件不变，加大对违法乱纪行为的处罚力度，对于遏制违法乱纪行为是十分重要的。其实，西洋人遵纪守法的习惯也不是天生的。他们的遵纪守法，与有关国家对违法乱纪行为的严厉处罚有密切关系。例如，澳大利亚的第一批欧洲劳工，大多是来自英格兰的罪犯。当时英国为缓解本土监狱人满为患的压力，也为开发澳大利亚，便将部分重犯发配澳大利亚。19世纪初，乘船从伦敦到悉尼估计时间超过半年且船票昂贵，这意味着，一旦被发配澳大利亚，基本上就踏上一条不归路。在悉尼海德公园的兵营博物馆，我看到了当年囚犯们的生活用具和一些个人资料。我在这里略举几例，以甲乙丙代替当事人姓名，他们都是在1827年被发配澳大利亚的：甲，盗窃一张台布，判刑7年；乙，劫路，判刑14年；丙，偷盗一只羊羔，终身监禁。如此严刑，人岂能不惧？在当代美国华尔街，"基金公司都非常自觉履行承诺，因为一旦出现违规并被查处，其代价非常昂贵——基金管理人不仅要'吐出'此前所赚取的所有利润，并且还要被课以重罚，从此永远不得跨入这个行业。在美国，监管部门对基金违法者绝不可能做出所谓'下不为例'式的'不痛不痒'的简单处理。严厉的处罚制度吓阻了相当一部分人。"（李山泉，2008）2011年3月2日，

① 媒体如果以不当手段获取素材，一经发现，也要付出应有代价。例如，世界传媒大亨默多克旗下的《世界新闻报》记者非法窃听私人电话的恶行被发现后，这份具有168年历史且发行量可观的报纸在2011年7月10日被迫关闭，英国政府拒绝默多克在英国的一宗收购业务，新闻集团的股价猛跌，更广泛的司法调查还在继续。

德国国防部长古滕贝格因涉嫌论文抄袭，已经放弃博士学位的他，不得不狼狈辞职。日本外相前原诚司，因接受大约相当于人民币4000元的政治资金，违反了日本《政治资金规正法》，于2010年3月7日被迫辞职。他本是大有希望的日本首相人选。新西兰住房与渔业部长菲尔·希特利，因不当使用政府信用卡买了两瓶葡萄酒私人消费被披露，卷入挪用公款风波，在公开道歉后，于2010年2月25日宣布辞职。

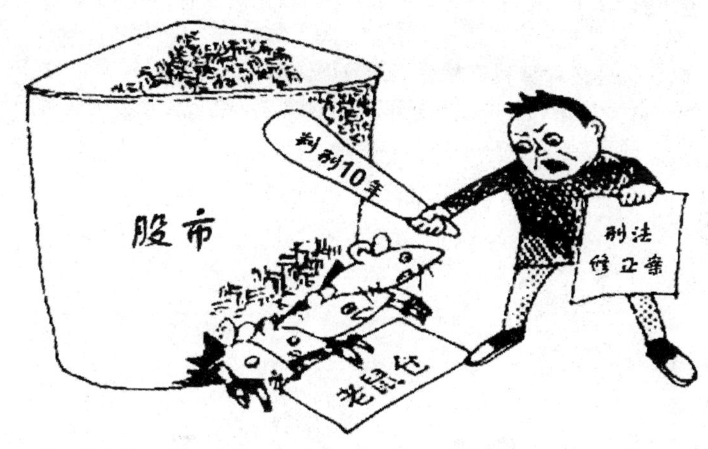

张五常先生谈及中国的贪污问题时说："如果你将一个美女赤裸裸地放在我的床上……有污可贪（美人招手），而自己又算准了闯祸的机会不大（老婆知道的机会很小），那么，你还等什么呢？"如果司法和新闻等方面受到限制，使得贪污腐败行为被发现的概率低，而发现后处罚又不够严厉，那么，能有多少人有足够的定力抵御权色的诱惑？能有多少人像柳下惠那样具有坐怀不乱的定力？

明代《从政录》中说："世之廉者有三：有见理明而不妄取者，有尚名节而不苟取者，有畏法律保禄位而不敢取者。"提高违法乱纪行为的发现概率，并依法严惩，方可有"尚名节而不苟取者"和"畏法律保禄位而不敢取者"。

《商君书·画策》曰："仁者能仁于人，而不能使人仁。义者能爱于人，而不能使人爱，是以知仁义之不足以治天下也。"仁义道德是必要的，但仅此是不足以治天下的。所有的制度规则，只有和适度的处罚联系在一起，才能发挥应有作用！慈不掌兵，义不掌财，峭法严刑以治天下！

相关链接

《参考消息》驻莫斯科记者魏良磊在2011年8月5日的《参考消息》上撰文指出，俄罗斯媒体经常揭露政府部门滥用公款的事情，但由于缺乏有效的问责制度，公权力掌握者既不怕舆论，也不怕审计，依然我行我素。例如，2010年7月，俄罗斯审计署的一份报告披露，俄财政部门给官员制定的温哥华冬奥会出差标准中，房价最高标准是每天130美元，而俄罗斯当时的体育部长穆特科却入住温哥华最奢华的酒店费尔蒙特酒店，并且住的是带庭院的高级套间，每天房价约1400美元，穆特科在此住了整整20天。除此之外，穆特科还提供了共97张该酒店的早餐发票，金额共计约合4500美元，这意味着他平均每天吃5顿早餐，但穆特科今天依然稳坐体育部长交椅。

竞争激励效率

公元前1015年，一个叫亨列蒙·奥尼尔的酋长和另一个酋长竞争爱尔兰北部的阿尔斯塔王。两人商定，彼此组建一支以自己为首的船队，择吉日从同一地点同时出发，两只船队的首领谁的手先触摸到阿尔斯塔的陆地，谁就是那个地方的主人，就是阿尔斯塔王。于是，按照约定，有一日双方的船队从同一个地点同时出发。一路你追我赶，竞争激烈。阿尔斯塔进入双方视野，就在阿尔斯塔近在咫尺之时，亨列蒙·奥尼尔竞争对手的船突然加速前进，如离弦之箭直扑陆地。眼看要功亏一篑，情急之中，奥尼尔突然挥剑砍下自己的右手，使尽全力将余温犹在、鲜血淋淋的手向陆地扔了过去。只见那只手划着极大的红色抛物线，先竞争对手一步触摸到了陆地。对手见此一幕立即鸣金收兵，奥尼尔终成阿尔斯塔王。

后人为了纪念他的勇敢行为，设计了滴血的右手作为北爱尔兰的旗帜图案。这种“壮士断腕”是智慧的体现，因为尽管情况危急，但奥尼尔临危不乱，居然想到两人约定的漏洞，即没有规定把手砍掉扔上陆地无效。其实，在现实世界中，墨守成规者只关注制度规则的约束，而锐意进取者则寻找制度规则的漏洞；漏洞就是机会，一旦发现漏洞，说得好听些，一旦发现机会，便采取行动获利。“壮士断腕”也是勇气的体现，因为十指连心，何况抽刀自断一腕。这种智慧和勇气的发挥是强烈的占领欲与激烈的竞争共同作用的结果。试想，若无强烈的占领欲，那么是否拥有阿尔斯塔就无所谓，自然不会抽刀断腕。若无激烈竞争，那么奥尼尔则会率队欣赏着碧海蓝天，悠然自得地航行，他怎能抽刀断腕？看来，竞争在激励人的潜能方面的确作用强大！电视纪录片《公司的力量》里有这样的解说词：“自由竞争，把全社会最有奋斗热情的人筛选了出来，这些曾经饱受贫寒，生活在特权之外的人，获得了自由之后，他们迸发的创造力让世人敬仰！”

《法句经》说：“一切惧刀杖，一切皆爱生惧死。”由于人与人对金钱、权力、荣誉等正激励的反应不一，但几乎所有的人都存在对生的渴望与苦难的恐惧，于是，将人逼上九死一生境地的竞争，对效率的影响大于金钱、权力、荣誉等正激励的影响。假设两军鏖战，争夺极具战略意义的一个山头。如果指挥官说：“兄弟们，上！谁把旗帜插上山头，赏个连长干干。”想当官儿的，自然操着家伙就向前冲，但是，不管人多人少，总有人会想官儿有什么好当的，连长有什么好干的，便不肯为了当官儿而冲锋陷阵。这时，就像手机有盲点和盲区一样，正激励也会有盲点和盲区。但若指挥官大吼一声：“督战队，列队，子弹上膛，待冲锋号吹响之时，凡落在最后者就地枪决！”可能有人说不喜欢当官儿，不喜欢银元，不喜欢大烟土，但神智正常的人断不会说：“我不想活了，你把我毙了吧！”因此，面对冲锋时落在最后的士兵将被枪毙的命令，士兵们一定个个争先恐后、冲锋陷阵！其实，这时候向前冲绝对是理性选择。且不说保家卫国理当献身，单是对个人来说，向前冲也是划得来的。退缩，立即被督战队撂倒，生的概率等于零；前冲，“子弹不长眼”，意味着子弹可能打着你，也可能打不着你，生的概率大于等于零。生的概率大于等于零胜过等于零，更何况大难不死必有后福；或者，即便死了，也落个光荣称号，让家人领个抚恤金什么的。电影《冲出亚马逊》描写两名中国特种兵在南美接受训练的故事，其中有这样一个情节：军人进行负重越野训练，教官规定，凡落在最后的5人，不仅不能吃饭，还要再到海边跑5000米。教官还真的抓到了最后的5人。末位淘汰的竞争，总能抓到计划要抓的末位。5个人不能吃饭，节省5个人的饭钱，但却激励出效率或速度，个个争先恐后。如果规定前5人可以吃烧鸡喝二锅头，这决策本身就发生成本，你得花钱买烧鸡和酒呀，但结果却是想吃烧鸡喝酒的人猛跑，而总有人不竭尽全力；花钱带来低效率。显而易见，竞争机制低成本带来高效率！

达尔文的《进化论》中有一个基本理论，叫做“物竞天择，适者生存”。动物间你死我活的生存竞争，极大地提高激烈生存竞争环境中各种动物的奔跑速度。相对而言，生存竞争压力大、始终受到大动物威胁的小动物，其奔跑速度提升得更快。人类也近乎如此，他们面临的生存竞争越是激烈，其工作效率提高得可能越快。英国历史学家汤因比（1889～1975）认为，带来西方世界腾飞的工业革命，其实质既不是煤炭、钢铁和纺织工业领域内引人注目的变革，也不是蒸汽机的发展，而是以竞争取代中世纪控制财富生产和销售的行规。美国哈佛大学历史学家尼尔·弗格森认为，西方征服世界的六件杀手锏中，位居首位的就是竞争。

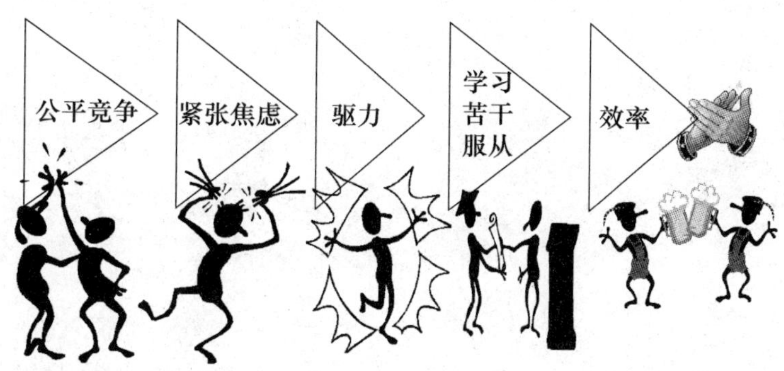

一般说来，优胜劣汰的公平竞争一旦展开，置身其中的人就会感到紧张焦虑，因为竞争过程充满不确定性和风险，即便当事人实力很强，也说不定什么时候会小河沟翻船。但是，一个理性的人不会一直被这种焦虑所折磨，他会由此产生一种突破困境的驱动力，要努力学习新知识、新理念和新技能，要踏实苦干，要服从各种制度规则和工作指令，最终，以更高的工作效率和更好的工作表现在激烈的竞争中胜出。优胜劣汰的公平竞争，激发或威逼出人的潜能与才智，使人力资本充分发挥作，提高整体经济效率。

何以有令则行

一般说来，人的行为模式受到其置身的环境是否具有竞争性以及竞争程度的影响。

［丹麦］赫·皮德斯特鲁普

竞争环境中，不服从游戏规则或者有令不行，要么好事儿轮不着你，你入不了局，要么虽然你已经入了局，但迟早会被淘汰出局。说到竞争迫使人们服从，我倒是想起一件事情。有一次，我给干部讲课，中间休息时，几位年轻的乡镇长凑过来与我聊天。他们抱怨说，很多的政策他们认为不合理，贯彻执行有很大困难。显然，他们有些不大愿意执行相关政策和工作指令。我对他们说："若是政策不合理，难以执行，那你们就向有关方面反映呢，促使其尽快修正。”我的话刚一落音，他们便情绪激动起来，其中一位说：“我们怎么敢呢？有一年，上级领导召开座谈会，我们诚惶诚恐、婉转地诉苦，希望有关政策措施能够有所改动。话还没完，领导脸一沉，声色俱厉地说：‘抱怨什么呢？抱怨什么呢？告诉你们，现在想当乡镇长的人多着呢！’我们听到这话，立即低头不语，且心中极为忐忑。心里想，算了，算了，为了保住头上这顶乌纱帽，为了这顶乌纱帽不被别人抢走，上级领导让咱怎么干就硬着头皮怎么干。比如，拆迁中，领导要房子三更倒，我就绝不会让它挺过五更天！”

在现实世界中，竞争的确迫使人们服从制度规则和执行工作指令，自觉遏制贪婪之心，遏制破坏规矩的机会主义行为。竞争性的劳动市场上，求职者对工作的强烈渴盼，企事业中员工留恋工作的强烈愿望，使得劳动市场上的竞争硝烟弥漫。昔日被视为一纸空文的劳动纪律与章则，突然成了一把高悬于员工头上的达摩克利斯之剑。违反劳动纪律与章则，当事人将丢失饭碗自断生路，于是，不得不遵章守纪，并不折不扣地执行工作指令。竞争性的产品市场上，那些见利忘义的造假制假者，一旦劣迹败露，其市场份额立即大幅度拱手让于竞争对手，自己长久难以翻身，于是，不得不诚实守信。竞争性政治体制中，任何对合理的人民诉求不予积极反应、胆敢践踏社会公理或藐视法律的在位政治家和政党，要么被中途扫地出门，要么在下次选举中名落孙山。竞争机制使滥用职权、玩忽职守、卖官鬻爵、贪赃枉法者及其所隶属的政治集团丢人、丢钱、丢权、丢前途，大大地增大了政治领域机会主义行为的代价。“竞争使政治家和政党服从于投票场所这个过滤器，就像竞争使经理服从于市场这个过滤器一样。”（弗鲁博顿，2000）如果说民主政治国家的政治家和政党还算遵守社会公理和法律的话，那么，这并不意味着他们本身的道德水准和个人素质更高，而是竞争机制迫使他们规矩行事。“培育竞争应被视为抑制权势集中的一种有效手段。它能有效遏制因集中而滥用权势以危害安全、和平和自由的现象。”（柯武刚，史漫飞，2000）“我们应将竞争看成是一个公正的和自然均等的原则，应称赞竞争是挫败利己主义的力量。竞争与个人利益巧妙地结合在一起，它既遏制个人主义的贪婪又刺激人们去劳动，我们应赞美竞争，把它看做是上帝对人类公正关怀的最明显表示。”（巴斯夏，1870）

话说一对老夫妇，生活殷实富足但是孤独寂寞难耐，天天盼着孙辈绕膝的生活。他们对已经成家的儿女苦口婆心，劝他们早日生儿育女，但是每次儿女们都以工作事业上的理由一推再推。后来，老父亲改换了策略。感恩节家人团聚。老夫妇特意为子女们准备了极为丰富的晚餐。用餐前，父亲当着儿子媳妇以及女儿女婿的面说了这么一段话："我抱孙辈的愿望依然强烈！昨天我去银行开了一个20万美元的信托基金，这笔钱将给我的第一个孙辈。好吧，现在我们大家一起低头祷告吧，我吟诵感恩颂词。"祷告完毕，夫妇俩一抬头，发现餐厅已是空无一人，儿子媳妇和女儿女婿早已不见踪影，只剩下丰盛的菜肴和闪烁的烛光。第二年感恩节，家里便有了婴儿清脆响亮的啼哭声，夫妇俩终于沉浸在含饴弄孙的快乐之中，感恩之情更浓。

显然易见：物质利益+公平竞争=有令则行。是物质利益激励加上公平竞争使人们恪守规矩，有禁则止，有令则行！

消费者何以成为上帝

商品琳琅满目、顾客摩肩接踵的商场里，训练有素的售货员机敏地捕捉聚焦于她们商品的视线。你只要扫视一下她们的商品，售货员便会快步上来，面带微笑，热情地向你介绍商品。沃尔玛创始人萨姆·沃顿（1918～1992）提出的“三米线原则”——服务员要对三米以内的顾客给予甜美微笑，得到了真正的贯彻。

夜幕降临，饭店酒家灯火阑珊。你若光顾大型酒店，车辆刚刚减速，右转向灯刚刚闪烁，一些两眼充满期待但毫无真情的工作人员便立即挥手领路。车刚停下，便有人将车门轻轻拉开，然后躬身问候：“晚上好！欢迎光临！”不管走廊有多长，这种躬身问候一直与你相伴，此起彼伏，甚至在你落座之后还不绝于耳。想象一下，你若身着古代官服，你简直享受的是王爷待遇。

类似的例子不胜枚举。这些例子显示着消费者是上帝！

那么，消费者何以成为上帝？

首先，货币选票。消费者只将自己手中的货币选票投给自己中意的商品和劳务或者让自己满意的商家。于是，营利性企业对其员工进行客户服务培训时，格外强调员工在工作中对顾客友好、礼貌、周到、耐心、微笑，等等，强调消费者才是衣食父母。货币选票很重要！你之所以被尊为上帝，是因为你显示出或被人判断出你的荷包鼓囊；让你高兴满意，就意味着你解囊、他进账。其次，经济竞争。基于人气以及基础设施等方面的考虑，商家往往扎堆儿经营，也就是平时看到的店铺林立。它们经营的商品和劳务性质相近，消费者买谁的都行，消费谁家的商品和劳务并无大的差别；商家相邻开设，消费者选择取舍易如反掌。这都意味着卖方之间的激烈竞争。在这种情况下，只有让消费者高兴满意，让他们有上帝的感觉，才能吸引他们，才能留住他们，才能让他们解囊“投票”。

消费者成为上帝的经济，被当代经济学称为“消费者主权经济”，即所有想赚钱并能够赚钱的商家，必须高度关注消费者的偏好；优秀企业家的特长之一，就是能够发现、解释、归纳消费者偏好并据此配置资源来生产商品和劳务。在消费者主权经济中，企业生产消费者偏爱的商品和劳务，以消费者期待的服务方式提供商品和劳务，一言以蔽之，在资源配置方面，其实是消费者说了算！消费者偏好成为决定资源配置结构的主要力量。例如，当年面对汽油价格飞涨，美国消费者需要节油的小型汽车，而习惯了生产宽敞气派汽车的美国汽车制造商漠视这种需要，但日本企业对此做出了迅速反应，设计生产节油灵便的小轿车，以惊人的方式和速度开辟美国家用汽车市场。最终，美国汽车厂家也不得不调整产品结构，在产品序列中添加小型节油家用轿车，适应消费者偏好的变化。我想，张维迎先生之所以说消费市场是最民主的地方，是因为消费市场上的选举最为密集频繁且绝对选票说了算！在民主政治中，总统和议员虽是选举产生的，但是每过几年才选一次，且得票多者是否最终当选还要经过一定程序的认定。一旦当选，除非有严重的过失，否则就可以安然地任满全部任期。而一个企业的排名和其产品的市场份额，则因为消费者每时每刻都在投票选举而随时发生变化。企业出现任何懈怠或过失，随时都会使其丧失原有位置和优势，因为消费者随时都可能把货币选票投给他人。显然，竞争性市场是最民主的地方①，也就是说拥有货币选票的消费者的意愿和选择，对商品和劳务的提供者的决策行为有着决定性的控制与影响，消费者真的做主！即便最民主的国家，其政治领域的民主程度也不能与市场相比，或换言之，在政治领域，大众对公共决策与公共资源配置的影响，远不及市场上消费者对企业决策和资源配置的影响。

试想，在就此一家别无分店的垄断局面下，比如密林之中只有一家酒肆，那么，即使腰缠万贯、拥有再多的货币选票，你也可能面对终日高挂一脸秋霜的店主，甚至成为磨刀霍霍的黑店的砧板之肉，也许被拉到后头厨房剁剁蒸了包子了。想当上帝，休想！还是做小鬼吧。此时，货币选票越多，风险越大，何言上帝？另一方面，若是囊中羞涩，那么，纵使经济竞争如火如荼，你也只能茕茕孑立、形影相吊。不信吗？那就看看餐饮业发达且竞争激烈的大都市里，灯红酒绿之处，凛冽寒风之中那些乞讨者是何等窘迫。酒店门前，那些面带微笑向鲜衣华盖之人躬身施礼的工作人员，一转身对乞讨者便是凶神恶煞一般。说到这里，你也许同意这样的看法：面对商家人员的躬身微笑，感动是要的，但也用不着过分

① 这里仅仅是从货币选票的影响力和竞争性企业的反应来讨论问题。如果考虑到选票的分配，则经济领域没有政治领域民主或公平，因为在经济领域有人腰缠万贯，有大把货币选票，而有人可能身无分文，一张选票也没有，但在政治选举中，无论鲜衣华盖之辈，还是引车贩浆之徒，皆人手一票。

感动；从本质上讲，他们不是对你本人而是对你兜里的钞票躬身施礼和甜美微笑。

显然易见：经济竞争 + 货币选票 = 消费者是上帝。

是经济竞争加上货币选票，使消费者成为上帝！

人民何以成为国家的主人

十几年前，一个天高云淡的秋日，我坐在一辆为我拉运房屋装修材料的出租车上。车窗外阳光灿烂，大楼鳞次栉比，草地绿绿，月季花盛开。美景使我忘却了装修房子的疲倦，我与司机聊了起来。当我得知他是城乡结合部的农民时，便将话题转向村里干群关系以及村干部选举问题。在我的“启发引导”下，我俩倒是有来有往，有问有答，聊得相当热乎。这里把我的话略去，仅把司机的回答连在一起。司机说：“……以前大队干部可厉害了，根本不把社员当回事儿。社员人多，人多又怎么样？人多也白搭！有时候社员跟孙子似的。如今，情况不一样了，村长实行直接选举了。村民不投你的票，你就当不上村干部。于是，每到该换届选举的时候，你瞧那些想当村长的人对村民的那股殷勤劲儿，简直没法儿说。今儿这个来家坐坐，明儿那个上门看看，亲热极了。在关键时候，他们还给村民点儿礼品或请有些村民吃饭。在特别的时候，还给村民点更猛的刺激呢，当然，这不能细说！这时候，村民们就跟爷似的，他们倒是跟孙子似的。他们当了村干部之后，虽然表现得不是像他们早先说得那样好，但总的来说，还算是马马虎虎，过得去。当然，也有一上台就翻脸，马上成为村长大爷，村民又成孙子的情况。就这也行，村民每隔上几年当回爷，尽管就当那么几天，也总比一辈子都当孙子强。”金色的阳光透过挡风玻璃，均匀柔和地洒在司机黝黑而略显粗糙的脸上，衬托出他的自信与自豪，以及扬眉吐气的畅快。

是什么使这位司机以及其他村民由“孙子”般的弱者变成了“爷爷”般的强者？或者，是什么使村干部们由“爷爷”般的强者变成了“孙子”般的“弱者”？是什么引起了强弱力量对比的变化？是竞争性选举！

民主体制下的政治家与市场经济中的企业家其行为具有很多相似之处。政治家对选票的追逐以及选民偏好的关注，类似企业家对金钱的追求和对消费者偏好的关注。在竞争性选举民主制度下，对于政治家而言，选票和选民永远都是聚焦点！例如，2008 年 3 月 20 日，中国台湾的国民党在野 8 年之后艰难赢回执政权。

当晚，在台北的蓝营群众集会上，时任国民党主席的吴伯雄先生眼含热泪，发表感人讲话，他说道：“人民最大！只有人民手上的选票最大！”这是竞争性选举制度中职业政治家的肺腑之言。竞争性选举体制下，得票多者赢，而且有时候微小的票数差别就决定胜负。例如，2000 年 12 月 14 日，美国总统大选最终结果公布，共和党候选人布什得票率 49%，民主党候选人戈尔得票率 48%，布什当选总统；2006 年 4 月 11 日，意大利选举结果公布，贝卢斯科尼中右联盟得票率 49.7%，普罗迪中左联盟得票率 49.8%，普罗迪当选总理。政治家为了选票可谓不遗余力、绞尽脑汁！2004 年美国大选，民主党总统候选人克里于 8 月 4 日率领团队到盛产玉米的艾奥瓦州拉票，双手摇晃着带皮的玉米穗造势。次日，共和党总统候选人布什便率队也一路风尘赶到艾奥瓦州，干脆拿着生玉米穗张嘴就啃。克里和布什他们愿意这样吗？没办法，选举机制迫使他们如此这般。“美国的政治是民主政治，‘左派’、‘右派’都要讨好老百姓。这是民主的大优点……”（秦晖，2008）例如，我国台湾地区，2012 年选举在即，国民党提议将“老农津贴”增加 316 元新台币，增幅超过军公教人员收入增幅，而民进党则提议一次增加 1000 元新台币。最终，迫于选情，国民党决定增加“老农津贴”1000 元新台币，达到每人每月 7000 元新台币。这正是“两党相争，农夫得利”。在百姓福利等事情上，竞争对手之间往往是，如果你的做法博得好评，那么我也绝对不甘落后，我要做得更好，决不让你拔得头筹。这就是竞争性选举制度下的“我也主义（Me－tooism）”。

民主宪政体制下的政治家与市场经济中的企业家

在西方国家，很多蜚声世界的一流大学并不在首都或州府，有些甚至位于偏远小城镇。比如，哈佛大学和麻省理工学院就位于美国远离首都的波士顿的坎布里奇。为何？因为在选举制民主体制下，私人资金以商机为导向配置，而公共资金的配置则以选票为导向。哪里有选民，哪里有选票，哪里就有公共资金的注入，就有基本充足的公共物品的供给，就有可以留得住一流人才的工作和生活环境，就可能有一流的大学。而在非选举体制下，公共资金的配置以权力为导向，哪里权力大，或者哪里官儿大、官儿多，哪里就有更多的公共资金的注入和公共物品的供给，哪里的生活环境就会更好。所以，在这些国家，一级行政区内最好的公共物品，比如最好的学校和医院，一定在同级权力中心所在地！此外，在这些国家中，历年荣登财富榜的富豪们，也聚集于权力中心所在地；行政中心级别越高，富豪人数越多。

在民主政治体制下，经由选票和选举，主流民意对政府行为、政府政策和公共资金的配置等，有着直接的牵制和影响。选举选票让民众变得强大。假设有这么一个老街区，有 10000 名合格选民，他们每年税收贡献总额为 5000 万美元。有一日，一位资本家看上这个街区的巨大商业潜力，准备投资开发房地产，建立商业区。预计开发完成之后，每年税收贡献总额为 5 亿美元。政府大喜！但是，该街区的居民不快，觉得开发商给予的赔偿标准太低，不愿搬迁。在非选举体制下，逐利的政府及其官员一定把资本家看作财神爷，会动用公权力满足资本家要求，强迫居民拆迁和接受不利的补偿条件。政府为何重资本家而轻老百姓？因为政府不是人民选举出来的，且所提及的资本家未来的税收贡献将是街区居民的 10 倍之多。而在竞争性选举制度下，无论鲜衣华盖之辈还是引车贩浆之徒，每人一票，概莫能外！同时，得票多者当选，如上所述，得票率 0.1 个百分点的差别都能决定胜负。于是，同样逐利的政府及其官员一定站在老百姓一边，站在大票仓一边，要么彻底回绝资本家，要么要求其给予街区居民公平且预先的补偿，断不敢动用政府强力强制百姓拆迁。此时，政府又为何轻资本家而重老百姓？因为政府是人民选举出来的，且街区居民的选票数是所提及资本家的 10000 倍之多！选举和选票让弱者变得强大！

显然易见：政治竞争 + 选举选票 = 人民是国家主人。

是政治竞争加上选举选票，使人民成为国家主人！

相关链接

元朝人张养浩（1269～1329）说："人徒知治民之难，而不知治吏为尤难。"封建体制崩溃的原因之一，就是随着官僚体系的膨胀和官吏所面对的物质利益诱惑的增加以及整个统治集团的道德滑坡，最高权力中枢日益失去对官吏的有效约束和控制。政令效力衰减，贪赃枉法滋蔓。终于，上梁不正下梁歪，或者既然州官到处点火，百姓则私下点灯，燎原之火会毁掉一个政权。其实，对官吏的最有效约束，一是法律，二是选举，三是新闻自由或新闻监督。选举和选票是官吏头上的紧箍咒。选举体制下，最高权力中枢不会花费过多精力去训导和管束地方官吏，也不会对此太过操心，因为选民们用自己手中的选票替“皇上”看管着他们呢，自由媒体的这面照妖镜照着他们呢；地方官断不敢肆无忌惮地滥权，也不大会出现所谓“上边的主张都是好的，只是一到下边就变坏了”的情况。甚至出现“上边的主张是坏的，但只要一到下边就变好了”的情况。毫无疑问，若能以有效的机制治吏，则治民就更加容易。

资源何以有效配置

中原夏天的酷热是难耐的。最近几年，一到盛夏酷暑，我和几个朋友便结伴投奔凉爽的深山老林。2006 年夏天，我们乘坐长途汽车一到洛阳栾川的景区，当地热情的面包车司机就直接将我们拉到了他家自己开设的农家旅馆。下车举目一望，外墙面洁白如雪，铝合金窗子上依然留着塑料包装膜。毫无疑问，这是一座新建的两层小楼，家庭旅馆应是开业不久。提着行囊走进房间，里面干净整洁，清凉的山风顺着房后的山坡悄悄地穿过纱窗擦去我脸上的汗珠。透过高大的玻璃窗放眼远望，绿色的原野、连绵起伏的山峦、碧蓝如洗的天空、悠然漂浮的白云，一切都是那么的令人陶醉。我对朋友说："住在这样的房间里，其实就是睡在大自然的怀抱，真爽!"我当时还想，如果这房子是我的，我一定选出最好的一间作为我的书房；书房外若有此等美景，那么，我一定有更多灵感和优美文字。

在一楼入口处，正对着大门有一个楼梯间。这个楼梯间里被塞进了一张床，就是农村地区的那种破旧简易的木床。床的上面是楼梯的水泥板斜面，低的一端，人睡在床上是难以起身的。躺在床上，能看到的就只有冷冰冰的水泥板。我想，任何一个人睡在这样的一个狭小且不规整的空间里，都会感到压抑憋气。另外，床边的地上放着灭害灵，走近楼梯间，还能闻到刺鼻的药味，显然，这里不仅空间狭小，而且还时常有蚊蝇叮咬。那么，究竟是谁住在这里呢？为什么住在这里呢？我向一位总是忙忙碌碌、满头大汗甚至还偶尔还发点儿小脾气的中年男人询问相关情况。我问道："请问谁住在那个楼梯间?"他口气坚定地回答："我，我住在那儿!"我接着问："请问你是……""我是这儿当家的。"天呐！宾馆的主人，拥有全部房间产权的老板，自己就住在整座楼里唯一的楼梯间里。后来，当我看到他似乎闲了一些的时候，便明知故问："你有那么多房间，你为啥要住在那么个旮旯里呢?"他平静又略带自豪地回答："我乐意住在楼梯间！这可以多腾出一个房间。一个房间 3 张床，每个床位每天 10 元，一天就多挣 30 元，再加上房客的相关消费，每个月就是1000多块的收入呢。”这答案直截了当，也是我意料之中。老板快乐地睡在楼梯间里，可谓那座两层小楼真正的物尽其用。

不过，我们来设想一下，如果没有市场经济，不准进行自由交易，不准获得财产性收益，即私人房屋不能对外出租用作客房换取个人收益，那么，房主虽然拥有完整产权，但你猜猜看，他会住在哪里？住在哪个房间不知道，但一定不会住在楼梯间那个旮旯角。或者，虽然实行市场经济，鼓励民众获得财产性收益，即允许私家开店待客，但那位先生对房产没有完整产权，尤其是没有收益权，自己的收入与租房经营收入之间没有合理关联，那么，你再猜猜看，那位老板会住在哪里？让我悄悄地提示一下答案：想想国有宾馆的经理寝室与办公室、各级政府在上级行政中心的办事处为VIP们常年预留的房间，以及各类耗资巨大修建的培训中心的实际用场和利用率……好了，这个提示足以启发一下思路，也就够了。我在讲授产权理论的时候，每次提到这个例子就问学生：“那家农家宾馆的老板为什么住在楼梯间？”可爱的学生们给出五花八门的答案，比如“防震”。其实正确的答案是，因为实行了市场经济，允许个人获得财产性收益，同时又是私有产权，收益归己，老板为让房子物尽其用赚取最大收益而住在楼梯间。

显而易见：市场经济+私有产权=资源有效配置利用。

是市场经济加上私有产权，使资源得以有效配置！

相关链接

2006 年 3 月，幽默睿智的贺卫方先生在广东外语外贸大学发表演讲，他在演讲中指出："对私有财产的保护最有助于广大人民群众，反而公有财产——你别看公有财产听起来挺神圣或者说挺有利于普通人民——其实正是公有财产是万恶之源。正是对公有财产的保护，导致谁管谁就可以贪赃枉法，就可以假公济私地把公有财产变为私人的不正当的利益……正是这样一种不保护私有财产的法律制度，导致了我们人民的贫穷噩梦永远做起来没完。"

我给谁省呢

在中国近代经济发展史上，驰骋华夏的山西商人令国人瞩目，他们在商业实践中总结出许多闪光的管理经验，最著名的莫过于“省下的就是挣下的”。

是的，在竞争性市场环境中，市场竞争越激烈，单个企业对其产品市场价格的影响力越小，增加销量或者市场份额也越是困难，从而，越是难以通过增加总收益来增加利润。最终，有效控制和降低总成本便是增加企业利润的一条有效途径，也就是向成本要利润，或者通俗地说，节省消耗来增加利润。通过技术创新可以降低生产成本，通过制度创新可以降低交易成本。显然，技术创新和制度创新所降低的成本都意味着企业利润的增加。

文道先生编写了一本书，书名为《节约的都是利润》。但是，是否节省，是否节约，关键取决于利润的分配或归属，取决于能够影响成本的人，能否从由节约而产生的利润中获得合理的份额。私人企业，业主拥有经营剩余索取权，为了激励效率，也会设计有效的薪酬体系让代理人合理分享利润，于是，降低成本的激励就很强。例如，沃尔玛创始人萨姆·沃顿（Sam Walton，1918～1992）是美国零售业的传奇人物，也是格外地重视控制成本，强调低成本、低价格和大销量。美国也有按照创业者姓名命名企业的习惯。若按照这样的习惯，沃尔玛也许应该叫做“沃尔顿商场”（Walton Market），但沃顿却将其简略为“沃尔玛”（Wal－Mart），省去了tonke五个字母。据说，这样安排的原因之一，就是可以大量节省商场霓虹灯的制作、维护和电力成本。沃顿为何如此节省？因为省下的就是挣下的，挣下的就是他自己的。私营业主，在物尽其用和降低成本方面的具体做法可谓别出心裁，五花八门，各种案例比比皆是。比如，2007年12月15日中午时分，我到了安徽省凤阳县，和家人去参观在中国农村改革史上书下浓重一笔的小岗村。全国农民都因凤阳小岗村的经验解决了温饱问题，我们岂能在这里饿着肚子？我和家人要先解决午饭。我们进了凤阳鼓楼对面的一家个体小餐馆用餐。餐馆房间有些阴冷，我们就让老板打开空调。老板拿来遥控器，开启空调，我们便感到微弱的丝丝暖风，但却不知从哪个方向送来。我抬头四下一看，哇，居然一台空调两个房间共用。墙上挖一个洞，相邻两个房间，各自有半截送风机送风。私有产权居然如此激励物尽其用，如此鼓励所有权人这般节省。

上面提到的文道先生的书，封面上还有英文书名，其英文书名翻译成中文则是《你省下的是你的利润》。这就对了，因为省下的是你的利润，所以你千方百计地节省节约，最大限度地降低成本。我时常听到有领导这样说："如果这企业是我的，你看我怎么办?""如果这银行是我的，你看我怎么办?""如果这大学是我的，你看我怎么办?"这不仅表明成本有着很大的压缩空间，而且表明产权制度至关重要！国人，尤其是职业人士，不乏把事情做好的能力，缺的是把事情做好的制度激励。

曾有一位叱咤风云的人物，他经营一家国有企业 17 年，创造利税近 1000 亿元，并打造了一个无形资产价值 400 多亿元的品牌。但是，他以悲剧的方式提前结束了职业生涯；他被控贪污公款，最终身陷囹圄。有打抱不平者说，他就像一个方丈，当时面对的是一个破庙，几乎断了香火。他筚路蓝缕，率领众僧齐心协力扭转局面。终于，寺庙香客如云，香火兴旺。后来，他打了一点庙里的香火油私用，说不定还是在青灯下阅读如何将寺庙搞得更好的黄卷，但他却被绳之以法。富庙穷方丈，谁还有积极性去当方丈？方丈还有积极性去富庙吗？当然，打抱不平者没有悟出出家人的境界，不过他也只是打个比方罢了。在一种能吃、能喝、能游山玩水、能因公挥霍浪费，但就是不能拿回家的财务纪律和分配制度下，在管理上能形成节省节约之风吗？能向成本要效益吗？

大概是 2005 年，我给一家国有企业的厂长经理班上课，讲授《管理经济学》。我的右前方第一排坐着一位两鬓染霜的先生，他戴着老花镜，听讲十分认真，不停地记笔记，偶尔似乎还在思考什么。当他的双眼从镜片上方看着我或屏幕时，我发现那是双智慧的眼睛，炯炯有神。他是班上唯一一位友善地打断我讲课的人。打断我，为的是能记录下更多的讲课内容。他曾大声说："老师啊，你让 PPT 走得慢一点好吗？你放得太快了，我都记不上笔记。"我被他的求知精神所感动，后来总是习惯性地扫视他一眼，看他写得差不多了，我才按下 PPT 遥控器向前翻页。有一天，我讲了上述向成本要效益的理论和案例，由于面对的是专业人员，讲得远比本文细致具体。课间休息，他来到我的讲台前，三个手指捏着一支香烟来回旋转，因为教室不让抽烟，他就捏着香烟来回旋转并偶尔放在鼻子底下闻一闻。他站在讲台前，很认真地对我说："教授，你讲得真好！我很受启发！学以致用，学习班一结束，我回去就要见行动啦。"我很高兴，因为知识就是要启发人，指导行动。他终于憋不住了，要走出教室吞云吐雾了。在他离开讲台朝着教室门口走去的时候，我突然听到他长叹一声，并自言自语地说："哎，我想通了，我给谁省呢？"

人们花钱的奥妙

1976年，经济学诺贝尔奖获得者、美国自由主义经济学家米尔顿·弗里德曼（1912~2006）曾极为精彩地归纳出人们花钱的四种方式及其特点，揭示人们花钱的奥妙。

第一，为自己花自己的钱。这时，当事人追求双重目标：既要节约，又要追求最大价值或者最大效用。人们都说女士逛商场功夫超凡，买东西时踏破铁鞋，货比何止三家。她们讨价还价娴熟老道，你漫天要价，她就地还钱。身强力壮的男士们逛商场时应该体会出逛商场也是一件体力活。推己及人，我觉得女士们逛商场、讨价还价应该还是很累的。但她们乐此不疲，她们斗志昂扬地踏破铁鞋货比多家，磨破嘴皮讨价还价，重要的原因之一，是因为她们是过日子的好手；钱是自己的，事情是给自己办的，要精打细算，当然既要节约又要追求最大价值。为自己花自己的钱，当然要苦心智、劳筋骨。不信，你就问问她们为单位买东西时如何表现。再如，自己花钱吃自助餐时，你是什么心态和表现？有人开玩笑说，自己掏钱吃自助餐往往是两头扶墙：用餐前，饿得扶着墙进餐厅；用餐后，撑得扶着墙离开餐厅。你说这是为什么？答案很简单：钱是自己掏的，一定要花出效益来。

第二，为别人花自己的钱。这时，当事人只求省钱节约，并不追求最大价值或者最大效用。东西是买给别人的，商品和劳务是别人享受的，而钱却要自己掏。这时候，花钱就像割自己心头肉一样，当事人自然一门心思省钱节约，才不管其效用大小。自己掏钱请人下馆子吃饭，手拿菜谱，从前边翻到后边，嘴里念念有词："朋友们聚一次不容易，大家要吃好喝好。"可是心里却在想，哇，饭菜怎么都这么贵！翻来覆去看菜谱，实际是在艰难地求极值，要以最少的花费完成应酬。春节期间，站在大街上仔细观察脚步匆匆的送礼者所携带的礼品，你会发现，有一类礼品包装盒大而花哨，但却会在送礼者的手中随风轻摇，那么，它一定是中看不中用的东西。这礼品十有八九是给"别人"的，属于为别人花自己的钱，当然只求省钱节约走过场，不会讲求实用，不会追求最大价值。

第三，为自己花别人的钱。这时，当事人只求最大价值或者最大效用，不仅不节约，而且开销花费多多益善。事情给自己办的，商品和劳务自己享受，但钱由别人支付，当然是只问规格不问价格了。出差能乘坐软卧，就决不乘坐硬卧；能乘坐头等舱，就决不乘坐经济舱；能住五个星星的宾馆，就决不住四个星星的；用餐能吃燕窝鱼翅的，就决不吃白菜豆腐，除非有医生的严正警告必须吃素；专车能有大排量的，就决不要小排量的，如果实在管得严，就买辆大排量车，贴个小排量标识；能周游列国游山玩水的，就决不吃窝边草；办公楼能多奢华就多奢华；自己荣耀出席或者能积累政绩名气的庆典或开幕式，能多辉煌壮丽就多辉煌壮丽，就找最能烧钱的导演来创意执导；如果有回扣提成好拿或者可出政绩数字使自己青云直上，那么，就不断地以种种理由重复建设，拆了建，建了拆；挖了填，填了挖；把路狠往宽处修，把广场狠往大处建，把路灯狠向密处装，城市之间几十公里的道路上都灯火通明，把尽可能多的工程的气派都要搞到尽可能多的亚洲第一或者世界第一，把未来几十年才需要的工程现在都做了，尽管有点像儿子还没出生呢，就把结婚的房子盖好，到结婚时反倒成了旧房……总而言之，花别人的钱自己得好处，那是一定要猛花的！

某些儿童食品，包装内装有小玩具，有些孩子只是想要其中的小玩具而想尽一切办法让家长花很多钱买食品。食品一包包地买回来，一拆包，拿出小玩具，剩下的食品往一边一扔，才不管它值多少钱，才不管它浪费与否。顺便说一下，有些“啃老族”花钱如流水，父母苦口婆心劝其节俭但收效甚微，其实，原因之一，就是他们是在“为自己花别人的钱”。当然，有人说孩子们当家了就知道柴米贵了。是的，当家知道柴米贵，厉行节约，那是因为他们一旦单立门户，便开始“为自己花自己的钱”了。

第四，为别人花别人的钱。这时，当事人既不节约，也不追求最大价值或者最大效用。钱是别人的，事情也是别人的，自己就缺乏强化责任心的激励，许多荒唐可笑的决策与事情就可能屡禁不止。那些所谓的“交学费工程”和“败家子工程”都是这种花钱方式的必然结果，比如某市在明知高铁建设计划已经立项的情况下，依然投资数千万元建设公铁立交桥和办公大楼，刚刚建成两年，如今便被拆毁；某长江大桥，通车10年却大修24次；还有那不计其数的豆腐渣工程，以及耗资巨大的重复建设项目等等不一而足。《中国财经报》记者张敦银在1998年8月27日的《中国财经报》上撰文指出：“百姓曾经有这样的议论：政府花钱容易，钱不是他自己流汗挣的，也不是自己家的，谁去精打细算？精明的商家也说过：政府的生意好做，财大气粗，决不斤斤计较。”

显然，一笔钱怎么花，花出什么效益，主要取决于为谁花钱和花谁的钱。假想一个彩霞满天的周末，你打算去体育馆观看篮球比赛，昂贵的球票已经在手。就在将要出门的时候，天气突变，狂风大作，电闪雷鸣，大雨滂沱。面对如此恶劣的天气，如果球票是自买的，在观看与放弃之间你如何选择？如果球票是别人送的，在观看与放弃之间你又如何选择？为什么？一般说来，只有当“为自己花自己的钱”和“为别人花自己的钱”的时候，当事人才精打细算，钱才能花出效益。反之，如果是“为自己花别人的钱”和“为别人花别人的钱”，那么，当事人断不会锱铢必较，定刮起日益强劲的奢靡挥霍之风。因此，一个社会的转型，如果是不断地提升公营经济的比重和扩大政府的规模与干预，那么，这将为更多的人创造出更多的“为自己花别人的钱”和“为别人花别人的钱”的机会，社会必定日益走向奢华浪费，无论如何也难以成为节约型社会，最终，社会不堪重负而出现危机。

需要特别指出的是，这种奢华是权力阶层的奢华，而普通百姓却要为这种奢华买单。权力阶层，几乎凡事都有人无微不至地“安排”，几乎一切开销都由别人的钱支付，他们对医疗费、教育费、路桥费、汽油费、餐饮费、烟酒费、门票费等等皆不敏感。他们缺乏控制价格上涨的内在激励，在物价的控制上，除非通货膨胀严重到要产生可怕的政治后果，否则，一定是就听楼梯响不见人下来，于是，上述各种费用相对于普通人的收入一定高得惊人。2012年春节，海南三亚景区餐饮业者公然宰客，比如一只螃蟹近千元，游客一顿饭要花6000元，稍有异议，便有彪形大汉张牙舞爪。三亚宰客事件引起公愤和关注。2012年2月6日《河南商报》发表文章“公款消费助长‘宰客风’”：“不少知情人表示，在三亚的高额消费中，公款消费占多数，公款消费，被宰的人肯定是不会投诉的。公款消费的繁荣实则是最大的核心问题和最深的病根。”反之，一个社会的转型，如果是朝着私有化和市场化方向发展，公营经济比重逐步降低，政府规模和干预适当减小，那么，这将使更多的人“为自己花自己的钱”和“为别人花自己的钱”，换言之，“为自己花别人的钱”和“为别人花别人的钱”的人数和机会都将减少，社会必定日益走向理性务实，有助于成为节约型社会。

当然，任何时候，任何体制下，都有公营部门和政府，都有“为自己花别人的钱”和“为别人花别人的钱”的人群和机会。要公营部门和政府大兴节约之风，提高金钱使用效率，完善公共预算制度、攥紧公营部门和政府的钱袋子就格外重要。公共预算要做到三点：第一，“预”即预算一定要提前编制和公布草案，比如提前半年就公布草案，以便社会各界评价监督；第二，“算”即预算必须精打细算，采购和支出都要列出具体明细，比如数量、规格、质量、单价等，说明具体理由，把好资金入口；第三，“审”即对预算执行情况严加审计，对违规行为严加惩处，实实在在地强化问责制度，让为“自己花别人的钱”和“为别人花别人钱”的人，必须为自己的不当决策和花费付出相应的政治与经济代价，把好资金出口。

我猜想，如果一方面降低公营部门比例和压缩政府规模，另一方面严控预算支出，严格问责，迫使权力阶层行事公私分明，尤其是掌权者也要为其私人消费自掏腰包，那么，这不仅有助于控制和降低公共预算支出，而且使公权力掌握者对基本物价变得更加敏感，其控制物价的内在动机就会更强，相应地，公路收费站也许会更少，收费会更低，更多的旅游景点门票降价甚至免费，等等。因此，私有化和市场化，或者压缩公营部门并遏制政府公权力，于国于民的意义皆不可小视。

相关链接

美国实行严格的信息公开制度。美国的《信息自由法案》规定，不涉及国家机密或者安全的政府信息，都应该向公众公开。美国政府部门公开的公车信息，不但包括公车的数量、支出等总体情况，还包括具体的费用明细、哪些人在用车等细节。美国联邦政府的公车使用由联邦总务署统一管理，公车由其根据各部门需要统一采购，然后分配给各部门使用。联邦总务署的各类数据和报表都是在其网站上公布的。根据《信息自由法案》，美国公民个人如果需要进一步了解更为详尽的一些细节，还可以在其网站上填写相关需求，该部门会进行回应。英国也开设专网公开政府开支细目。例如，单是一个英国卫生部，其公布的本财年以来的支出细目就达到 63160 页，共涉及 1263194 项支出。

有主的东西像块儿宝

某省会城市的一家大型商业企业，在通过了股份制改造的基本方案之后，决定购买添置一批包括沙发在内的办公设备。一位领导也趁此机会，让属下捎带着给自己家里购买一套与单位所购沙发一样的沙发。放心，这位领导在这件事儿上并没有揩公家的油、损公肥私；他为家里购买的一套沙发系自掏腰包。之所以捎带着买，也许是为享受一下“量大从优”的优惠价格，也许是办公陈设与家中布置相同，进到办公室有一种回家的温暖感觉，说不定还于工作有利。不管怎样，他的家里与他的办公室里同时添置了品牌、质量、式样等完全相同的沙发，并且这两套沙发同时投入使用。

这两套同样且同时使用的沙发，命运却大不相同。几个春夏秋冬过去，领导办公室里的沙发已是近乎皮开肉绽、面目全非。办公室里的沙发，不知什么时候，有人在扶手外侧蹭灭烟头，沙发因此被烫出一个小洞。这小洞正好在人们“唾手可得”的位置。后来，只要有人无意中碰到了那个洞，便开始一番“猎奇”：表面上一本正经、颇为专注地向领导汇报工作或聆听领导指示，可有一只手的手指却在那个小洞里像个钻探机一样忙个不停，要探测、感知或验证沙发是否真的是金玉其外、败絮其中；久而久之，小洞变成了大窟窿，浅洞变成了无底洞，由伤及表皮演变为伤筋动骨。而领导家里的那套沙发却毫发未损，基本是崭新如初。

这两套沙发的命运何以如此截然不同？确有办公室沙发与家中沙发使用率不同的问题，但是，在当今社会，有人一旦为官且大权在握，家中便宾客盈门，家里沙发的使用率未必太低。同时，一个优秀的管理者，倚重程序和集体会议办事，自己的办公室有思考和工作所需的清静，办公室的沙发使用率未必太高，也就是说，这里公家的沙发与私人的沙发的使用率差别不会像人们想象的那么大。我想，就这两套沙发的命运何以不同的问题，不能忽略的原因是：办公室里的沙发是公家的，而领导家里的沙发是私人的！私人的沙发不易受到损害，有至少两个原因：首先，其主人每时每刻都在保护着自己的沙发；不仅自己经常给沙发美容保养，轻坐轻起，而且高度警惕潜在的威胁，对使用者直接或间接地提出爱护沙发的要求，或发出莫损毁沙发的警告。比如，如果有人来访，一旦从其身上发出的浓浓的烟味判断出来人是个瘾君子，女主人会拿出烟灰缸，放在茶几上，并特别补充一句："这儿有烟灰缸!"这是一种婉转但又非常强烈的保护沙发、地板、茶几等私人财产的要求与警告。"这儿有烟灰缸"的潜在意思是："喂，先生，这里是私宅，不是办公室，悠着点儿，不要乱扔烟头，不要乱弹烟灰，更不要在沙发扶手上蹭灭香烟!"面对这种要求与警告，任何一个知趣的人都会好自为之。其次，来人知道这里是私家而不是办公室，知道沙发是私人物品，他们会自觉地爱护沙发，避免噗嗤一下落座去感受沙发弹簧的质量，其行为会变得小心谨慎。因为人们知道，有主的东西往往受到其主人的严格看护，任何微小的对沙发寿命形成威胁的行为极易被主人发现，而且"损坏他人物品是要赔偿的"。相反，如果是公家的沙发，其主人是不会动真格地保护沙发的，多数情况下他们是不会向来人发出保护沙发的强烈要求与警告的，这不仅因为沙发不是自己的，而且因为这样做会被人认为不礼貌且不正常。同时，来人也不会真正理睬这种要求与警告，说也是白费口舌。此外，来人知道沙发是公家的，坐起来往往会比较"自在"、比较"豪放"，而这对沙发意味着什么，是可想而知的。其实，私人的东西往往受到加倍即双向的保护——所有者的保护和使用者的保护。古希腊哲学家亚里士多德（前384～前322）在两千多年以前就曾指出："许多人共有的东西总是被关心最少的，因为所有人对自己东西的关心都大于与其他人共同拥有的东西。"如果你想欣赏被当做砧板、画板、写字板从而布满深浅不一的累累刀痕、五颜六色的可笑图画以及写满无病呻吟的打油诗和用于考试作弊的各种答案的桌子，那么，最好到国立大学的教室里而不是学生自家的书房里去寻找。我敢断定，人们住私房和住公房不仅心理感受颇为不同，而且行为模式也大不相同。"人们经常发现：私有房屋比公共房屋维护得好，私有的露营地比公共的营地照顾得好，私有土地的利用率比公共土地高，这并没有什么好奇怪的。私有者之所以能够小心照料他们的东西，是因为他们既要承担不负责任地使用财产的成本，又可以从明智地管理财产中获取利润。"（詹姆斯·瓦格特尼，1985）

由于个人保护公有财产时费用独担而利益均享，人们往往缺乏保护公有财产的积极性，从而，公有财产更容易受到侵害。"比如我作为全民一分子（十亿分之一）为10亿元的国有资产不被滥用、侵蚀、盗窃，而是被有效利用，努力地以某种方式向国家（公有权代表）'施加压力'（这是委托人捍卫自己利益的基本方式之一），但结果，即使10亿元资产产生出了10亿元利润，我个人的利益原则上说只有一元的增进，还不够我向‘中央’打一个长途电话的费用，我从个人利益出发就有充分的理由采取‘不操心’的态度。”（樊纲，1993）产权关系对人们开发利用资源的行为的确影响很大。发展经济学家德尔博格说：“如果给农民以土地的所有权，他们会把沙漠变成绿洲；如果让农民以租赁的方式来经营土地，他们又会把绿洲变成沙漠。”

将沙发的故事推及到其他物品和生产资料，我们同样可以断定：私人拥有的物品和生产资料与公共拥有的物品和生产资料的命运也会大不相同，也会出现类似两套沙发的命运差异。比如，王森先生的一首题为《公车自叹》的歌谣写到：“你也骑，他也骑，扔到东，扔到西，晴天满脸灰，雨天一身泥，车铃哑了嗓，车胎泄了气。只缘姓‘公’不姓‘私’，无人爱怜无人惜！”

多年前，一首催人泪下、令人荡气回肠的《世上只有妈妈好》的歌曲，飘荡在大江南北、长城内外。歌中唱道：“世上只有妈妈好，有妈的孩子像块宝，投进妈妈的怀抱，幸福享不了；世上只有妈妈好，没妈的孩子像根草，离开了妈妈的怀抱，幸福哪里找。”谁的孩子谁疼，这是客观事实，也是天经地义，没有谁能改变这一事实，无论使出什么招数！我想，那沙发、自行车、机器设备、矿山森林等生活资料、生产资料、自然资源，如果能唱歌的话，它们一定会唱《世上只有主人好》，而歌词可能是：

世上只有主人好，
有主的东西像块宝，
投进主人的怀抱，
价值不得了；
世上只有主人好，
没主的东西像根草，
离开了主人的怀抱，
价值哪里找。

那歌声一定哀婉动人，使人肝肠欲断！

分已定　人虽鄙不争

朔风吹，林涛吼，峡谷震荡。茫茫林海雪原上，一位饥肠辘辘的猎人，他不举枪射杀近在咫尺的家畜，而是顶风冒雪，扛着猎枪，深一脚浅一脚地前去寻找野兽。他为何舍近求远？他为何不吃窝边草？我无法从人品上给出答案，他也许是个厚道高尚之人，也许是自私卑鄙之人。但我断定，不管他人品如何，他舍近求远的原因之一，是他知道，家畜都有主人，而且有些主人同他一样，也具有百步穿杨的枪法，射杀家畜，吃窝边草，代价太大！

《吕氏春秋·审分览》中有这样一段话："今一兔走，百人逐之，非一兔足为百人分也，由未定。由未定，尧且屈力而况众人乎？集兔满市，行者不取，非不欲也，分已定矣。分已定，人虽鄙不争。故治天下及国，在乎定分而已矣。"① 为何那么多的人在追逐那一只兔子？因为那是只野兔，没有主，谁逮着就是谁的，有很大的利益激励。这时候，连超尘拔俗之人还挥汗如雨穷追不舍，何况凡夫俗子，场面一定十分混乱！可家禽市场上，行人熙攘，有很多兔子，都还装在笼子里，唾手可得，但无人抢夺，秩序井然。不是人们不想要兔子，事实上，他们也许心里还在想着美味的兔肉伴着小酒的惬意。而他们之所以只是想想而已，绝不动手抢夺，是因为这些兔子都是有主的。抢夺有主的东西，要么被骂得狗头喷血，要么被打得鼻青脸肿。他们考虑到可能受到的惩罚而不敢轻举妄动。产权关系明确，人即便自私卑鄙，也不会强取豪夺，因为自私之人也是精明之人，擅长锱铢必较，长于利益代价对比，不会干亏本的买卖。所以，治国平天下，清晰界定和保护产权至关重要。产权明晰，法律严明，人们便畏法律、保名声而不敢轻取。

---

① 2003年夏，我在澳大利亚西悉尼大学准备讲座时用到了这段文字，但是无力将其译成英文。于是，我请求澳大利亚莫纳什大学的黄有光教授帮忙翻译。他收到我电子邮件的当天，就把本文和《管子·禁藏》片段两篇英文译文发给了我。他的译文很棒，真正做到了"信、达、雅"。后来，外国同行看到了这段文字，他们对中国先贤的产权思想感到极为惊讶，赞叹不已。

当年，有批“素质很差”的毛小子们住在一栋破旧的集体宿舍楼上。宿舍楼对面有一排单位公房还带个小院儿。懒惰的年轻人经常将残羹剩饭、破东烂西直接从窗口抛洒于楼下小院儿中，以致楼下小院儿常常是狼藉一片，鼠灾泛滥。单位领导和有关工作人员或声色俱厉或语重心长均无法根本解决问题。后来进行了房改，对面的公房卖了，成了私人房产，房前屋后成了私人领域。从此以后，没有任何人进行任何的说教规劝，年轻人们便规矩道德起来，不再抛洒杂物。为何如此？因为他们害怕抛洒杂物会招致私人住户难以入耳的叫骂或招致他们的拳脚相加。

变幻莫测、诱惑无穷的婚姻市场上，急于筑巢的单身们宁肯度日如年、踏破铁鞋寻觅同样的“独行侠”，宁愿做剩女剩男，也不贸然充当第三者以“坐享其成”；宁肯像一叶孤舟在波涛汹涌的情海上漂泊，也决不贸然驶进他人筑好的“爱的港湾”躲避风浪。其中不可忽视的原因之一，是因为“名花有主”，因为被插足者家庭必有人会对插足者采取激烈行动，顽强保护其“神圣产权”；插足者必定心神不宁、惶惶不可终日，其精神、心理甚至身体受到不小的折磨，代价太大①。“挖绝户坟、敲寡妇门”是最为卑劣的行径之一，但为何要“挖绝户坟”？为何“寡妇门前是非多”呢？

亚里士多德在其《政治学》一书中曾指出：“以仁心仁德为立论的出发点，似乎可以引人入胜。人们听到财产公有以后，深信人人都是各人的至亲好友，并为那无边的情谊而欢呼，大家听到现世种种罪恶……都是导源于私产制度，更加感到高兴。实际上，所有这些罪恶都是导源于人类的罪恶本性。即使实行公产制度也无法为之补救。”“虽然私有权常常和所有者的自私性联系在一起，但是，私有权应该被视为所有者防御他人自私行为的手段才更为恰当。私有权为防止一个人的财产被他人以偷窃、暴力（或威胁使用暴力）或欺诈的方式获取提供了合法的保障……广泛分散的财产权是暴政与滥用权力的敌人……私有产权最大限度地减少了社会矛盾并为防止压迫性的权力集中提供了保护的屏障。”（詹姆斯·格瓦特尼，1985）人们保护私产的动机与增加私产的动机一样强烈，甚至更为强烈。任何其私有财产受到侵害的人，都会义无反顾地奋起抵抗，使用从法律诉讼到暴力自卫到等一切可以使用的手段，对施害者进行严厉甚至加倍惩罚。这种抵抗与惩罚迅速而猛烈，从而大大地增大了侵害者的行为成本与风险，使侵害者不敢轻举妄动。

---

① 至于那些寡廉鲜耻、胆大妄为者决意要做“小三”，也多是要做“王谢堂前燕”，而决不“飞入寻常百姓家”，因为做“小三”成本太高，只有那些“王谢”的主人才有实力一掷千金，来补偿“小三”的高昂代价，而寻常百姓家岂能养活得起?!

好篱笆——明晰的产权界定、完善配套的法律法规，规范了经济活动参与者的行为；人们基于自我利益的考虑减少了经济活动的有害外部影响，从而减少了社会交往中的摩擦与冲突，带来并增进社会和谐。而实践表明，社会和谐可以促进社会发展和经济增长。当今世界有些国家的稳定与富足，是否与其“篱笆”的完善和“篱笆”的守护者尽职尽责有关？而有些国家的停滞、贫穷与混乱，又是否起因于不分青红皂白、暴风骤雨般烧毁契约、拔掉界桩、摧毁“篱笆”的运动？亚里士多德在《政治学》中指出：“那些财产尚未区分而且参与共同管理的人们之间比只管私产的人们之间的纠纷实际上只会更多。”

要确保市场经济的效率与秩序，就必须建立并保护“篱笆”。在市场经济中，经济活动的参与者在和谐的环境下自由运用自己的生产要素以求得最大的经济收益，其“条件是用结实的道德、法律和习俗的‘篱笆’在各自的财产之间标出一道明确的界限。这也是人类文明的界限。没有这条界限，文明人就会变成野蛮人。财产权制度是迄今为止所发现的维持文明的最根本、最有效的手段之一。篱笆不好，邻居就会加倍觊觎他人的财产，挑起并加剧纷争，就像制度不好会导致政治家加倍攫取权力一样。在财产没有界限，财产权没有保障的情形下，好邻居肯定是坏邻居，道德的人肯定会变成不道德的人。财产与财产权是文明社会的标志，衡量一个社会的文明程度是看财产权在该社会中得到的保护程度。”（刘军宁，1998）

另外，即便出现纷争，若产权关系清晰，那么纷争也更容易平息。有时候，当一方损坏了另一方的东西时，受损方往往要求对方赔偿。但是，损坏东西的一方却颇为理直气壮地质问：“谁说这东西是你的？你喊喊它，看它答应不答应？”言下之意很明确，如果你不能证明被损坏的东西是你的，我就不用赔偿你，绝对不赔偿你！这种近乎耍无赖的态度，会给纷争火上浇油，使纷争升级。你喊一件东西的名称，它自然不会答应，但你可以找人证和物证，可以出示产权证明。只要能证明这东西确实有主，只要产权关系明确，赔偿便容易进行，纷争更容易平息，即定纷止争。

总而言之，私有产权强化了所有权人保护私人财产与权利的动机与个人行动，文明的法律又赋予私人财产以神圣性，并依法惩处侵犯私人财产的行为。这有效地遏制私心私欲对他人财产的侵害，减少了社会冲突与摩擦，有助于社会的和谐稳定与繁荣富裕。

好篱笆，好邻居；分已定，人虽鄙不争。

相关链接

1993年，一位官员在学校给学生演讲时讲到这样一个案例：某家大型全民所有制企业的一位工人，有一日因为与车间领导发生争执，怒发冲冠，抡起工具呼呼啦啦就将车间的一面玻璃窗子砸得粉碎。事发之后，有关领导按照厂纪厂规对当事人进行批评教育，并要当事人按有关规定进行赔偿。当事人不服气，双方展开了一场唇枪舌剑：

"我们是一个单位的，谁不了解谁呀。你脾气也不好，你在家发火的时候也摔碎家当。当你摔碎你家的东西时，也要赔偿吗?"当事人问到。

"那是我的东西，我想怎么摔就怎么摔，当然不用赔偿!"领导答到。

"你说的是损坏自己的东西不用赔，是吗?"

"是的!"

"那么，我们厂是否是生产资料公有制下的全民所有制企业?"

"是的"。

"生产资料公有制下，人人拥有生产资料。既然本厂是生产资料公有制的全民所有制企业，我又是企业的正式一员，那么，我就拥有一定数量的生产资料，这窗子就算是我的一份生产资料。我损坏我的东西也要赔偿吗? 你刚才说，自己的东西想怎么样就怎么样，损坏不用赔偿，我砸的是自己的窗子，当然不用赔偿。"

"那窗子不是你的，你得赔!"

"好吧，就算那窗子不是我的。但请你告诉我，厂里哪样东西是我的，我拿哪件东西抵赔。"

"没有哪样具体的东西是你的，充其量说，国有资产的总价值额中有你一份。就是在西方资本主义国家的股份制企业中，股东的资产份额，也是用价值额来体现，而不是以具体的实物来体现的。"

"那么，请你告诉我，在我们厂中我的那份资产价值额是多少。我用我的那份价值额抵赔这扇窗子，如果不够的话，我情愿再自掏腰包补上。"

领导瞠目结舌，表情尴尬，无言以对。

保护产权是投资环境的核心

麻将也是国粹，地球上有华人的地方就有麻将的娱乐声。据说，连美国人尤其是女权运动之前的美国女人，也曾痴迷麻将。麻将风靡，自有其奥妙魅力。有人说，搓麻将，虽属小事，但由小看大实可观人之本性。人之品性如何？在牌桌上表露无遗，故云，欲相女婿，搓一场麻将，即可窥端倪矣。不过，这里由小看大，要看的是投资环境和招商引资问题。

赌场老板最喜欢大赌徒光临，因为他是靠收取场地费或提成获得收益的，从大赌徒那里的得利最多。那么，怎样才能吸引大赌徒？这要先看看大赌徒期待什么。大赌徒打麻将，通宵达旦，熬眼磨屁股，不仅仅为了娱乐，更重要的是为赢钱。一幅麻将馆的对联写着："抓一万来一万一万一万又一万；摸发财起发财发财发财真发财"，反映出赌徒们做梦都想发财。既然赌徒最关注的是钱，他究竟光顾哪家赌场，看的不是房间布置，不是看灯亮不亮，有没有鲜花等，而是安全性，他的人身安全和收益安全，即打牌期间不能受人骚扰，并且只要他支付了约定的场地费等费用，不管赢多少，分文不少可以随身带走。赌场若是这样，那么赌徒们便认为是好赌场，便趋之若鹜。即便赌场是开在穷乡僻壤，即便交通不便、设施简陋，也会车水马龙、座无虚席。当然，不管基于什么原因，只要麻将博弈结束，赢家要给输家返还部分甚至全部所赢金钱，那么麻将的吸引力肯定大为减小！人们会觉得打麻将没意思，麻将馆和街道两旁的玩家一定大为减少。其实，就是输家，只要他觉得自己还有机会赢，也不会赞成赢家返还所赢金钱。我猜，"职业"麻将玩家不会有人赞成赢家返还所赢金钱的安排。由此想到，倡导守法并信奉并推行平均主义的社会，合法博弈所得随意被再分配于人，人们从事经济博弈的积极性一定很低，社会经济难有活力。

赌场吸引大赌徒的思路也可以用于政府招商引资，以吸引大投资者。投资人最关注的也是钱，他究竟往哪里投资，看的不是城市是否亮丽，是否百花盛开，是否请港台明星表演，等等，而是安全性。他的人身安全和收益安全，即投资经营期间不能受人骚扰，并且只要他合法经营照章纳税，那么不管盈利多少，分文不少可以带走。这样的确保投资人人身与收益安全的环境，就是良好的投资环境。是的，投资者不是观光客，城市亮起来、美起来绝非投资环境的关键内容，基础设施重要但也非投资环境的核心；投资者是取利者，他们真正关注的是其产权——使用权、用益权、处置权和转让权的完整实现，正像亚当·斯密（1723～1790）所说，他们所关心的只是自己的资本收益的最大化，因此，投资环境的核心是对产权的有效保护。

国际货币基金组织前任主席米歇尔·卡姆德萨斯指出：“法治和对产权的尊重”以及“有效保护合约和产权的独立的司法系统”，应被看做为投资环境和高质量经济增长的基础。反之，如果“杀猪理论”与做法盛行，“开门招商、关门打狗”的局面常见，私人财产经常面临“公共需要”、“整体利益”、“征用”、“没收”等等的威胁，那么，这将是对投资环境的最大破坏。联合国前秘书长科菲·安南指出：“如果没有保护契约和产权的法律；如果没有对法治的信心；如果没有政府的信任度和透明度——那么有效运作的市场将不复存在。我想，各级政府如果在招商引资文告和官员讲话中就产权保护浓墨重彩，这不仅显示出官员的专业水准，而且将大大强化招商引资效果。

政府是必需的

在某省会城市，有一铁路桥横跨市内一条主干道。前些年有段时间，铁路桥梁护栏上悬挂着某企业一幅巨型蓝底白字广告，上面写着："垄断即是最大价值——从区域垄断起步，致力于全球商务之巅"。在美国，当年的石油大亨洛克菲勒（1839～1937）也说："美丽的蔷薇，只有剪去在其四周生长的花蕾，才能在日后一枝独秀，绽放成绚丽的花朵。"古今中外，商人皆喜欢和追求"一枝独秀"，而资源独占、专利保护、政府特许、关税、规模经济等因素，又可能助长"一枝独秀"，因此，经济垄断是不可避免的。

可是，经济垄断扭曲价格信号，干扰市场机制运行，诱发不当的资源配置，导致低产量和高价格，降低服务质量，侵害消费者权益，阻碍技术进步和科技创新，还会引起行业收入和利润分配的不公，危害极大。有人说，垄断的真正危害是，有人借助自由竞争和机会均等获得了成功之后，便凭借其实力破坏机会均等的原则，阻塞其他人通过自由选择和自我奋斗改变命运的通道，自己"一枝独秀"，不让其他"小花"绽放，损害社会公平正义和效率。我们需要政府依法反对垄断，创造自由竞争和机会均等的环境，确保个人经由自由选择和艰苦奋斗改变命运的通道畅通无阻。

个人收入差异是不可避免的。过大的收入差异会破坏社会的和谐，违背社会公平正义原则。比如，不管富人富得如何有道，穷人穷得多么必然，如果富人喂狗的食品胜过穷人养育儿女的食品，这种状况都是绝对不能接受的！我们需要政府承担起完善社会福利保障，救助弱势群体，把个人收入差异控制在社会成员可以接受并且有助于激励效率的程度。

经济周期波动是不可避免的。宏观经济的大幅度震荡，比如经济衰退，会导致失业增加，企业倒闭，金融体系崩溃，等等，给社会成员的个人生活带来冲击，给整个社会造成巨大的财富损失。我们需要政府以适当的政策措施，平抑经济周期，确保经济平稳运行。

道路、医院、学校、国防、堤坝、天气海洋预报等公共物品是必不可少的。一方面，公共物品的生产涉及数量巨大的人力、物力和财力的投入以及复杂的管理协调，非个人和单个企业所能独立提供，即个人和单个企业无力生产公共物品。另一方面，公共物品往往均等地免费提供给社会成员消费，所谓在消费上不具有排他性，会导致大量的只消费不付费的“免费搭车者”，从而，致使个人和单个企业因无法收费补偿投资而不愿意生产提供公共物品。我们需要政府提供必要的公共物品，以增进社会福利。

人与人之间的纷争甚至蓄意侵害是不可避免的。若私人运用武力来保护财产，维护权利，解决摩擦与冲突，则不仅导致两败俱伤，而且会引发更加严重的诸多问题，并且越来越多的宝贵资源被投放于彼此的对抗与防卫，从而失去更多合作的机会并减少财富的创造。试想，每户人家均供养家丁，每个社团或政党都拥有武装，社会究竟会成为怎样一种状况？私人解决纷争，往往是代价大而效果差。相反，政府则具有巨大的威慑力量——歹人仅仅是想到政府的存在，想到政府的警察和监狱，有时就会缩回罪恶之手。所以，政府不需要对社会成员提供一对一的“贴身”保护，保护成本大为降低。专业上讲，政府在提供保护方面具有规模经济。另外，政府雇用训练有素的保安、警察、士兵等，比起各自自我保护，保护效果更佳。我们需要政府为社会成员提供必要的保护，确保个人生命财产安全以及基本权利的实现。

按照亚当·斯密（1723～1790）在《国富论》中的说法，君主或者政府负有三种责任，第一，保护本国社会的安全，使之不受其他独立社会的暴行与侵略，保证同胞不受异族欺侮；第二，最大限度地保护人民不受本国社会中其他人的欺侮或压迫，换言之，就是设立一个严整的司法行政机构，保证同胞不受同胞欺侮；第三，生产提供公共产品，增进社会福利。

没有政府的社会，就没有对各种权利的约束和调控，很可能像野兽出没的原始丛林，弱肉强食，厮杀混战，即托马斯·霍布斯（1588～1679）所说的“所有人对所有人的战争”。因此，霍布斯说：“一个最坏的政府也胜于没有政府。”

对于人们高品质的生活来说，政府是必需的。

政府是危险的

夜幕尚未完全降临，还有些许亮光的天空中，偶尔有几只急于归巢的鸟儿扑打着翅膀，颇为孤独地飞向天际，消失在高大而密集的建筑剪影之中。街道上车水马龙，行人匆匆，着急回家。

稀疏的路灯下却有这样一些人，他们蹲在地上，面前铺着一块四个角带有绳扣的布片，布片上杂乱地摆满了没有一样其单价超过10元的诸如鞋垫、袜子、电池、指甲剪、钥匙扣等物品。这是一批为生计而在多数人回家并享受生活时，自己却蹲在路边街头摆摊设点的小贩，马路市场的主角。对金钱的热切企盼，使他们的摊位像长有腿脚似的渐渐移向人行道、非机动车道甚至机动车道的边沿……于是，他人的行路方便受到限制，交通秩序受到干扰，市容市貌受到影响。行人中有人大声斥责，有人温和提议，但小贩们依然镇定自若我行我素。不知何时，突然间，小贩们熟练而神速地抓住布片的四个绳扣，兜起物品四散奔逃，如惊弓之鸟，顷刻便消失在茫茫夜色之中，无影无踪。

小商贩们为何如此惊恐万状？原来不知何人高喊了一声："城管来了！"

小贩们面对普通行人的义正词严或语重心长全然无动于衷，而城管人员仅只是在远处的出现，甚至只是有人喊了一声"城管来了"，他们便仓皇溃散。这是为何？是因为畏惧具体的人吗？不全是，行人三番五次请小贩们让路，他们却置若罔闻；是因为畏惧那带有徽章的制服吗？也不全是，就是将许多制服挂在小贩们的面前他们也会若无其事；真正的原因是，制服一旦穿在人的身上，徽章别上肩头，那制服徽章便生出法力，人也如虎添翼，突然变得威猛异常。徽章与制服代表着一种权力——对人合法使用强制甚至暴力的权力。有人甚至把穿制服的人直接称为"政府"。身着制服、佩戴徽章的城管人员既可动口，也可动手，可以名正言顺地对小商贩们进行没收物品、罚款等处罚。小商贩们若有反抗，则可能因"阻挠执法、妨碍公务"而使他们损失更大，因此，面对穿制服的还是三十六计走为上。布衣们既不敢没收他人物品，也不敢对他人实施武力，因此，小商贩们面对布衣的指责或规劝依然稳如泰山，也是理所当然。这样看来，披挂上纱帽皂靴、红袍金带的人，才是最可怕的人，也可能是危害最大的人。

政府具有危害社会和公众利益的可能。政府是由政治家和官僚组成、用以追求群体目标的机构。政治家和官僚同样是自利的。巴斯夏（1801～1850）认为，利益集团不断地滥用国家权力，干损人利己之事，“国家是个巨大的虚构体，所有的人都力图通过这个虚构体来靠别人生活”。平时所说的“政府部门利益”，其实是置身其中的人们的利益。既然政府由同样具有七情六欲的人组成，于是，政府完全有可能被其组成人员用以追求私人利益，危害社会和公众利益。

政府具有危害社会和公众利益的条件。首先，政府具有实施暴力的道义理由，即维护公共秩序和保障集体利益。有时候，政府甚至会随意把让自己不悦的公民行为定为犯罪而严加惩处。比如，有一张贴在农舍墙上的大标语写着：“拒缴抗缴提留农税就是违法犯罪，敢与政府对着干当时就叫谁难看”。“越级上访非正常上访是违法行为”的标语也偶现街头。2010 年 10 月，重庆市的一个区政府，主要官员觉得房屋开发商的建筑影响了政府风水，在与据理争辩的开发商的交涉中，不悦的区委书记直言不讳地对开发商说：“这里是衙门，你懂不懂风水？你知道重庆为什么打击黑恶势力不？你知道什么叫恶不？跟政府作对就是恶！”难怪德国哲学家麦克斯·施蒂纳（1806～1856）说：“政府将其暴力称为法律，将个人的暴力叫做犯罪。”这有点类似我国古人所说的“窃珠者盗，窃国者王”。其次，政府具有实施暴力的全部工具，比如警察和监狱等。“在所有人类的组织中政府的作恶能力最强，因为它垄断了强制权及实施这种强制所需的政治工具……任何权力总归都是对人类的自由、生命、财产与尊严的威胁，只是在不同的政体下，构成威胁的程度不同而已。”（刘军宁，1994，2011）政府“不是用超凡的智慧或诚实来武装，而是用超凡的武力来武装……看看谁强大。大众有什么力量……如果政府胁迫我：‘要钱还是要命?’那我为什么急忙把钱交出去呢?很可能我处于困窘之中，不知如何是好：我无能为力”（亨利·大卫·梭罗，1965）。政府具有作恶的可能，更具备作恶的得天独厚的条件和无与伦比的能力，有可能成为最大的作恶者。一旦政府作起恶来，后果肯定不堪设想。本是“射日手”但是不能“弯大弓”的法学家江平先生曾说，在目前中国社会私权与私权的冲突、公权与公权的冲突以及私权与公权的冲突中，最危险也是最难化解的乃是私权与公权的冲突，因为在这种冲突中，个人总处于非常不利的地位，私权难以得到合理保护。因此，现代社会文明与进步的表现之一，就是社会成员承认政府在推进经济增长、社会公正与稳定等方面的巨大作用与贡献，承认政府是必不可少的，但他们时时刻刻对政府保持高度警惕，强调崇高的目标需要以合法的手段来实现，放弃全能政府的理念，想方设法削弱政府作恶的能力、减小政府作恶的可能。“美利坚合众国缔造者们的政治和经济智慧的源泉在于，他们虽然完全承认政府在维护有益的社会秩序中的必要性，但是他们并不相信政府……他们所关心的是，限制政府的权力，来使对大多数原则的滥用，降低到最低程度……美国人民对政府权力普遍的不信任，促成了致力于限制政府的美国宪法的制定……宪法之所以能有效地限制政府权力，是因为公众所持有的对政府权力的不信任态度是健康的。”（德威特·R. 李，1987）

需要特别指出的是，人们对政府在收入分配、经济干预、社会事务等方面的期待越多，以及全能政府的观念越是根深蒂固，政府越容易获得职权与机构膨胀的理由与机会。不知不觉中，人们就会失去对政府予以有效控制的意识。事实表明，社会成员对政府的不切实际的企盼与过度的宽容，会导致可怕的后果。“一个扩张性的政府削弱了人们的个人责任意识，并导致人们对政府的要求增加，从而造成政府权力的进一步扩张。同时，由于增加了人们通过牺牲他人利益获取自身利益的机会，一个扩张性的政府削弱了财产私有规则的效力，并将因此侵蚀个人自由存在的基础——责任感。”（德威特·R. 李，1987）

防止政府作恶最有效的方法，就是制定健全的制度规则，使那些企图滥用政府权力的人感到滥用权力的代价太大。经验表明，遏制官员滥用权力、遏制政府作恶的最为有效的武器就是宪法；一切政党、社会团体、政府、企业以及个人等均受制于宪法。宪法至上的政治体制，是市场经济充分发挥效率的制度平台。通过由公民广泛参与、公开、公正的程序制定符合民意、体现文明、顺应世界发展潮流的宪法，以宪法规定政府的组织架构、权力配置与制衡、活动范围与方式、经费来源与使用等，采取各种以宪法为基础的具体法律措施或制度安排，将政府的运作约束在宪法限制之内，可以有效遏制政府对个人权利与市场机制的侵犯与干扰。此外，民众强化自己的权利意识，依法维权，也是对政府滥权的一种遏制。“假定人民对自己的权利及政府的不法横行，一切淡然处之，不以为意；人民的心理如此，宪法是决不会有保障的……人民对于他的权利的警觉性，乃是宪政的第一块基石。”（张君劢，1946）

市场经济的高效率运行，个人自由与基本权利的实现，均有赖于一个有效并且有限的政府，有赖于法律在政府与市场之间、公共领域与私人领域之间划出一条明确的界限。“有效”应表现在：“一个政府应该维护法律和秩序，规定财产权利的内容，作为我们能够修改财产权利的内容和其他经济游戏规则的机构，对解释规则的争执做出裁决，强制合同的执行，促进竞争，提供货币机构，从事反技术垄断的活动，克服有理由让政府进行干预的邻居效应，以及帮助私人慈善机构和私人家庭对没有责任能力的疯人和小孩进行保护。”（米尔顿·弗里德曼，1962）“有限”应表现在：政府不去做自由的市场机制以及理性的个人能够高效率完成的事情，而主要致力于提供国防等公共物品以及公共机构服务和建设。市场经济的推进，必然要求强化“有限政府论”，只有政府有限才能确保市场有效。

约束权力其实对谁都好

世界上大多数人不会唱甚至不知道《国际歌》，但他们一定坚信歌中的“从来就没有什么救世主，也不靠神仙皇帝”。这是因为他们坚信，为了保障其“生命权、自由权和追求幸福的权利……人们才在他们之间建立政府”（《独立宣言》）。

人民和官员法律地位平等，但是，在服务关系上，纳税人为主人而官员则为公仆，纳税人选择和供养的官员为民众服务是官员们分内的事情。例如，1984年，美国南卡罗来纳州的一位七年级学生安迪·史密斯写信给里根（1911～2004）总统，信中有这样的话：“今天，我妈妈宣布我的房间为灾区，我想请求联邦基金雇一队人马，来给我打扫整理房间。”总统亲自手写一封回信，幽默地提出如何打扫房间的建议。在“官员理当为我服务”的社会氛围中，乔治·华盛顿（1789～1797）尽管为开国元勋，自然也就没有机会陶醉于“他是人民之救星”的美妙旋律之中。在这种体制中，总的来说较少形成对于权力和官员的崇拜或感恩，较少产生由于这种崇拜或感恩而生的“美人爱英雄”式的情人关系。

民主政治制度的重要特征，就是权力的分割和制衡，简言之，就是限制公权力。有人说，每个人只不过是拴在树上的狗，制度就是拴狗的绳子，它决定着狗的活动范围。可以说，民主政治体制下，政治家就是被拴在树上的狗，“狗绳”短而结实，再大的狗也不能想叼什么就叼什么，想咬谁就咬谁。当然，由此看来，公权力不受有效约束，就类似恶狗没有狗绳牵制，一定频频扰民甚至伤人。民主政治制度下，权力经过选举获取或公开的法定程序授予，绝非经由打招呼、写条子、请客送礼等途径可以获取；公共预算格外强调透明性和可解释性（Accountability），即每一项预算收入和支出皆须充分解释理由，给公众一个清晰具体的说法。严格的预算约束，使得官员很难将自己和朋友的私人消费——餐饮、加油、路桥费、旅游费等公款报账；公共工程和物资采购依法定程序公开招投标，官员很难依据人情关系安排业务；行政、司法和立法三权分立，行政不能干预司法，官员难以凭借权力影响司法程序与结果；土地交易、会计业务以及资产评估等中介服务，经由市场机制或者“看不见的手”协调完成，官员或者“有形之手”难有机会介入……于是，较少出现基于权力或者官员所能带来的政治与经济利益而委身于位高权重的官员所形成的“权色交易”式的情人关系。

民主政治制度环境中，经由公民教育熏陶和个人现实观察，人们知道公权力是受限制的，不是万能的。于是，人们较少基于“利”而“情”，在政治领域较少出现沾染铜臭的情人关系。一般说来，在政治领域权力受到的制度约束越严，情人关系沾染的铜臭就越少，情人关系便越是多几分安全甚至浪漫！

在民主政治的体制下，一方面，人们知道权力是受到法律的严格限制的，权力不可能成为官员的阿拉丁神灯，想要什么就能变出什么来，于是，情人们也不大会无情地威逼对方铤而走险以谋取政治、法律与经济利益，不会威逼对方去做明知不可为之事；另一方面，大权在握的官员们，不能也不敢为所欲为，也就不会有滥权的致命把柄被情人抓住，不会陷入“你若不答应我的要求我就举报你”的危险困境。美国总统克林顿与白宫实习生莱温斯基的一段风流韵事家喻户晓，我猜想，莱温斯基不大会向克林顿提出给她联系业务，或给其亲朋好友谋取特别利益的要求，估计克林顿也没有其他什么“严重违纪行为”被莱温斯基掌握。克林顿以及西方那些有着婚外情的官员和政治家们，不大会被情人无情地逼到发疯的程度，也不大会因为害怕东窗事发而杀人灭口，于是，情人们也许真的是两情相悦！

英国历史学家阿克顿（1834～1902）说：“一切权力皆趋向腐败，绝对的权力绝对地腐败!”我想补充的是：绝对的权力绝对地危险！在权力不受法律有效约束的地方，情人对权力有过多的期待或索取，滥权官员有太多的腐败记录被情人掌握，即大权在握者“能做得太多和实际上做得太多”、情人们“知道得太多和索要得太多”，于是，疯狂失控的权力和横流的物欲让双方疯狂失控，终将把情人本来也许甜蜜浪漫的关系变为致命的危险关系，比如掐死情人，将尸体放在轿车后座上，沿着蜿蜒起伏的公路茫然地驶向远方；在情人的汽车下捆上炸弹以恐怖的方式炸死情人；将怀有双胞胎身孕的情人勒死后装入编织袋，再捆上石头从桥上抛入冰冷的河中……因此，无论对于国家，对于人民，对于官员，对于情人，绝对的权力都因绝对腐败而绝对地危险！有鉴于此，为了国泰民安、社会和谐，为官、为民甚至为情人，都应热情呼唤、积极支持民主政治进程的前行。

小游戏　大道理

“大压小”是我们这里一个几乎妇孺皆知、十分流行的小游戏。打个小赌，有事情要分个输赢，都会以“大压小”来进行。这里“压”就是胜的意思。所谓“大压小”，其实就是博弈双方同时随机伸指头，大拇指胜食指，食指胜中指，中指胜无名指，无名指胜小指，小指胜大拇指。不相邻的手指则无胜负。显然，小拇指能压大拇指，是“大压小”这一游戏或博弈得以顺利进行的关键。

如果五个手指从大拇指依次压到小指，而小指不能压大拇指，那么，预料之中、情理之内的事情就是，理性的博弈者将始终伸出大拇指。此时，博弈者将是白费力气，永无胜负结果。

即使小拇指可以压大拇指，但如果博弈双方有任何一方有权指令对方出哪个指头，那么，命令者将永远是赢家，博弈过程就是强者对弱者的颐指气使、任意宰割的奴役过程，就毫无公正可言。

看来，“大压小”这一游戏或博弈的公正有效进行，有赖于一套被博弈者双方共同认可并严加遵守的公平规则，而其中至关重要的就是“小指可以压大拇指”，即“大”与“小”之间的相互制衡。

人类社会就是由无数小的层级结构系统组成的一个庞大复杂的层级结构系统，其中充满着无数的“大王”与“小民”的博弈。与“大压小”的游戏相类似，在这样的一些博弈中，“大”与“小”之间的相互有效制衡，依然是博弈得以有效进行的条件。“大”与“小”之间的相互有效制衡，使个人或政治经济集团不能因其“大”而逞凶、不会因其“小”而受辱；“王”不会永远“王”，“寇”不会永远“寇”。

但在国家与社会事务治理中要实现这种“大”与“小”之间的制衡绝非易事。曾几何时，人类几乎总是周而复始地重复着从专制独裁到无政府状态再到专制独裁这样的历史轨迹。在封建专制独裁下，“普天之下莫非王土、率土之滨莫非王臣”，“大”让“小”死其不敢不死。此种专横暴虐，终致“大”逼“小”

反。“小”的揭竿而起，所向披靡，摧毁“大”的规矩，“小”压“大”而“大”不能制“小”，天下大乱。城门失火殃及池鱼，倾巢之下无完卵。大乱之下，“小”的们又盼望安定，期待他们中间出现“力挽狂澜、扶大厦于将倾”者以重整河山、再定天下。此等起初出自“小”的阵营的领军人物平定天下之后，便黄袍加身即刻为王，迅速重振朝纲——恢复只能“大”压“小”而“小”不能压“大”的老规矩。“小”的们又成俎上之肉，直至再一次天翻地覆。历史的列车就在“大治——大乱——大治——大乱……”中震荡颠簸、循环往复，也就是秦晖先生所说的“治乱循环”即“治极生乱，乱极生治”。如何摆脱这种可怕的怪圈，成了许多仁人志士们苦苦探索的课题。

毕竟人类具有非凡智慧和高超创造力。美利坚合众国的缔造者发现了人类的三大威胁，其中两个就是专制独裁和暴民统治。所谓专制独裁，就是国家社会治理中只能“大”能压“小”，而“小”只能逆来顺受；所谓暴民统治，就是国家社会治理中“小”能压“大”，而“大”却是软弱无力。在这两种状态下，社会经济发展不可能是和谐、稳定和可持续的。于是，他们致力于完成一部足以最大限度地消除专制独裁和暴民统治的宪法。这部宪法能够确保政府有能力有效地控制它所统治的人，推进合理的社会目标，以及履行其他必要的政府职能——“大”压“小”；同时，又能够确保被政府统治的人控制或更换选择政府——“小”压“大”。《独立宣言》中就有这样的内容：“……人人生而平等，造物者赋予他们若干不可剥夺的权利，其中包括生命权、自由权和追求幸福的权利。为了保障这些权利，人们才在他们之间建立政府，而政府之正当权力，系得自被统治者的同意。当任何形式的政府对这些目标具破坏作用时，人民便有权力改变或废除它，以建立一个新的政府……”一言以蔽之，美国的民主宪政所规定的行政权威、横向和纵向分权与制衡、定期举行的选举等，实现了“大”与“小”之间的相互有效制衡。这种制度设计内生的“大”与“小”之间的相互依存和依法制衡，成为美国以及其他西方发达国家的赖以繁荣、有序的制度保障。

与民主政治制度中“大”与“小”之间的制衡思想与制度设计相一致，存在与“大”相抗衡的由“小”组成的各种各样的独立民间社团组织，如工会、农会、商会、行会、俱乐部等。这些独立的民间社团组织，是“小”的们按照特定的利益或价值取向等，在社会政治经济生活中所抱的团儿，以便更理性和高效地与“大”进行全方位博弈，以保护和增进自己的权利和利益。例如，在企业领域，天下劳资不一心，劳资双方的利益矛盾与冲突在所难免。但一般来讲，面对强大的资本，单个工人总是渺小的。于时，资本家与工人的博弈，在没有独立工会的情况下，类似“大”压“小”而“小”无还手之力，弱肉强食。而在民主政治制度下，不仅可以成立独立工会，而且工会可以合法地为其会员的权益

而采取政策游说、协商谈判、以罢工相威胁和事实上的罢工。法律不仅保护企业产权，不仅保护“大”资本的权益，而且赋予“小”劳动的反制权利。我在澳大利亚从事研究工作时，曾多次在悉尼街头颇为投入地观摩过“小”反制“大”的集会和游行，如潮的人流、慷慨的陈词、激愤的群情，足以让所有那些一心想凭其“大”而欺凌“小”，或者漠视“小”的利益的个人和政治经济集团望而生畏，足以减少社会天平的倾斜度。国内媒体多有关于法国工人罢工的报道，给人的印象是，法国工会非常强大。其实，在西欧的主要国家中，法国的工会会员覆盖面相对较小，工会力量相对单薄，通过内部集体谈判解决问题的难度较大。于是，“小”的工会被逼走上街头与“大”的资方或政府博弈，以浩大的社会声势保护其会员权益。2003 年，法国街头罢工风起云涌，工会领袖与政府总理拉法兰唇枪舌剑，针锋相对，显示出法国工会的专业水平还是很高的。2010 年 6 月，“印度全国街头小贩联合会”状告新德里政府为英联邦运动会驱赶街头小贩。2010 年 11 月 2 日，印度最高法院裁决政府驱赶街头小贩行为违宪，并指出“人民有谋生和诚实劳动的权利”，判决书还写到，“街头叫卖是人们谋生的一项基本权利，政府需要贯彻一项成文法来规范街头小贩，而非打压”。总而言之，民主政治在制度层面上确保了社会经济活动中“大”与“小”之间的相互有效制衡，尤其是确保有效地节制权力和资本。

纵观世界历史，凡进行了彻底的制度变革，在社会政治经济活动和国家治理中引入“大”与“小”之间的相互有效制衡，使之有法可依、有章可循，则从

根本上跳出“大治——大乱——大治——大乱……”这一怪圈，使社会朝着和谐与可持续的良性方向发展。

五行相生相克：木生火、火生土、土生金、金生水、水生木；水克火、火克金、金克木、木克土、土克水。人类和谐社会的构建与可持续发展，需要“相生相克”机制，需要制度保障与支持，其中就包括在制度上确立并确保“大”与“小”之间的相互制衡，使“大”不因强而飞扬跋扈、横行四方，“小”不因弱而仰人鼻息、任人宰割。

相关链接

西欧政治国家，人们有街头集体行动表达诉求的传统。秦晖先生在 2011 年 9 月 15 日的《南方周末》发表文章，其中写道：“清末驻奥公使杨晟于 1905 年写给国内的一封汇报，那已经不是私信而是公文了。杨晟当时报告奥匈帝国首都维也纳发生工潮：‘本月初二日奥京工党聚众至二十余万人赴议院要求选举之权，是日卯刻工党会集各分行业，申明此次聚众宗旨，预推有名工党十人为众代表，即由此十人向众约法毕，即赴议院。列队行走，毫无喧哗以及搅扰街市之事。午刻始齐集议院门外，排列整肃，仍由代表之十人入院，递禀答话。旋经首相及两院首领善言安慰，解散而退。是役也，工人以争准举工党为议绅之例，聚众至二十争准举工党为议绅之例，聚众至二十余万人之多，而始终无喧搅市廛之举。是日适为孙慕使离奥之期，晟率本馆各员送至车站。沿途工人礼貌整肃，一如平日。彼为下流社会，尚且如此，足证奥人风纪之纯美也。’”（何芳川等主编：《清代外务部中奥关系档案精选》，中华书局 2001 年，149 页）

不能只让“车上”的人说了算

等待是令人焦急的。在公共汽车站等车是痛苦的。是啊，炎炎烈日之下，瑟瑟寒风之中，苦苦等车，真是一种极大的折磨。候车的人不停翻动着手中的报纸和杂志，其实，也就是浏览个大小标题，可那呼呼啦啦的翻页声响，更让人心烦。他们朝着公共汽车开过来的方向，翘首以盼，望眼欲穿。个个心里都暗暗祈祷，希望汽车快快开过来，无论什么情况到站就停车。

公共汽车终于进入了等车人的视野，这时，大家的表情好像更加焦虑和期待，生怕汽车到站不停，而是从他们面前呼啸而去。还好，公共汽车开过来了，一阵刹车声，路面尘土飞扬、落叶翻卷。谢天谢地，车停了，门开了，大家蜂拥而至，争先恐后上车。车里虽然十分拥挤，但毕竟上了车了！车门一关，汽车起动，车窗外的景物越来越快地向后移动。好不容易挤上车的人，刚才还悬着的心终于落了地了。可是，没过多久，有些刚刚上了车的人们，就忘却了等车的痛苦。他们归心似箭，开始在心中念叨和期待汽车快点开，下站最好不要停。

人们位置变了，想法也随之发生变化。

把公共汽车比作执政权。那些苦苦等待上车——执掌大权的个人和政党，猛烈地抨击独裁，热情地歌颂民主，热切地期待司机按照规矩开车，到站就停。但他们一旦上车，便很快翻脸，按照自己的意愿修改制度规则、行车线路和时刻表，要么到站不停车，要么虽然停车但是只允许效忠自己或者有特殊关系的人上车，甚至中途甩客——强行将那些批评者和反对者以及一切不顺眼的人赶下车。

人们位置变化了，想法也随之发生改变。

有人没有机会滥权的时候，面对他人滥权自己则义愤填膺和口诛笔伐。而一旦大权在握，则为所欲为和肆无忌惮。我有时候感到迷惑，即大家都是同学或校友，同样的教育或者都是同龄人，大致同时参加工作，当年都同样的浩然正气、激扬文字、指点江山，而几十年后，大家对本是最基本价值判断，也产生了很大的分歧。即便偶尔在社交场合坐在一起，也似乎只剩下品尝美味佳肴和说一些不咸不淡的话。啊，我现在终于明白了，是彼此的位置不一样了。上了车的和等车的，即便都上了车，但座位不同的，他们的期待和看法是不一样的。不过，《孟子·滕文公下》中写道："富贵不能淫，贫贱不能移，威武不能屈，此之谓大丈夫。"这段话意味着，大丈夫对许多基本价值的看法，绝对不因其位置的不同而不同！然而，现实世界中，却那么常见其位置变了之后对基本价值的看法也变了的人。由此看来，现实社会中，真正的大丈夫不多，同时真正的大丈夫则更令人起敬！

显然，为保障每个人的权益，为了公平公正，行车路线、站点和时刻表等，应该由车上和车下的人共同商定。更重要的是，要在所有的人上车之前先确定好行车路线、站点和时刻表等一切的细节。社会政治生活中，由于每个人和政党都有可能成为候车者，所以上车前制定的规则，往往倾向于遏制车上的人的权利，以防他们成为车霸，同时又保护车下等车人的权利，确保他们上车的权利和机会，给他们以耐心和希望。上车前制定的规则，往往有着更多的折中和妥协，而这种折中和妥协对于社会公平正义至关重要！

如果上车后再由车上的人制定制度规则、行车路线、站点和时刻表，那么十有八九有失公正，等车之人难免备受煎熬。看呢，公共汽车站人头攒动，那里聚集的候车人越来越多，越来越焦躁不安，甚至愤怒绝望。小心，狗急了还跳墙呢，何况人？车上的人呢，你们要规矩行事，要给予等车之人机会和希望，否则，逼急了，小心他们毁道路、扎轮胎或者搞出其他什么惊天动地的事情。

相关链接

1971 年，美国斯坦福大学心理学教授菲利普·津巴多在大学里设置了模拟监狱进行相关实验研究，即所谓“斯坦福监狱实验”。他随机挑选了 24 位大学生，抽签决定其中一半扮演狱卒，另一半则扮演犯人。在模拟得极为逼真的监狱环境之中，这些参与者很快便进入了角色。到了第六天，仅仅 6 天，扮演狱卒的学生表现出残暴不仁，恰似真正的狱卒，而扮演犯人的学生则表现得唯诺卑怯，正如真正的犯人。在“斯坦福监狱实验”中，短短 6 天，环境和角色位置便要么改变了置身其中的人们的人性，要么将其人性深深地包裹起来。一般说来，在复杂的社会坐标系中，每个人都按照自己对所扮角色或所处位置的理解以及他所知道的制度规则和社会大众对角色的要求或期待行事，久而久之便习惯成自然，甚至习惯到忘了王二哥贵姓的地步。由此看来，那些需要当事人见风使舵、一会儿奴才一会儿主子、瞎话连篇或者以“言非所想、想非所言”为政治成熟标准的角色位置，坐久了，就会让当事人在不知不觉中失去对真善美的判断能力和崇尚，甚至人性渐失。由此看来，“皇帝轮流做明年到我家”的意义之一，真正的有限任期制的意义之一，增大职位流动性的意义之一，按照行车路线人们自由上下公共汽车的意义之一，就是拯救人性和良知，避免人性被“戏服”包裹得太久而发生霉变腐烂。

体制改革的次序事关重大

国人熟悉和喜欢的打麻将是一种经济博弈，要让麻将博弈有序展开，必须由四个玩家共同确定博弈规则，比如，轮庄还是抢庄，每一盘多少钱，打多少圈，期间换不换位置，等等。规则越细致，博弈中的矛盾争执越少。规则必须在博弈开始之前定好。事先制定规则时，由于博弈者无法准确判断自己将是赢家或输家，这种不确定性往往意味着多数人都是从“如果我今天手气差成为输家”这样的角度确定规则，于是，规则便具有更明显的防御性和公平性，力争一旦成为输家时自己损失最小，而且有东山再起或翻身的机会。如果开打以后有了输赢再定规则，那么，则赢家与输家，或者手气好的和手气差的之间便产生不可调和的矛盾争执。比如，赢家总嫌每盘赌的钱少，而输家总嫌每盘赌的钱多，手气差的甚至期待有人来中途掀摊子，等等，博弈可能以冲突和混乱结束。

一个国家的经济改革，也是一种经济博弈。要让经济改革顺利进行，必须先定经济博弈规则。而经济博弈规则受制于政治博弈规则。要让经济博弈规则公平，必须先保证政治规则公平。“现实的经济问题，在任何社会里都是政治经济学问题……诺斯提到一个观点，一切资源配置的博弈都要在政治规则确定之后。”（汪丁丁，2005）正确的程序应该是，先制定政治规则，然后制定经济规则，接着开始经济博弈。由于在未来的政治与经济博弈中输赢难料，新的博弈规则往往强调防御性和公平性。而在现实中，先经济市场化后政治民主化的改革模式，就有点类似先开打麻将后定规则，最终必然出现手气好的与手气差的、赢家与输家、强者与弱者之间的利益的差距越来越大，矛盾日益尖锐。先经济后政治的改革程序，即经济市场化先行且迅速，创造出日益增多的交易和获利机会，而政治民主化滞后且缓慢，使公权力缺乏机制化硬约束；权力迅速且广泛地介入各种经济交易，腐败滋生蔓延——权力迅速资本化，比如通过项目审批、批条、银行贷款、土地交易、企业上市和股票发行以及提拔官员等一切可能的途径获利！在经济博弈进程中，发现问题，则要完善规则解决问题，但是，在一个赢家制定规则的环境下，制度规则保护赢家利益的取向便不可避免，结果既得利益者权力与财富不断累加，势力日渐强大，进一步阻挠政治民主化进程，社会可能陷入一种被锁定套牢的困境，结局难料。

这个话题我实在有些言犹未尽。那我就再讲个故事吧。羊是随地大小便的，所以羊圈里过一段时间就会湿漉漉、脏兮兮。肮脏的羊圈不仅会使羊毛打结，而且还会致羊生病甚至死亡。因此，养羊人过一段时间就要清理羊圈，清运走其中厚厚一层的羊粪。要清理羊圈，就要打开羊圈门，把羊先赶出去，腾出场地。可是，羊圈外边有狼出没，不光老狼们凶恶，而且狼崽子们也张牙舞爪，随时都可能叼走放出羊圈的羊。养羊人面临两难：不开羊圈，羊生病，等死；开羊圈，狼祸害，找死。怎么办？突破困局必须确定个程序，先开羊圈放羊，还是先打狼？毫无疑问，正确的做法是，先打狼！为开圈放羊创造安全环境，消除各种隐患。显然，害怕狼不开羊圈清理羊粪，或者不打狼就开羊圈，都是风险之举，都要付出沉重代价！先打狼，后开羊圈，这本是常识！

昔日的田忌赛马和今天的搓麻将，都表明博弈的顺序规则足以影响博弈的成败及其相关收益的分配。同样，体制改革的顺序，关乎改革的成败及其相关收益的分配，事关重大！

多大的官儿都不行

文人聚会，总是要有些文化品位，要多些畅谈交流。商人的货品越出越少，而文人的知识则越出越多——畅谈交流过程相互启发彼此长进。因此，文人聚会往往少不了在热烈的气氛中畅谈切磋，岂止是推杯换盏、觥筹交错了事。

2011年伊始，一次社交聚会的晚宴之前，按照主办者的安排，本人搞了一个讲座，题为“爱尔兰见闻”。我讲了两个内容，一个是大学教育，另一个是社会治理。50分钟的讲座结束，某大学的一把手、也是我非常尊敬的一位老兄应邀发表了即席讲话，其中包括这样一段：“彦立刚才的讲座很精彩，很有价值，也很给人启发！同时也让我回忆起我当年在欧洲从事学术研究的往事。在大学教育和社会治理等方面，国外的有些做法的确有独到之处，值得学习借鉴。但问题是，在国内做起来很难！很多事情做不成！想当年，面对大学教学上的问题，想做点事情，但是我只是个普通老师，没有实施教学改革的权力，任何涉及改革的事情都做不成。当时我想，我要是当了系主任就一定能推进力所能及的教学改革。后来当了系主任，想实施教学改革，但发现还是做不成，因为教务处不同意。再后来当了校长，还是做不成。”这个话题到这里戛然而止，他绝对没有再往下推演，反映出老兄身上值得我学习的沉稳。

我对上述话题的兴趣和思考并没有随着老兄讲话的结束而停止。我的思绪沿着上述思路继续飞驰。

郑板桥，“些小吾曹州县吏”，官儿太小，只能“衙斋卧听萧萧竹”。那林则徐呢，官至一品，曾任江苏巡抚、湖广总督、两广总督、陕甘总督和云贵总督，官儿够大了吧，可到头来却踏上被发配边陲伊利的漫漫长路，声声叹息伴着大漠孤烟直上云霄。皇上总可以了吧？一国最大的官儿！可身为一国之君的光绪，最终身陷中南海瀛台，只能望着窗外云卷云舒，花开花落，留下永远解不开的亡命悬疑。啊，对了，慈禧太后，单是看看其今天都不知道如何念的徽号“慈禧端佑康颐昭豫庄诚寿恭钦献崇熙”就知道她有多厉害，她位有多高，权有多重。可当她得知出使西洋考察宪政的五大臣遭遇革命党人袭击时，也只能凄然泪下，面对强大的变法立宪诉求和社会动荡，她的反应之一，就是令人将颐和园的围墙加高三尺。王朝将倾，她虽然也同意变法立宪，但终一事无成，留得千古骂名。权倾天下的慈禧太后也还是做不成！为何？这恐怕要问问太后和她身边的皇亲国戚、格格阿哥、旗人宗亲以及那些享受浩荡皇恩的达官贵人、富商大贾、巨儒硕学等，因为“树倒猢孙散”，所以，大大小小的猴孙们，绝不会轻易让大树倾倒！问题是，即使他们活着也不会说实话的。我时常在想，是否是官儿越大，其既得利益越大？变法的胆子越小？或者一种权力不受有效约束的体制运行的时间越长，权力阶层形成的既得利益者越多？既得利益者们越是阻挠变法？言念及此，我脑海中“路径依赖”的概念时隐时现①。是啊，制度变迁是何等困难！改革者又是何等无奈！

行变法，郑板桥不行，林则徐不行，光绪不行，慈禧太后也不行，看来真是多大的官儿都不行！“我们永远不要对政治和政治家抱有过高的期望。期望越高，失望越大。”（刘军宁，2011）可变法关乎江山社稷安危和百姓祸福，推动变法总得有行的吧？放心，有行的。谁行？辛亥革命！

相关链接

2008年9月25日，我的一位在北京大学读博士研究生的学生，给我发来了一篇时任北京大学校长许智宏先生的网络文章，题目为《大学教育，反思还是腐烂?》。文章提出了问题，比如为什么1949年以后我国大学培养出的大师级人物寥若晨星？原因之一，是如今大学的风气坏了。文章还提出了破解高等教育困局的思路，比如减少政治类课程以减少某些理论对学生思想的禁锢，加强传统文化教育以珍视仁义礼智信和敬畏天理，大学清理门户以避免尸位素餐者浪费教育资源并误人子弟。当然，文章还写到：“只是，作为一个大学的校长，权限其实是很有限的，处处受人监督，处处受人牵制，要想搞一些大的动作出来，几乎是不可能的。”后来有人说，是居心叵测之人假借北京大学校长之名发表此文。可否如此，真有假有，本人无从考证，难以断定，但是，2008年11月8日上午，我坐在从河南省安阳市返回郑州的汽车上，从广播新闻里听到：“北京大学现任校长许智宏因年龄原因不再担任北京大学校长一职。”许智宏先生不当北京大学校长了，并于离别之时在学生宿舍被大批的学生簇拥着，一头银发的他，手捧估计是学生们献上的鲜花儿，与学生们合唱《隐形的翅膀》，他身后有位女学生边唱歌边擦拭泪水。当他离开宿舍时，学生们望着他远去的身影，高喊“许校长，许校长”，那喊声此起彼伏。我可以肯定地说，这事儿是真的，这事儿真的有！

---

① 指制度的惯性，即一旦一个国家选择一种制度，不管这种制度是好的还是坏的，惯性的力量就会使这一选择不断自我强化，巩固维持原有制度，使这种制度的轨迹持续下去。中国经济学界“良心”的吴敬琏先生撰文指出，一旦进入政府主导路径，既得利益者必然推动向权贵资本主义蜕变，而一旦路径被锁定，“除非经过大的社会动荡”，否则就很难退出。

危机应对型制度变迁

国内外的历史表明，制度变迁的真正困难，源于既得利益者的强力阻挠，以及作为正式制度规则重要供给者之一的政治家的明哲保身。只有发生危机并可能产生颠覆性后果之时，万不得已，走投无路，政治家才可能采取必要行动，变革制度，推进制度变迁。在现实世界中，几乎所有的制度变迁都是“危机－反应”模式，即危机应对型制度变迁：小危机，小反应；大危机，大反应！当然，不同的文化背景、历史传统和政治体制的国家，对各种危机的判断标准，对危机的反应方式以及速度，会有所不同。毋庸置疑的是，面对各种危机，各国都会有所反应！制度变迁就在这种对危机的主动或被动反应中实现。每一次危机所带来的震荡和冲击，都会打破原有的制度均衡，即制度的供给和需求大致协调的状态。不断地修改完善制度规则，再次在更高的水平上恢复制度均衡。从制度均衡到不均衡，再到均衡，如此下去，制度在动态中实现变迁。

美国华裔历史学家黄仁宇（1918～2000）先生在其大作《资本主义与二十一世纪》中，归纳了中国一百多年来的社会制度变迁的特征，他认为，中国社会进行制度变革的内在动力不足，历次重大的社会制度变迁，都是对社会危机状态的一种被动反应。1840 年鸦片战争，导致国人对夜郎自大的帝国心态的调整，反思文化与体制上的弱点；甲午战争中国的惨败，引起自强的洋务运动，引发百日维新；八国联军攻占北京，义和团运动以及清政府的腐败，激起辛亥革命；凡尔赛和约宰割中国，点燃“五四运动”。顺此思路，我们还可以看出，日寇在中国的烧杀掳掠，民族危亡，促成了国共两党以及各阶层人士的团结；20 世纪 70 年代末，面对国内近乎崩溃的国民经济和社会规模的贫困，实行了经济领域的市场化改革和对外开放。进入 21 世纪，我国又面临许多新的问题和挑战。可以看出，我们正面对严峻的挑战，也正在努力尝试从制度层面解决问题。

历史告诉我们，危机严重，社稷不稳。万般无奈之时，正式制度的供给者为避免江山易帜的风险，才进行制度变革。但是，能否长久地避免这种风险，则取决于制度变革的广度、深度与时间选择。面对危机，如果只是头疼医头脚疼医脚，只是小打小闹，甚至动用国家强力压制矛盾，那么，这可以推迟风险到来的时间，但不能彻底消除风险。大清末年，清政府也进行了变法改革，但由于只是被动地小修小补，最终，大清政权也是灰飞烟灭。当然，统治者的制度变革反应还有个时间选择问题。就像一个人有病，能否康复，不仅取决于如何治病，还取决于什么时候治病；病入膏肓之时，即便请得神医华佗，抓得灵丹妙药，怕也回天乏术。我想，在人类历史上，每个朝代或者帝国的末代统治者，一定是悔得肠子都青了，一定是抱憾终生！抱憾什么？抱憾正确的事情做得太晚了！那些历史上的末代统治者一定不仅憎恨揭竿而起者让他成为丧家犬，而且责怪甚至憎恨只是一味把危机向后推移的前朝当权者，使他成为“历史的罪人”。

2006 年 12 月 24 日，前苏联解体 15 周年前一天，白嗣宏先生在香港《亚洲周刊》发表文章，他写道：“十月革命高举理想主义大旗推翻沙皇，前苏联普及教育，科技进步，战胜法西斯，闪耀骄人亮点；但由于坚持教条，官员贪腐专制，改革一拖再拖……执政党的合法性在现实中逐渐被消融、稀释……什么是变天的真正原因？不思进取、推迟改革、拒绝世界潮流和时代大趋势，这是致命的错误。”前车之覆，后车之鉴。面对危机，只有全面、彻底和及时的制度变革反应，才能从根本上确保社会的长治久安和经济的可持续发展。

郑永年先生于2011 年6 月28 日在新加坡《联合早报》发表文章，题为“从改革到革命：中国政治变革的一般规律”。文章指出，改革必须是一种与时俱进的常态，否则，革命便会悄然地孕育，以至于最终爆发革命；“历史地看，当革命即将爆发之际，统治阶级还会进行一次巨大的改革，可惜的是，届时可能为时已晚。晚清的例子最为明显……那么，革命又会有什么样的结果呢？在理想的状态下，革命是你死我活之举，即零和游戏。但革命也往往导致一种同归于尽的结局。无论哪一种情况，牺牲最多的是社会大多数人，尤其是中下层的利益。每一次革命，精英也有牺牲，但与社会的大多数相比，微不足道。对政治来说，在中国的政治环境中，革命的结果很有可能就是没有任何具有实质性意义的变化，革命往往是一个再生产的过程，也就是重新走一边。”中国社会真正的变化在于逐渐的改革。改革因此符合各方面的利益，既符合社会大众的利益，也符合既得利益的利益。”因此我坚信，及早并持续地进行制度的改革，能够避免那可怕的最后一步，避免悲剧的发生。

对于中国的全面的改革，总设计师邓小平也早就明确指出：“只搞经济体制改革，不搞政治体制改革，经济体制改革也搞不通……我们所有的改革最终能不能成功，还是决定于政治体制的改革。”

相关链接一

罗马尼亚前总统尼古拉·齐奥塞斯库（1918～1989），1989年12月22日被捕了。身陷囹圄之后，他最大的愿望就是期待对手能有起码的法治精神，能给他以公正和公开的审判，因为他知道，凭他的能言善辩和影响力，只要有机会公开发声，就有东山再起的机会。盘算是精明的，期待是合理的！可是法治、理性、人权等意识，是需要长期和精心培养的，岂能在几日之内速成？曾几何时，他一手遮天，法治、理性和人权的萌芽不仅连一点阳光都得不到，还不断以动听的理由和残酷的手段挤压其生存空间，彻底破坏其成长的土壤。他甚至连那些只是动动口、善意批评时弊并建议推进自由、民主、法治、人权的知识分子都不放过。他治下的恢恢法网，滤去了几乎所有他今天渴望的东西。真怪！他现如今却这么期待当年被他无情整肃掉的那些人一心想给予这个社会的东西，可现在哪里还有这些东西呢？他面对得是由他的伟大思想培养的公权力掌握者，这些人崇尚暴力，藐视法治，嘲笑人权。于是，他也只有自食其果了，三天以后，仅仅过了七十二个小时，他和她身为第一副总理的夫人便被秘密处死、匆匆落葬。哎，一切都太晚了！

相关链接二

很多拖延改革的冠冕堂皇的理由和说辞，其实大多都是既得益者保护既得利益的花言巧语或者臆想推测，多少有些危言耸听。在《清末筹备立宪档案史料》第一七四页的《奏请宣布立宪密折》中，镇国公爱新觉罗·载泽（1876～1929）有这么一段话：“宪法之行，利于国，利于民，而最不利于官”，“盖宪法既立，在外各督抚，在内诸大臣，其权必不如往日之重，其利必不如往日之优”。这也许是当时中国推行民主宪政困难重重的真正原因。

制度变迁的路径

1978 年 12 月的一个乡村冬夜，一切都被黑暗严严实实地笼罩着。有人走出家门，把门轻轻关上，蹑手蹑脚地向空荡寂静的街上走去。尽管伸手不见五指，他们还是边走边四下张望。呼呼的风声伴着他们匆匆的脚步。他们先后走进两间草房，借着微弱的灯光，可以看到来人都是表情凝重，神色还略显紧张。他们是安徽省凤阳县梨园人民公社小岗生产队的 20 位农民代表。凄厉的寒风吹得糊窗子的塑料布啪啪作响，一张皱巴巴的纸被铺在坑坑洼洼的桌子上，上面写着："我们分田到户　每户户主签字盖章　如此后能干　每户保证完成每户全年上交和公粮　不在（再）向国家伸手要钱要粮　如不成　我们干部作（坐）牢杀头也干（甘）心　大家社员也要保证把我们的小孩养活到 18 岁"。屋内的人，先是用嘴里哈气暖一下干瘦的食指，接着食指肚按在硬邦邦的印泥上，再使劲拧几下，蹭足红色，最后，在昏暗的灯光下，找到自己的名字，在上面庄重地按下清晰的指印。慢慢地抬起食指，长长地出一口气，彼此深深相望却沉默无语。房间里弥漫着几分悲壮的气氛。穷则思变！这些深受贫穷折磨的农民，深知船弯在哪里的农民，渴望富裕生活的农民，开始突破制度桎梏，冒险进行制度创新。这种制度创新不仅改善了他们自己的生活，也使无数的中国农民脱贫。

1979 年，小岗生产队全年粮食产量由原来的 3 万多斤猛增到 12 万多斤，第一次向国家交了公粮，还了贷款。全国其他地方的试验也取得了良好效果。包产到户以迅雷不及掩耳之势在全国推广开来。1980 年 9 月，中共中央印发了《关于进一步加强和完善农业责任制的几个问题的通知》，指出应该支持群众包产到户或包干到户的要求，并在一个较长时间内保持稳定。1982 年年初，中共中央 1 号文件不仅使包干到户和包产到户具有了社会主义性质，而且使人民公社的历史地位一落千丈。到 1985 年，全国所有的人民公社及其所属的生产大队和生产小队，被乡镇政府及其所属的村民委员会和村民小组取代。

一般说来，追求利益最大化的单个行为主体，总是力图在既定的制度约束下，谋求对自己最为有利的规则和做法。一旦单个行为主体感到既定的制度束缚了他们的创造力，妨碍了他们利益最大化目标的实现，或换言之，一旦单个行为主体看到了体制外利益的存在，即存在“潜在利润”，他们就会产生变革制度的愿望和需求。在制度变革需求得不到及时满足的情况下，体制外利益即“潜在利润”的巨大诱惑，会激起单个行为主体的“强行突围”行动，他们将冒着风险，调整自己的行为模式和生产组织形式。当人们发现，第一个吃螃蟹的人不仅没有被螃蟹夹破嘴，而且还吃得满面红光，这时，就会有越来越多的人加入吃螃蟹的队伍。在人们看到率先行动者安然无恙地获得更大利益，将会出现大规模跟进，于是，个体行动演变为群体行动，并可能形成一种非正式制度。“……当经验反复证明，老的惯例和习俗效果不佳，使人们看不到机会，那时，寻求变通的压力才会诱发内在制度中的调整……有些人在一定的环境中会违反一种既有的惯例和习俗。他们接受了受惩处的风险。因为他们觉得，破坏规则仍然是有利的。如果后来证明他们错了，他们将重新服从规则；如果他们做对了，其他人迟早也会看到这种好处，并模仿这种新行为。如果有足够多的人争相仿效这一行为，就会在共同体内形成一个临界多数，从而——逐渐地——新的内在制度演化出来。”（柯武刚，史漫飞，2000）

面对社会成员自发的制度创新，政府可能承认既成事实，“亡羊补牢”，并通过政策法规的适应性修改使“犯规行为”合法化，即借助国家力量对个体自发创新的非正式制度给予追认、完善和推广，使之具有合法性，成为正式制度，最终，实现制度变迁。这样的制度变迁，实际上是由两个部分组成的，前一部分是“诱致性制度变迁”，即个体自发的、自下而上的制度变迁；后一部分是“强制性制度变迁”，即由政府实施的、自上而下的制度变迁。

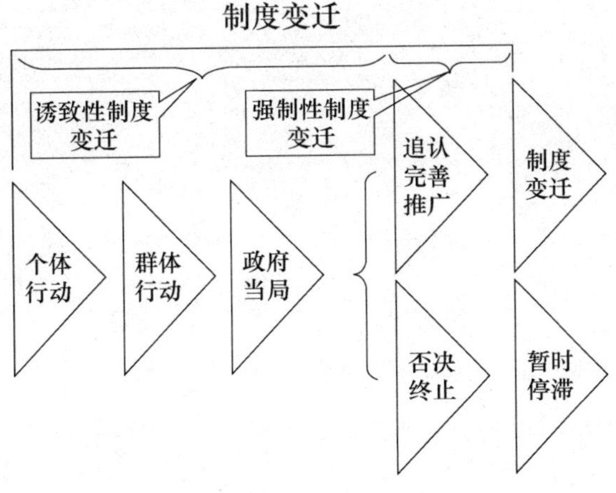

面对社会成员自发的制度创新，政府也可能强行喊停，宣布个体制度创新行为和所创制度非法，并严惩当事人，从而制度变迁暂时停滞。但是，政府不管基于什么理由，如果只是一味地压制改革和阻挠必要的制度变迁，就可能使本可以温和渐进的改革，演变出剧烈的结果，演绎成社会的悲剧。

回首往事，我们发现，是成千上万的具有反叛精神的小人物，开启了结束一种旧制度、创立一种新制度的辉煌历程，是无数的不安于现状、热烈而执着地追求自由、幸福与富裕的“大逆不道”者启动了制度变迁的进程！柯武刚、史漫飞论述到，推动制度演化的是“千百万细小的反叛”和众多的其他人对这些“细小反叛”的模仿和跟进。有鉴于此，让我们对所有那些对正统制度具有反叛怀疑精神并忍辱负重、致力消除制度变迁障碍的人们，表示尽可能的宽容与敬意；让我们对所有那些曾由于为中国的民主与自由以及文明与现代化呼号呐喊而被社会正统确定为“大逆不道、十恶不赦、罪大当株、乱臣贼子”的先驱们，对那些在制度创新事业上壮志未酬身先去的英雄们，表示深深的缅怀与崇敬！他们生前历经磨难、“身败名裂”甚至身首异处种下善因，今天我等后辈才能食得善果。我们在浓浓的绿荫下心旷神怡，而那些栽树人却已驾鹤西去，沉寂于荒野孤坟之中，只有那一岁一枯荣的原上草与之长相厮守。

技术与产品的创新主体，可以通过保险体系降低风险，可以通过专利制度确保收益。但社会政治经济制度的创新个体，既不能够通过保险体系降低风险，也不能通过专利制度确保收益；往往其代价由自己独担，而创新成功的利益人人均享。因此应该看到，社会政治经济体制的创新者，其活动具有不可估量的有利外部效应，制度变迁的路径，其实一直是清晰可见的。

公民教育创造民主的心智条件

凄厉的寒风呼啸着，嘶鸣着，卷得雪花狂舞，树枝吱吱呀呀摇摆，旗帜呼呼啦啦作响。投票站前，人们的双脚被厚厚的积雪掩埋，雪花和冰碴子打在脸上像刀割针刺一般，但他们依然耐心地排队等候投下神圣的一票。其实，在选举制民主体制中，一个个体是否投票，并不能对选举结果产生任何影响。投票日，个人有理由足不出户，坐享其成。可人们为何还要顶风冒雪在瑟瑟寒风中苦苦排队投票呢？因为，他们所接受的教育在他们的内心深处植入了一种观念：投票是公民的义务，是自己权利体现和保障，是正确的事情；正确的事情无论如何都必须义无反顾地去做。这是民主社会公民教育的成果。

美国学者科思在其《论民主》一书中指出，民主是需要“智力条件和心理条件”的。民主是一种理念，一种意识，一种价值标准，一种生活方式，一种技术，人民需要系统地学习。社会学家 A. 英格尔斯在其著作《人的现代化》中指出：“无论哪个国家，只有她的人民从心理、态度和行为上，都能与现代形式的经济发展同步前进，相互配合，这个国家的现代化才能够真正得以实现；而如果人自身还没有心理、思想、态度和行为方式上都经历一个现代化的转变，失败和畸形发展的悲剧结局是不可避免的。再完美的现代制度和管理方式，再先进的技术工艺，也会在一群传统人的手中变成废纸一堆。”

完整的现代教育包含公民教育。经由公民教育带来社会成员权利意识、平等意识、责任意识和参与意识的觉醒和强化，或者说带来社会成员政治人格的形成。

社会成员对于政治机理和政府运行以及社会治理的深入理解，对个人自由与权利的重视和对公权力的防范与警惕，强调公权力为民众服务，认识到只是为了确保社会成员的基本权利和更有效地推进其集体目标人们才建立政府，并且当政府不能有效地服务公众目标或者危害公共目标时，公民有权选择或者更换政府，积极参与政治过程是保护自己合法权益的有效途径，所有这一切智力和心理的改善，提供了科思在《论民主》中所说的“民主的智力条件和民主的心理条件”，将极大地推动民主政治进程。

澳大利亚西悉尼大学安尼斯·丘德赫里教授，通过对东南亚国家的研究得出结论：那种认为只有发达富裕的国家和地区才能实行民主政治制度的看法是错误的；一国是否可以实现民主，关键在于（公民）教育或者人类发展；只要系统稳步地推进公民教育，让民众了解民主的价值，树立民主的理念，珍视自己的权利，掌握民主的技术比如选票填写与投票等等，穷国照样可以实现民主政治！难道不是吗？印度尼西亚、菲律宾甚至阿富汗等国，是在什么经济条件下推进选举制民主制度的？山西省运城市民政局副局长魏荣汉，为2004年美国大选考察团成员，在其考察报告中他写道：“中国实行基层直接民主选举以来，那些持反对意见的人从来不知道什么叫累，总是不厌其烦地说：‘中国国民素质差，中国国情不允许，不选则安，一选则乱，中国不是美国’，云云……民主选举作为人类政治文明的共同有益成果，并非属于哪个社会哪个阶层私有……有句话还要再说一遍：中国人不笨……我奉劝那些总以为中国国情复杂，中国人素质差，把‘中国人不适合民主选举’成天吊在嘴边的人四个字：以后慎言！”

抗日战争刚刚胜利时，被称为“中国宪法之父”、学贯中西的宪法大家张君劢（1887～1968）先生，不遗余力地宣讲宪政理念，在其《宪政之道》一书中，他曾指出：“我常听到国内人说人民程度不够……要知道……人民程度足与不足，

全看国家有无教养……人民程度之提高，在于教养之普及……简单来说，人民程度够与不够，责任在治者身上，不在被治者身上。”如果治者只是重科技应用知识教育而轻公民教育，甚至有意阻碍公民教育，那么，无论科技和经济多么发达，被治者践行民主的素质就可能会永远不够高。其实，本书“治国安邦之道”部分关于民主政治的很多内容，本是公民社会的基本常识，本不该由一位经济学教授如此倾情地大书特书。然而，在我国，除了接受过法学与政治学教育的人员以外，绝大多数人其中也包括学位很高的专业人员，对这些内容所知甚少，而偏见甚多。这些年来，我受邀进行的校外讲座中，关于宪政经济学方面的内容越来越多，也越来越受欢迎。这一方面反映出我们社会的进步，大家日益关注深层次的体制问题，另一方面也反映出我们教育知识结构的不完善，人们缺乏基本的现代政治常识。显然，不仅计算机要从娃娃抓起，而且公民教育也要从娃娃抓起，正像美国学者托马斯·索威尔所说：“每一代人的出生，实际上，都是小野蛮人对文明的侵犯，必须尽早教化他们。”毋庸置疑的是，只要治者真正开启公民教育，那么，被治者便能克服政治上的“无知和幼稚”，便一定会有足够程度践行民主！当年严复（1854～1921）先生所呼吁的“鼓民力、开民智、新民德”，依然是我们今天要完成的艰巨任务！挪威剧作家易卜生（1828～1906）说，社会犹如一条船，每个人都要有掌舵的准备。公民教育有助于人民做好这种极为重要的准备。

“进步的要义就在于扫除历史前进道路上的障碍，这些障碍来自两个方面：既来自在上者的专制主义和等级制度，也来自在下者的愚昧和偏见，但是这两者都可以、并且应该由政治的和知识的革命而被扫除。历史也就是一幕理性力量的自我发展的表现。”（孔多塞，1793）加强公民教育，推进人类发展，强化理性力量，是实现民主政治可供选择的路径突破口之一！

政党民主　社会民主

——亲历澳大利亚政治治理之一

我在澳大利亚居住时的房东是工党党员，谦谦君子，饱读诗书，阅历丰富，精力充沛，热情友好。由于独身，他倒也自由自在，无牵无挂，可以全身心地投入到他热衷的政治事务中。他退而不休，开着他的小轿车东奔西走，参加工党活动，为工党收集社情民意。有趣的是，他总喜欢让我搭车随行，领我跟他一起参加各种活动。

在澳大利亚，就像其他民主政治国家一样，包括执政党在内的所有政党，都必须在非工作时间进行自己的政党活动，因此，各种政党会议或集体活动，都是在晚上或周末节假日进行。一般说来，社区的政党会议多在晚上召开，而更大规模的地区政党会议多在周末节假日召开。我所参加的诸多政党会议，基本都有这样的特点：第一，通过网络提前发布会议主题，希望党员带着自己的具体建议参加会议，而打算参加会议的党员多数会有备出席。第二，会议主持简要说明会议任务目标后，会议按照通知中安排的专项议题分组讨论，比如环保组、教育组、财政组，等等。小组讨论非常热烈，也非常专业。因为讨论者都是根据自己的兴趣或关注点和专长聚在一起的。小组讨论结束，各组推举代表陈述主要看法建议。第三，快乐的经费筹集。到达会场，开会前与会者每人自愿掏钱，比如三五澳元，领一张写有号码的小纸片儿，它会在会议结束时派上用场。会议中场休息，有简单的甜点、咖啡、饮料等可供与会者享用。会场，特别是社区小会议场所，经常弥漫着咖啡的香味，甚至有许多人端着小果盘坐在那里开会，甚是随便，也是其乐融融。会议结束后开始摸奖：任选一位与会者，当众从工作人员拿的一个盒子里摸出号码并宣读，然后，与会者齐刷刷地瞅着自己会前用三五澳元换来的那张纸片儿，与摸出的号码一致的人，中奖！奖品不定，比如书籍啦，歌曲磁带啦，等等，都是些小玩意儿，只具有象征意义或者纪念意义。

澳大利亚的正式大型政党会议形式也体现着民主精神。与会者不是为聆听领导报告和鼓掌欢呼而来，而是为行使自己的权利而来。在会场布置方面，主席台上摆放话筒自不待言，关键是会场听众席中间的过道上也事先摆放好话筒，安置好多媒体摄像头，备有专门的屏幕。在话语权方面，会议总要留有足够的时间，让与会者表达自己的意见。一到自由发言时间，一些党员或党代表就会自觉地在过道上排队，等候直抒己见。每个人 5 分钟上下，秩序井然，气氛热烈，有时候则场面火爆。

2003 年 10 月 4 日至 6 日，一天是劳动节，两天是周末，新南威尔士州工党党代会在悉尼市政厅举行，经房东介绍，我便可以作为列席者参加会议。我能参加会议本身，也证明政党的民主特点之一，即具有开放性。会议期间，有些党代表在公开发言中对其党的方针路线提出猛烈抨击，提出需要相当魄力才敢实施的改革方案。发言者中给我留下最深刻印象的是时任联邦参议院反对党领袖约翰·福克纳，他后来还出任陆克文政府的国防部长。福克纳慷慨激昂，毫不留情地指出党的弱点和妨碍赢得大选的陋习，并提出系统的改革措施。那些没有机会做正式发言的党员或代表，则印制散发各种传单和小册子表达看法。代表着各种政见的小册子摆满了会场的大厅和走廊。一般说来，各政党会议的中心议题，就是如何赢得选举①。具体做法是，首先，基层党员或其代表向决策者提供真实民意，提出决策建议，以让本党搞得更好；其次，寻找和发现竞争对手的工作疏漏，甚至将其放大，既让本党汲取教训，也让对手更臭。

党的领袖的产生方式也体现着民主精神。澳大利亚实行内阁制，党魁具有极大的政治吸引力，因为一旦本党在选举中获胜，党魁自然成为国家或州的行政首脑。因此，党内对于党魁的争夺也是非常激烈。在党魁选举中，只有具有议员资格的党员有选举权与被选举权。个人提出竞选申请，然后是不断的游说和演讲，整个过程都通过媒体展现给社会大众，相当透明，最终由本党议员投票决定何人出任党魁。这种政党的党内民主，极大地提高了政党对社会变迁的适应力、凝聚力和竞争力。若无工党党内的民主氛围与具体的民主制度安排，工党 2007 年大选恐怕难以胜利，陆克文恐怕也当不了党魁和澳大利亚总理。

政党会议等各种活动都是要活动经费的。包括澳大利亚在内的民主国家，预算约束是很严的。党产与国库绝对分离！包括执政党在内的所有政党，其党工工

---

① “西方是多党制和轮流执政”，这种表述不准确。正确的说法应该是，“西方是多党制，赢得选举的政党执政，经由人民选举投票选择的政党执政”。有些西方民主国家对行政首脑有任期限制，但所有民主国家都没有对政党任期的限制；只要多数人民选择，只要赢得选举，一个政党可以一直执政下去，无所谓轮流执政的问题。

资、机构运行、会议活动、办公设施、培训类似党校活动等一切与党务有关的开支，都要走政党自己的账上出；执政党绝无财政特权！无论政党大或小，无论执政或在野，政党法人地位平等，待遇相同，本是宪政常规。各政党的经费哪里来呢？一般说来，政党活动经费主要来自于党员及社会捐款、党产运营收益、党费以及国家依法依规所拨付经费。例如，澳大利亚法律规定，参加选举的各个党派，只要得到4%以上的选票，就可以获取公共经费补贴。之所以设一道4%的门槛儿，估计是说，一个政党连4%的选民认可都达不到，还有什么资格花纳税人的钱。另外，每张选票的补贴额，随着时间和物价水平的变动而依法调整。2004年联邦选举，每张选票补贴1.94397澳元。可不要小看这一块九毛多钱，一个政党只要能赢得足够多的选票，还是可以获得巨大的经费支持的。比如，在2004年联邦选举中，澳大利亚自由党获取公共经费17956326.48澳元，工党获取公共经费16710043.43澳元。我觉得，这种经费补贴制度，不仅体现享受公共资源方面各政党的平等，而且让民主选举制度具有了更为强劲的激励作用——选票不仅意味着政党能否获取执政权，而且直接关乎政党的经济收入。你说，澳大利亚那些政党和政治家怎么不能竭尽全力了解绝大多数选民偏好、最大限度地满足其偏好以换取足够选票呢。

在包括澳大利亚在内的民主政治国家，任何政党，执政也好，在野也罢，其党纪决不能高于国法！任何社团组织的纪律规章都必须符合国家法律规定。任何社团的成员的公民权利必须得到保障。换言之，任何政党社团，不管基于什么理由，不管理由多么冠冕堂皇，都不能私设公堂，都不能侵害其成员的公民权利，比如决不能限制其人身自由，更不能对其刑讯逼供。一般说来，民主体制下，党内政治竞争是常态。既然有党内政治竞争，便无可避免地出现“拉帮结派”或者“分裂党”甚至争夺党魁的“谋反”活动，但是，绝对不会出现什么人因为“分裂党”而被限制人身自由并被剥夺其他权利。充其量，将造成“严重后果者”开除出党。但是，当事人也仅仅是失去党籍而已，其他一切照旧如常，说不定还因祸得福，反而因此而积累更多政治资本。我个人觉得，自从强调法治和政治透明以及“赢经由选举赢、输经由选举输”的民主政治出现以后，政治即便可能依然肮脏，但却从此不再险恶。政治领域冷枪暗箭、刀光剑影大为减少，政治参与者遭对手暗算的几率大为降低，非法限制对手人身自由或迫害对手的事件几乎绝迹。至少在我工作几十年以来，我不曾听说过民主国家那位政治家因言获罪、或因合法但违反党纪的政治活动而失去人身自由。2008年，美国民主党内总统候选人初选，希拉里·克林顿与贝拉克·奥巴马杀得可谓“血肉横飞”，但奥巴马当选总统后，不仅没有给希拉里穿小鞋，反而给其戴上国务卿的桂冠，眼睁睁地看着她的欢迎度超过自己。2010 年，澳大利亚工党“政变”，吉拉德将陆克文从党魁和总理位置上拉下来，但是，陆克文虽然失去总理宝座，可依然出任吉拉德政府的外交部长。据媒体报道，下台后的陆克文又“蠢蠢欲动、密谋造反”，欲向吉拉德发起反击，以重回总理宝座。不管如何，吉拉德、陆克文以及其他牵涉其中者均不会有人身安全之虞。

我的房东并不富有，否则他也不会出租房屋来赚我那点微不足道的租金。但他在政治活动方面却花费甚多。他身为麦卡瑟地区工党选举委员会主席，穿梭于各个社区，常常出席 60 多公里以外的悉尼市中心的活动，我眼见他是多么辛劳。然而，他没从党部领过一分钱工资，没有公车，没有司机，一切开销都自己承担。由于前边提到的预算硬约束，澳大利亚各政党都只是雇佣少数的支薪专职人员，大多数党员所做工作都是尽义务，费用自理。另外，受到法律约束，赢得选举掌握政权的政党，也不能凭借执政地位以官位来报答忠心耿耿的基层党员或者来换取他们的忠心耿耿。我回国时，对有些官员讲了我房东的故事，他们感到惊讶，而有人的反问却让我更为惊讶：“这样的话入党还有什么意思?”我曾经问过我的房东为什么要入党，他说为了理想：入了党，就有了表达理念的有效管道和平台，就有了实现治国安邦之道的媒介，就有了志同道合者的团队快乐，就有了政治归属而不孤独，就有机会享受选举的跌宕起伏和悲喜交加。一个政党的战斗力，应该是来自其旗下聚集着这样一批人，他们为理想而非个人利益而走在一起。同样，对于一个政党来说，真正的危险之一，来自于凭借执政地位垄断政治资源，以权和利来交换忠诚。当年的布尔什维克，寥寥数十万党员，可气吞山河，掌江山社稷；而后来执掌前苏联，共产党员超过两千万，却终于士气涣散，失去执政权，国家也分崩离析。

当代政治是政党政治，政党的品质和风格对于一个国家的政治品质和风格有明显影响。尤其是长期处于执政地位的政党，其自身民主健全与否，直接关乎国家民主的兴衰。一个自身都不民主的执政党，无论从哪个方面讲，都无法使其治下的社会真正民主起来。因此，只有执政党自己先有健全的民主，其治下的社会才可能真正民主起来。

结社抱团　争取权益

——亲历澳大利亚政治治理之二

澳大利亚的民间社团，形形色色，五花八门，非常发达，比如工会、农会、学生会、教师协会、商会、行会、俱乐部，等等，实实在在地彰显着结社自由的宪法精神。每一个社团都是一个基于共同的利益、偏好、理念、情感等形成的社会子系统，具有不可忽视的政治、社会与经济功能，对公共政策制定和公共资源的配置有着重要影响。例如，澳大利亚的政府预算要提前编制，往往是每年的5月中旬公布下一财政年度的预算草案，接受社会各界监督与建议。预算关乎公共资源的积累与配置，关乎国计民生。因此，各个民间社团都各显神通，竭力对预算编制施加有利于自己的影响。2003 年 5 月 8 日晚上，我和房东驱车 60 多公里到悉尼市政厅参加新南威尔士州教育社团的集会。参加集会的社团有教师联盟、职业教育教师协会、学生联合会等。集会的主题是“公共教育事关新南威尔士州的未来”，目的是要影响政府预算草案，争取更多的公共资金投入到教育领域，以改善教学条件和提升教育品质。集会中，各方面的代表都以极具说服力的资料，论述自己所提主张的合理性和必要性。最终形成一个决议，并将其转交给政府主管部门。学生会和教师协会具有高度的独立性，往往是自己组织、自己选择管理者、按照自己的章程活动，它们并不隶属于学校，而是对校方权力的一种平衡力量。独立的学生会培养了学生自我管理能力，强化了自治精神，通过确保教育条件和教育品质等来保护学生合法权益。

在澳大利亚，独立的民间社团不仅可以自由成立，而且可以充分地行使其宪法权利。包括工会在内的民间社团组织，常常采取街头行动表达诉求或对决策者施加压力。当然，在澳大利亚游行示威也需要事先申请并获得批准才能进行，但一般情况下都能获得批准，而不像有些国家，你可以申请但却得不到批准，更有甚者，申请者本人往往因为申请示威而遇到麻烦。

游行示威者，以各种方式表达自己的不满与期待。有一次，游行队伍里一位老太太所举的牌子吸引了我。那牌子上以醒目的字体写着："约翰·霍华德，丢死人了，吊死算了！"霍华德何许人也？当时的澳大利亚总理，国家最高行政首脑。我征得老太太的同意，拍了一张照片，之后我问她干嘛写出这样的文字。她说她反对霍华德政府的社会福利政策，尤其是对霍华德政府的养老政策不满。

总的来看，澳大利亚各级政府对街头示威抗议并没有表现出惶恐，更没有采取非常措施加以压制，反而显示出宽容和从容。我曾请教几位澳大利亚的地方政府官员，问他们为何宽容和从容地对待民众的街头行动。他们的看法归纳起来有这么几条：首先，游行示威是宪法赋予人民的权利，作为政府应该高度尊重宪法，充分保障公民的宪法权利。政府怎能不批准公民的示威申请？怎能阻止压制他们的街头行动？其次，游行示威是一种宣泄方式和社会减压机制。个人和团体，若有怨气与不满是需要发泄的，不然将导致更大的麻烦。民众上街游行，并非所有诉求都有道理，即便有道理，也不意味着政府有能力满足其诉求，也就是说，问题不一定得到真正解决。但让民众振臂高呼、慷慨激昂一番，可发泄其心中不满，可谓通过心理减压而降低社会风险。第三，示威游行是一种公众政策偏好显示和决策引导信号。在竞争性选举民主体制下，为赢得足够多的选票，政治家必须高度关注选民偏好与政策期待，甚至尽力投其所好。而选民偏好最为准确的表达，就是街头的传单、横幅、口号和浩浩荡荡的人流。遇到重大街头活动，各政党都会高度关注，从中找到攻击对手的理由以及改善自己策略的素材。街头行动对幕后的决策和立法总是有些影响的，其积极意义是不可低估的。当年的法国总理拉法兰批评工人的街头行动，他说文明社会靠大街是不能解决问题的；而工会针锋相对的回应则是，作为一位政治家，不懂大街上的事情是不行的！澳大利亚的政治家非常重视大街上的事情。

现代民主政治是分权政治，不仅横向立法、司法和行政三权分立，纵向联邦政府、州政府和地方政府层层分权，而且分一部分权力给民间社团。在澳大利亚，各种民间社团，总结归纳民意，将其上传以影响公共决策；解释梳理政策，将其下达以约束或激励个体行动；建立具体组织系统，发挥着重要的社会治理功能。弗兰西斯·福山在其《信任》一书中指出，日本的优势是有许多中间组织，它们帮助日本国民建立了稳定的信任关系。曾热情讴歌美国政治民主的法国人托克维尔（1805~1859）在1840年写到："美国人……不断组成各种社团，他们不仅有所有的商业和制造业公司都参加的协会，还有其他上千种团体，宗教的、道德的、重要的、琐碎的、一般的或者有限制的、大的或小的。美国人让社团提供娱乐，建立神学院，修建旅馆，教堂，送传教士去传教。用这种方式，他们建立了医院、监狱、学校。如果建议用一个伟大榜样的鼓舞来灌输一些真理，或者强化一些同情心，那就是这些社团组成的社会。"民间社团是政府与个人之间的一座桥梁，是社会运行的减震器、缓冲器。我个人坚定地认为，为了提高体制运行效率，降低交易成本，强化治理效果，民间社团的发展必须受到重视和鼓励，必须给予适当治理权力。

社会的利益结构日益复杂化，利益主体与社会需要日益多元化，任何一个政府都不可能大包大揽应对一切。权力大责任越大，权力集中风险也集中！独揽大权是十分危险的！适当分权，就是分摊责任和风险，于江山社稷皆有利无害，何乐而不为呢?!

新闻自由　民主保障

——亲历澳大利亚政治治理之三

在澳大利亚，新闻自由和言论自由，被理解为媒体和公民有权对公共官员的公务行为进行跟踪、监督和批评，有权进行无拘无束的政治讨论或评论。澳大利亚人也许相信这样的格言："隐瞒消息就是嘲弄上帝"（赫斯）、"限制新闻就是凌辱民族"（爱尔维斯）。

就澳大利亚只有2000多万人口来看，其新闻事业是相当发达的。报刊、广播、电视等门类齐全，关键是其舆论监督职能得以充分发挥。新闻报道强调提供平衡观点。报纸上就同一主题会发表针锋相对的观点；电视采访，要给予政府首脑和反对党领袖以同等机会，唯一差别就是先后有序，政府首脑在先，对手在后。在电视报道中，电视台绝对不会对政治人物的谈话进行过多总结、归纳、润色和代述，而是直接现场原声播出。这对政治人物是一种巨大的压力和挑战，迫使他们不断提高自己的综合能力。说来有趣，时至今日，我都能够从收音机中准确地辨别出澳大利亚前总理霍华德的声音，因为我当时从电视和广播里听得太多了。

政治批评漫画是澳大利亚及其他民主国家报刊的又一特点。各种政治讽刺漫画通过毫不留情、毫无忌讳的讽刺和挖苦，给政治家带来压力，对时政产生影响，也给读者带来莫大乐趣。比如，人们认为澳大利亚前总理霍华德与美国前总统乔治·布什走得太近，在军事外交等方面跟着美国指挥棒转。当时的马来西亚总理马哈蒂尔说，霍华德是美国派往亚太地区的警长。据此，在布什2003年10月访澳前夕，《悉尼先驱晨报》登了一张彩色漫画。画中霍华德穿着红色连衣裙和高跟鞋，与布什相拥翩翩起舞，并含情脉脉地彼此相望。布什说："我把警长的警徽给你带来了。"霍华德答道："我也说不清楚，乔治，人们也许会说闲话的。"每期报纸都有时政漫画，精彩纷呈。据说，比起文笔犀利的批评文章，政治家更忌讳政治讽刺漫画。

新闻媒体动用一切现代手段紧盯政治家及其活动，时刻准备着揭弊曝光。置于新闻监督之下的不仅是政治家本人，还包括他们的子女亲朋。2003 年 8 月，有报纸披露，地区服务、领土和地方政府部长的儿子，在南澳州交通违章被罚款 170 澳元，但部长在儿子的请求下，写信给南澳州主管官员求情。部长在信中口气婉转地说，自己选区的一位选民某月某日某时在某地交通违章受罚，请核实一下看处罚是否适当。报纸电视就此事不断进行追踪报道，推波助澜，批评部长滥用权力，浪费国家财产（所用信封和信纸等都是国家财产），撒谎（当事人不是他的选区的选民而是他儿子），最终使得部长本人不得不在联邦议会等场合频频致歉，让当时的执政党——自由党也一时承受很大压力。包括澳大利亚在内的民主国家，其政府官员和政客一般不敢光顾灯红酒绿之地，不仅仅因为经费与规则约束，也因为各种新闻媒体无处不在。

2003 年 7 月 19 ~ 20 日的《悉尼先驱晨报》刊登整版长文，披露总理霍华德的各种收入与开销，比如，出国访问多少趟，坐什么飞机，住什么酒店，喝什么酒以及喝了多少，携了几回夫人，其中几回是外交礼仪所需，几回纯粹公款旅游，等等不一而足。这里列举其中的几个具体数字：2002 年霍华德夫妇及其陪同人员出国开销共计 3551035 澳元；用车费用 167000 澳元；霍华德本人的薪水加津贴共计 294476 澳元……作者要以翔实的数据，让公众知道“霍华德政府有多贵”等。文章结尾写道：“您现在知道了吧，我们的总理霍华德，曾经许诺让我们过得轻松舒坦，其实他在胡搞。他执政 8 年，每年花我们 1000 万澳元。再想想，自 7 月 1 日起，‘减税’让普通工薪家庭每周增加收入 4 澳元，而霍华德连同其他联邦议员薪水上调 4%，就霍华德的情况看，这 4% 的上调就意味着每周增加收入 100 澳元。谁说生活是公平的?”文中有大量在我看来属于“国家机密”级的数据和事实，让我惊讶得目瞪口呆。连政府首脑的信息都敢如此透明地登在报纸上，遑论其他各级官员的工作和生活信息。澳大利亚新闻自由程度之高，由此可略见一斑。后来了解得知，在澳大利亚，政府必须定期将开支明细报送同级议会。数据一旦进入民意机关——议会，便成为可共享的公共信息。新闻自由使统治者的暗箱操作变得困难，而这有助于保障人民的自由，正如美国开国元勋之一的派屈克·亨利（1736~1799）所说：“当统治者可以暗箱操作时，人民的各项自由，过去没有保障，永远不会有保障。”同时，新闻自由所增进的政治透明度，提高了政治家和官员滥权以及腐败行为被发现的概率，有助于遏制滥权与政治腐败。

记得当时曾有一篇文章指出，传统理论认为，民主政治三要素，即立法、司法和行政，而现代理论认为，民主政治四要素，在立法、司法和行政之外再加上新闻自由；新闻自由是民主政治的重要支柱和保障。公民的知情权和表达权的实现需要新闻自由；真实要戳穿谎言，需要新闻自由；真理要战胜谬误，需要新闻自由；公权力的掌握者们要有所忌惮，需要新闻自由。若因害怕监督而无新闻自由，不管政权的起始状态如何，必以集权独裁终。由此联想到，那些正在向民主转型的国家，若能切实逐步放松对新闻的管制，不断提高新闻的自由度，那么，这种转型的稳定性和成功几率就会大增。

政治透明 监督有力

——亲历澳大利亚政治治理之四

我租住的房子被高大茂密的树木掩映着，房前屋后花团锦簇、绿草茵茵。草地里时常有一些不知何人投下的商业广告和政治宣传材料。一日清晨，我走进房前湿漉漉的花园，灼热灿烂的阳光照在淡淡水汽笼罩的草地上，小草浑身闪亮，晶莹的露珠挂在小草嫩绿的叶子上，仿佛撒满一地耀眼的珍珠。

我捡起一个被露水打湿的开口信封，取出信件，细细阅读。该信来自一位当选议员，名叫杰夫·高瑞根。信中写着，感谢居民选举他为议员，不管当时是否投他的票，其大门始终向所有人敞开，乐意为全体选民服务。信件详细汇报他做了哪些具体工作在兑现选举承诺，有哪些问题亟待解决，还有哪些困难，相应的工作思路等。同时，信件公布了他所有的联系方式，电话、电子邮件、固定办公室和流动办公室地址等，期待听取民众意见并为他们排忧解难。内容之具体，口吻之亲切，态度之诚恳，都给我留下深刻印象。房东回来，我对他说起了这件事情。他说，在澳大利亚，议员当选之后，要定期向选民汇报工作。汇报的方式之一，就是给每户人家发信。一般说来，信件内容假大空的话少，可核实的具体工作和成绩多。

我后来在社区的会议上也几次见到杰夫·高瑞根，并有所交流。据说，社区会议若有需要向议员反映的问题或提交的建议，往往会立即通知议员到会。由于会议都在业余时间进行，而议员们下班就回家，也没有太多的酒场应酬，于是，议员们往往是招之即来。议员们不大敢撒谎推辞，因为不诚实是政治大忌，一旦事后被发现撒谎不到会，那麻烦和代价就大了。据我观察，那种认为“西方选举制度下议员们选前甜言蜜语争选票，选后花言巧语推责任”，是言过其实的。因为绝大多数议员与选区的选民关系是密切的，他们是诚实和勤勉的。至少我亲眼所见，杰夫·高瑞根是个尽职尽责的议员，我喜欢和他打交道，喜欢从他那里了解更多的议会民主的理论和实践。

2003年12月2日，在房东的安排下，我前往位于悉尼麦考利大街的新南威尔士州议会，正式拜会议员杰夫·高瑞根，并列席旁听议会会议。临近中午时分到达议会，经过简单的安检便进入大厅。工作人员电话告知杰夫·高瑞根后，不一会儿他笑容满面地朝我们走来，对我们表示热烈欢迎。接着，他领我们到议会的餐厅，但他要向餐厅做些说明并进行相应安排，因为议会餐厅一般情况下是不接待议会以外的人员的。午餐食品极其简单，他说招待开支约束很严，但用餐期间的谈话内容却十分丰富，他说专业问题应是我们到访所关注和讨论的重点。

一阵急促的电铃声打断了我们的谈话。杰夫·高瑞根说，这是议会开会的预备铃声。铃声尚未落音，餐厅里的议员们便纷纷起身离席返回各自办公室。不一会儿，再看餐厅，已是空空荡荡，只有窗外蓝天白云下的树木随着海风有节奏地摇曳。

议员们带上文件赶往会场。在电梯里，杰夫·高瑞根把我介绍给其他同行。其中一位反对党负责教育事务的女议员，在听说我来自中国以后，极其认真地对我说："我们议会开会的时候，争争吵吵，剑拔弩张，面红耳赤，那是我们的工作，也是因为我们对于政策有不同看法。但一走出会场，我们彼此都是很友好的。"我看她解释起来特费劲，特卖力，显然她认为我或者我来自的那个群体，对她所置身的制度及其他们的工作有着太深的误解。我以微笑应对她的认真。

议员们进入工作区，我与其他旁听者经由另一通道进入旁听区。澳大利亚各级议会，都为公众和媒体留有足够的旁听席位，有些议会的旁听席位数可能比议员席位还多。联邦议会还备有母婴席（民主意识也要从娃娃抓起）。母婴席与其他旁听席的区别，就是加有玻璃隔音墙，以免儿童的吵闹干扰会议。旁听席就像剧院里的包厢，居高临下，会议细节与议员表现尽收眼底。在澳大利亚，议会开门会议为常态，闭门会议为例外。由于是内阁制，这也意味着政府信息公开为常态，保密为例外。旁听是很容易的，有时候提前电话预约一下，有时候临时到达也可以进入，只是美国"9·11"事件以后安检严格一些罢了。自由列席旁听会议，也是一种政治透明，也是对公众知情权、参与权与监督权的尊重与落实。我先前参观联邦议会时，曾看到过一幅照片，上面有这样的文字："民主议会的本色，就是政策的制定和政府运作必须接受监督与批评，必须接受选民的评判。"领座员把我领到前排中间一个视野绝佳的位置，上面摆着一张写着"预订"的纸条。取下纸条，落座，等待会议正式开始。

会议开始，先由身着黑色长袍的职员肩扛权杖，率领有关工作人员列队入场，同时喇叭中播放一段提醒议员责任与义务的誓词，此时全体起立，包括旁听者和新闻媒体的记者。誓词主要有两方面的内容，一是要感谢上帝，二是要尽职尽责。就像一位议员所说：“我自己的负责顺序，首先是上帝，其次是国家，第三是州，第四是党。”仪式结束，大家落座，议长宣布会议开始，并预报主题。接着，议长宣布：“让我们欢迎来自中国的霍教授!”语速缓慢、语音清晰，显然是想让我听懂。我听懂了，听得非常清楚！议长话音一落，我就立即起身微微点头致谢。下边的议员们，政府一方的和反对党一方的，都起立鼓掌欢迎，其他的旁听者也报以掌声。就在那一刻，我仿佛产生了一种幻觉，觉得自己是站在华夏大地，仿佛自己的所学有了用武之地，个人的专长得以服务社会报效国家，并感到无比荣幸和自豪！但这种荣幸和自豪的心情，刹那间便被一种浓烈的苦涩和无奈所取代，那苦涩和无奈难以言表，那苦涩和无奈久久挥之不去，那苦涩与无奈依然是我今天人生滋味的一部分。

自由党政府内阁　　　　　　　　工党影子内阁

会议有一段议程是质询，即反对党对政府的有关政策或实践提出不同意见并请求相关政府官员给予解答。这次争论的主题之一是有关坎贝尔敦医院管理不当、出现人为医疗事故的问题。反对党是有影子内阁的。这些影子阁员也都是各自领域的行家里手，只不过因为其政党选举落败才成为“影子”。如若所在政党下次赢得选举，便可立即走马上任。他们对政府阁员实施一对一、人盯人监督，如影随形，不会放过对手任何的过错。会上，政府与反对党双方你来我往、唇枪舌剑。我真实感受了什么叫“你方唱罢我登场”。看着那激烈场面，我的脑海里不断涌现古战场上两军对垒的场面：旌旗招展、战鼓齐鸣、杀声震天、狼烟四起、尘土飞扬，不断由各方首领高喊：“谁愿出阵将那厮拿下?”精兵强将争先恐后、冲锋陷阵、攻城拔寨……至于会场争辩多么激烈，从俯视会场的议长不断高喊“秩序！秩序！秩序！”就可见一斑！会议期间，州长和反对党领袖以及各自的干将不断地往门口的秘书处递交和索取资料。后来了解到，各自的秘书处的重要任务之一，就是“提供弹药”——准备答案、事实、数据等，以回答对方质询。再谈一点花絮：争论期间，议员们肯定口干舌燥，但绝对没人给他们沏茶倒水。就是州长，也只能自己到门口饮水机那里，喝口水润润嗓子回来再战。硬板凳（议员们坐的椅子是没有扶手和舒适弹簧的排椅）、无茶水，议员们唇枪舌剑时可真是在“苦心智、劳筋骨”！如此掰开揉碎的争论，无疑能使政府政策避免草率、不公和错误。

议会的大门向人民敞开的最大益处，就是有助于落实和保障公民的知情权、参与权与监督权，提高政治透明度，而且有助于公民政治人格的形成和完善，提升民主法治水平。

政策纠偏　长治久安

——亲历澳大利亚政治治理之五

我在杰夫·高瑞根的办公室里，把自己整理的新南威尔士州议会席位演变史的资料赠送给他。之后，也不怕扫兴，我对他说起对民主政治的两种常见的批评意见，一是金元政治，二是“狗咬狗”政治。关于前者，他说在政治领域，金钱总是要说话的。但在选举制民主体制中，金钱只是玩儿政治的必要条件，要想

赢得选举还需要充分条件，即真才实学或治国安邦之道。一次又一次地拉出来遛遛，演讲、问答、辩论，若才疏学浅甚至胸无点墨，哪怕他坐拥金山，不管他有多么硬的家庭背景，即便他爹他爷是开国元勋，只要尚有廉耻，他也绝不敢玩儿政治。民主体制下，政治捐款的获取与使用都是有严格法律规范的，捐款者和受款者绝不能随心所欲！民主体制下，大把的金钱依法花在明处，而且这笔钱不管本身绝对量多大，比起民主制度有效遏制贪腐以及减少公共决策错误所避免的损失，比起公权力受到有效约束使私人产权得以有效保护所增加的财富，比起自由

平等给人们带来的愉悦和创造性，真是微不足道。这也是民主国家人民为何不愿放弃这一“昂贵”政治博弈的原因之一。

说到第二种批评意见即“狗咬狗”的政治时，我还把一张将议会描绘为斗狗场的漫画呈现给他。令我意外的是，场面不仅没有因此而尴尬，反而气氛因此而活跃起来，并擦出更夺目的思想火花。他先幽默一把，煞有介事地从漫画中寻找，嘴里说着：“我看哪条狗是我。”接着便严肃起来，进入主题。他的意见大致可以归纳为：

第一，议员就要像狗一样对其主人高度忠诚，为其主人看家护院，为其主人的权益猛咬猛啃。选民们选择议员的标准之一，就是他们要有狗一样的灵敏、顽强和忠诚。选民们经由新闻媒体尤其是电视直播了解他们的“狗”的具体表现。议员们本身就尖牙利齿并具有能咬能啃的基本功，日常学习训练更关注啃的过程要尽可能“稳、准、狠”。包括澳大利亚在内的民主国家，议员是专职的，一旦当选就要离开原有工作岗位，到议会从事法律规定的工作。他们要定期参加法律法规的学习，还要进行严格考试，要由“外行”变“内行”，其素质和技能要不断提高并达到对立法人员的相关要求。民主国家，议员是可以连选连任的，没有任期限制。只要“咬”得好，“咬”得“稳、准、狠”，只要选民选他，就可以一直干到去世。如若任期内去世，则临时补选议员以填补席位空缺。议员可以连选连任，有助于激励议员努力工作并不断提高业务水平，有助于通过保证立法的连续性和稳定性来保证社会稳定和可持续发展。此外，议员无任期限制，还有助于遏制行政方面的短期行为——休想一味把风险往继任者那里推，休想只求“任内平安”，休想任内竭泽而渔、杀鸡取卵，要知道你总统或州长任期满不能再干了，可我议员还想并且可能继续干呢。

第二，“狗咬狗”的过程，是一个政策纠偏的过程，是一个利益平衡的过程，也是通过利益合理分享稳定社会的过程。比如，政府基于公共需要对私人财产的征用，就要经过复杂漫长的争吵过程。是否确属公共需要，补偿多少，如何补偿，何时补偿，等等，都要经过多次激烈争辩，利益相关者的代表或者他们的“狗”，往往只在对利益方案基本满意的时候才住口。因此，议会里的吵闹声渐渐平息的时候，意味着相关政策与利益分配格局基本合理了，基本兼顾了各方利益，当然，此时安静的不光是议会，还有整个社会。当然，这种对公共项目和政策的“撕咬”会降低公共决策的效率，甚至让正确的、该做的事情不能及时去做，正确的、该完成的任务不能及时完成。这也是反对民主政治制度的人对这种制度大加挞伐的原因之一。不过，本人认为，在公共领域，由于权力制衡而使得正确的事情和好事做得太慢甚至做不成，其社会危害和损失远小于集权情形下错误的事情和坏事做得太快和太彻底或者太绝。毫无疑问，因为各权利主体间的“撕咬”，造成新区的政府大楼多年建不起来，开发区的几家企业不能及时开工，一条高速道路不能及时修建，等等，其危害和损失远小于民房私宅或庄稼果园一夜之间便在轰鸣的机器声中、在执法人员强力执法下被夷为平地对社会公平正义和民权所造成的危害和损失。

第三，“狗咬狗”是一种良性的政治竞争，使得坏事难做成，而好事做得更好。在竞争性民主体制下，竞争各方都瞪大了眼睛，密切关注对手的一言一行。一方秘密酝酿一个可能诱发不良后果的方案，这方案可能被提前揭露，使其夭折。一方出点小错，马上会被对手紧抓不放甚至添油加醋地大加挞伐，及时阻止这一错误，避免错上加错。前面提到的坎贝尔敦医疗事故就是一例。医院管理出现纰漏，造成医疗事故，反对党立即组织人马进驻医院、走访病人家属和相关当事人，大做文章，使政府头疼不已，不得不以极快的速度拿出整改意见。其实，在民主政治中，仅仅擅长揭露和批评是不行的，还必须有提出建设性方案的能力。其实，在发达的民主国家，诸如宪法、民权、独立等大是大非问题早已解决，政治竞争各方的着力点往往集中在经济民生方面，拼的是政策的细腻和落实、政党的声誉和表现，甚至是政治家的个人魅力。这种竞争，也会使政治变成细活，使选举更具观赏性和娱乐性。

第四，“狗咬狗”是整个西方世界的崛起、繁荣、强大、秩序的制度保障之一。“狗咬狗”的过程不好看，但结果却是基本上避免了政治上的专制独裁、篡权夺位和暴民统治，使国家摆脱“大乱到大治再到大乱……”这样的历史循环。其实，在政治领域，进行关乎国计民生的重大立法或决策时，如若众口一词、齐刷刷举手、惊天动地拍手鼓掌，过程虽然动人好看，但结果堪忧。一个不容批评的制度，一个不容对政策法规进行公开争辩的制度，于江山社稷和领袖个人都是不安全的，因为这种制度不具备防微杜渐、自我纠错的功能。

回首历史，集权体制下，发起有关政治和经济运动的“重大决定”，给人民和社会造成了巨大危害和损失，可哪一项决定不是在雷鸣般的掌声中通过的？多少本应及时避免的治理错误最后都要成为“历史错误”之后才被“拨乱反正”，很多人在强人死去或者失势之后，才“恍然大悟、痛心疾首”。经济学家、党建专家黄苇町在2011年8月18日的《南方周末》发表文章，题为《苏共亡党十年祭》，文章指出：“斯大林曾密电各地内务人民委员会……有计划、有步骤地肉体消灭党内反对者和潜在对手……斯大林逝世后，苏共权力过于集中的现象，并未发生实质变化。赫鲁晓夫（1894～1971）也是大权在握，随心所欲，包括对中央书记们也是居高临下、动辄训斥，甚至侮辱。在免除赫鲁晓夫职务的主席团会议上，勃列日涅夫……诉说大家的怨气……而赫鲁晓夫在最后申辩中也眼泪汪汪地说：‘同志们，你们说了我这么多问题，可开会讨论时，你们谁也没有反对、谁也没有给我指出过来呀！’但在缺乏党内民主的情况下，谁又会斗胆和第一书记争长短是非呢。赫鲁晓夫最终还是扮演了斯大林的‘掘墓人’与斯大林模式‘守墓人’的双重角色。”当然，前苏联已经成为历史教科书中开始发黄的一页，再没有机会改正错误了。

回首西方世界的历史，金元政治和“狗咬狗”制度是社会逐步成熟起来的基础；展望未来，只要金元政治和“狗咬狗”的制度会继续存在并且不断完善，秩序与效率并存的局面就可得以延续。

相关链接一

澳大利亚游泳奥运冠军索普，曾20多次打破游泳世界纪录，但他非经选举绝对不能因此成为议员。影星、歌星或者什么艺术家，甚至大英雄，断不会直接成为议员。议员乃是立法人员，其工作关乎社稷安危和百姓祸福，重要的政策法规要从他们手里通过，他们当然要精通治国安邦之道，当然要有强烈的正义感和责任感。责任重大的议员资格，岂能作为荣誉随便奖励给名人？岂能将立法大权交于那些虽有某一专长但不谙政法与国家治理、未经人民授权的人们？按照名气声望大小授予相应层级的立法人员资格，会让各级立法机构成为装点场面的花瓶；根据上缴的利税额授予相应层级的立法人员资格，会让各级立法机构成为资本家的俱乐部；根据官员行政级别授予相应层级的立法人员资格（澳大利亚等国家，内阁阁员虽然也是议员，但他们经由选举当选议员在前，行政任命在后），会让立法机构成为行政的橡皮图章。顺便说一下，在民主制度中，断不会出现几十年间从没有提过反对意见、对任何议案都举手并热烈鼓掌的议员，因为，这样的人是权力者的为其摇头摆尾的宠物，而不是老百姓的为其看家护院的家犬。因此，人民是不会选择和供养他们的，他们当选不了议员。退一步讲，即便蒙混过关当选一次，也只是一锤子买卖，绝不会再有第二次。

相关链接二

人总是要进行观察和对比的，尤其是与同自己的能力和贡献基本相同的人进行对比；自己的快乐与痛苦还取决于他人的状况。据说，有些人深情地缅怀传统的计划经济，是因为那时候“没有人比我过得好”。在现实世界中，即便一个人的绝对收入和财富有所增加，但是，如果他觉得自己的相对收入和财富减少，或者觉得他人的收入和财富增加得更快，而且有些来路不正，那么就会怒火中烧，甚至导致激烈行动。经验表明，对于社会和谐而言，社会成员之间收入和财富的相对量及其公正性和获得的合法性，比国家的经济总量规模更加重要！一个国家的经济总量蛋糕越大，越是引发人们对于其分割的关注。如果经济增长越快，财富总量蛋糕越大，而分配差距越大，人民不能合理共享经济成果，那么，社会就越是不和谐，其矛盾和风险就越大。强大未必有和谐，公正才有和谐！

节制资本与权力　合理分享经济利益

无论是理论上所表述的生产的最终目的，还是现实经济循环的结果，商品和劳务最终是由消费者消费掉的。一般说来，其他条件不变，GDP 和就业水平取决于国内总需求水平，国内总需求水平取决于居民消费支出占 GDP 的比重，居民消费支出占 GDP 的比重则取决于居民收入占 GDP 的比重，三者之间具有同方向变动的关系。

民主政治影响居民收入、居民消费和国内总需求（见图 1）。首先，民主政治体制下，存在对私人资本的节制机制。不受节制的资本必然侵害劳动者权益。经济史表明，资本的本性是贪婪的：血汗工厂、黑心窑场、童工、黑奴、工伤、矿难……不受节制的资本其毛孔中血迹斑斑！资本必须受到节制，资本家必须有所惧怕！资本家惧怕什么？他们惧怕劳动者的集体罢工等群体行动，他们惧怕经济的处罚和法律的严惩。正基于此，民主政治制度有了一套有效节制资本的制度安排。

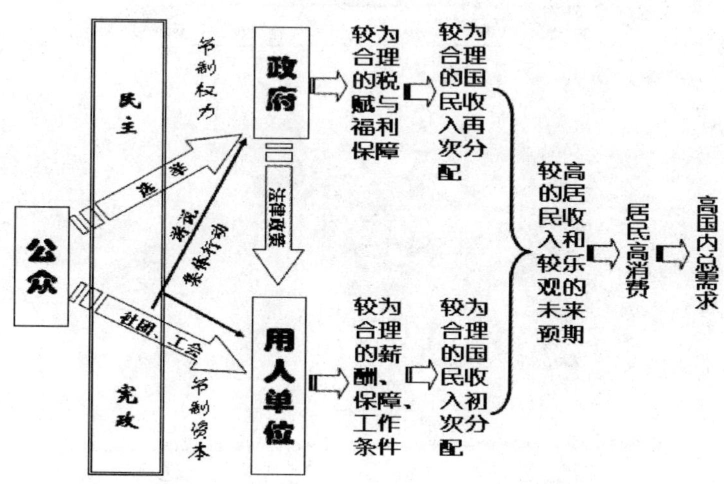

图 1　民主政治、收入分配与国内总需求

一方面，民主政治制度允许独立于政府和企业的民间社团的存在，确认和保护独立民间社团如工会及其示威罢工权利，给了劳动者自我组织起来抵御资本侵害的权利和争取合法权益的权利。在民主政治国家，劳动者的工薪福利决策，不仅在企业内部环境优雅的办公室里，或心平气和或唇枪舌剑地进行，而且有时还在熙熙攘攘的大街上，或平静有序或翻江倒海地进行。这种翻江倒海与惊天怒吼，不仅使当事人宣泄内心的积郁，也许还有利于心理健康和社会稳定，而且会让资本和政治上的强势群体，面对利益诱惑和民意诉求而不至于利令智昏和乾纲独断。

另一方面，民主政治制度下，工人手中的选票和工会的政治影响力，牵制政治决策和政治家行为，迫使决策者“懂得大街上的事情”，制定节制资本并保护劳动者权益的政策法规。比如美国的《公平报酬法案》、《雇员退休收入保障法》、《怀孕歧视法案》、《就业年龄歧视法案》、《职业康复法案》等。工会经由集体行动和政治游说等有效地节制了资本，带来了劳动者的稳定工资和合理保障。比如，“通用2008年三季度财报异常凄惨，销量下降11%，营收减少12%，亏损25亿美元。等待它的似乎就只剩下了破产……即使在这样的困境下，通用10万员工依然享受着70美元的时薪，近50万退休员工及其家属享受着终身退休金和医疗保险，还有8000名下岗工人享受着15万美元的年薪。”（2009年6月1日《南方周末》）

而瑞典成功的经验，就是把工人阶级组织起来，保障其各种权益。中国驻瑞典哥德堡前总领事高锋先生在2010年10月29日的《南方周末》上发表文章，题为“节制资本，以和平方式改造社会”，文章指出：“劳动人民高度组织，哪个政治力量还可以横行霸道、欺压百姓？只要把握正确的政治方向，稳步改革，老百姓不会闹事，因为他们之间的矛盾可以通过选举符合自己利益、代表自己利益的人进入国家机构来解决。”

显然，民主政治制度赋予劳动者更多的权利，包括节制资本的权利，使劳动者享有较为合理的薪酬、保障、工作条件等，确保了劳动报酬在国民收入初次分配中的合理份额（见图2），使国民收入初次分配比较合理，劳动大众在对GDP大蛋糕的分配竞争中获得合理的比重。

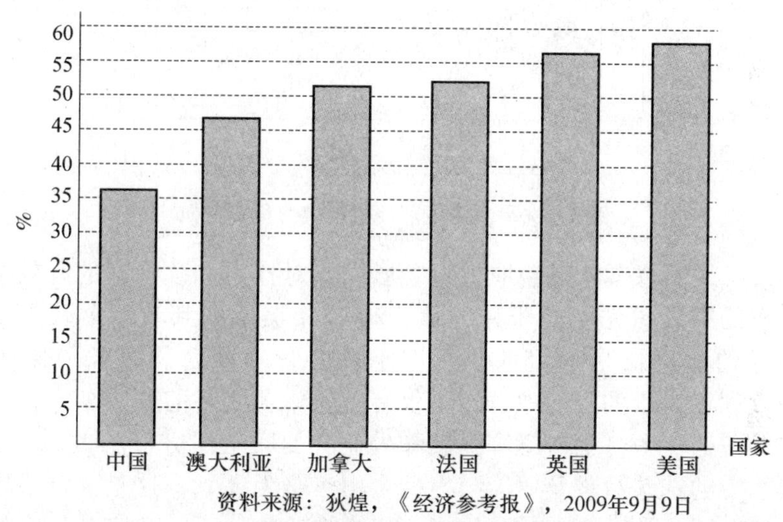

资料来源：狄煌，《经济参考报》，2009年9月9日

图2　劳动报酬占GDP的比重

其次，民主政治体制下，存在对公共权力的节制机制。不受节制的权力必然滋生腐败！中外历史表明，权力的本性也是贪婪的：横征暴敛、搜刮民财、贪污腐败、党同伐异、滥用暴力、颠倒黑白、任人唯亲……不受节制的权力，其毛孔中也是污迹斑斑！权力必须受到节制！要想以制度节制权力，就要先知道政治家的所惧所求。政治家惧怕什么？他们惧怕失去权力，他们惧怕法律的严惩；他们追求什么？他们追求权力，他们追求选票和连选连任机会最大化。正基于此，民主政治体制有了一套有效节制权力的设计和安排。

在政治领域，政治家总是对权力来源高度敏感和负责的，总是对给予自己权力的人的喜怒哀乐和偏好高度关注，并最大限度地满足其偏好。这是政治真理。民主政治体制以竞争性选举节制权力。在这里，权力的合法性来自于人民以投票方式表达的同意，权力来自于选举，权力由人民授予，这迫使政治家高度关注并尽力满足选民偏好；选举产生的行政首脑和议员关注选民，受行政首脑的任免和议员批准制约的官僚便不得不关注并满足民众偏好（见图3）。

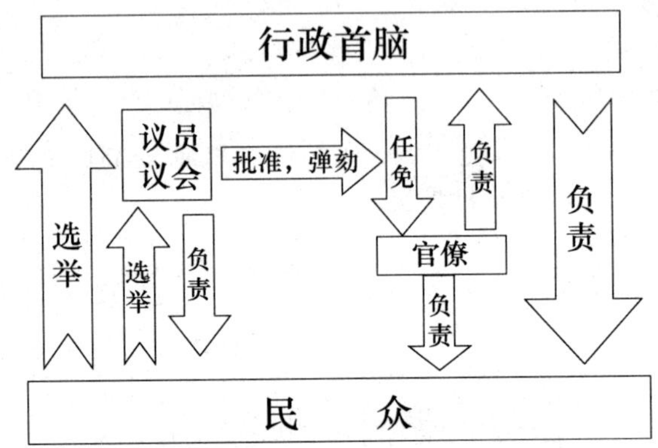

图3 选举制民主下授权与权力负责方向

只有人民最满意者才能获取权力，形成了对权力和政治家的有效节制。中共中央党校的周天勇先生的研究显示，2004年美国联邦政府财政支出中，用于行政公务的比例仅是12.5%，而用于社会管理和公共服务的比例则高达75%。澳大利亚风景如画的地方，不仅有鲜衣华盖之辈的奢华豪宅，也有引车贩浆之徒的普通房舍，更有鳏寡孤独和失业者的廉租住房。在澳大利亚，穷困潦倒者其手中的选票数量及效能与坐拥金山者毫无差别，这是决定廉租住房数量、质量以及区位的真正关键的因素。民主政治体制下，政府及权力机关通过完善税收和转移支付制度、建立社会福利保障等措施，实现较为合理的国民收入再次分配。

一般说来，居民消费水平取决于居民的当期收入和未来预期。其他条件不变，当期收入越高（低），则消费支出水平越高（低）；关于收入、安全等的未来预期越好（差），则当期消费支出水平越高（低）。民主宪政体制下，节制资本带来较为合理的国民收入初次分配，节制权力带来较为合理的国民收入再次分配和相对完善的社会福利保障。居民高收入和高保障必然带来居民高消费，居民消费占GDP的比重一定较大（见图4）。

仔细琢磨图2和图4，难道居民收入和消费支出占GDP的比重与选举制民主程度之间没有必然联系吗？在2008年席卷全球的经济危机中，哪些国家的危机源于居民的过度消费？其制度特征如何？哪些国家的危机源于居民的消费不足？其制度特征又如何？印度的一位专业人士在接受凤凰卫视阮次山先生采访时说，印度绝对不缺内需！印度为何不缺内需？印度在全国成功实行中小学生免费午餐制，不仅少年儿童得到更为充足的物质营养，而且，穷人家的孩子就是为这顿饭也要上学，入学率大为提高。印度也许很穷，但为何成功推行如此大规模的免费午餐制？据《深圳商报》2011年3月10日报道，印度公司员工2011年平均加薪幅度为12.9%，为全球最快，而且今后五年将保持这一水平。这又是为什么？马克思（1818～1883）笔下的经济危机是生产过剩型危机，发生在西方缺乏有效节制资本和权力的时代，那么，如果今天一个国家发生生产过剩型危机，是否意味着该国缺乏节制资本和权力的有效机制呢？

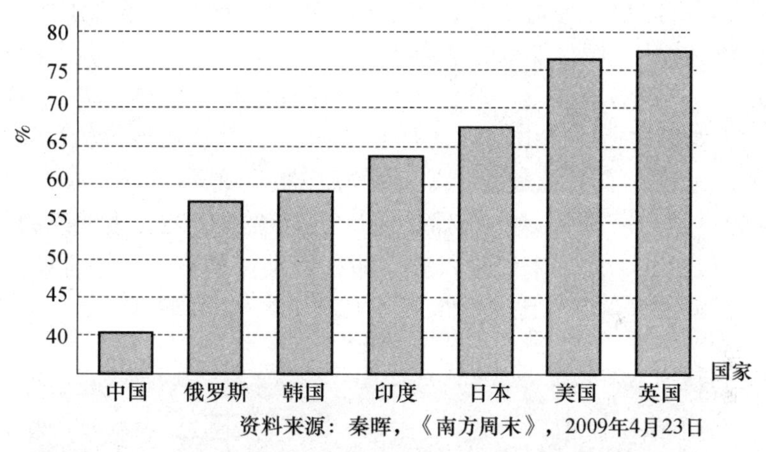

图4　实际消费占GDP的比重

有真正的选举，有机会投票，有权利投票，就有机会和权利节制资本和权力，就能够获得合理的收入和保障，就不会大规模出现“政府税费挤占企业利润、企业利润挤占工人工资福利”的局面，就有足够的居民消费支出，就有足够的国内总需求。有足够的“需求”，就可能诱导足够的“供给”，就业和财富总量才能增加。

我在爱尔兰访学的时候，看到一段介绍民主的视频，其解说词是：“民主是人民的权利。民主是参与选举。民主是赢通过选举赢。民主是输经由选举输。民主是食物与自由。民主是工作与正义。民主是多数统治。民主是保护少数。民主是法治。民主是政府透明。民主是政府凡事给个说法。民主是为大家。”秦晖先生2011年8月25日在《南方周末》发表文章，题为《不仁不义的帝制和亦道亦德的宪政——辛亥之变的价值观基础》，文章这样提及曾于1876年任清朝驻英使馆副使和出使德国大臣并兼任驻奥匈与荷兰公使的刘锡鸿（？～1891）对大君主立宪国英国的观感：“刘锡鸿还特别对英国的监狱、养老院与学校写下许多感慨。他看到英国监狱‘壁净阶明，尘垢俱绝’，待囚犯很人道，饮食‘肉食必具’，可以洗澡，家属可以探监，而且调教有方。犯人不仅‘莫不体胖色华’，而且学到雕镂、绘画等技巧，出狱后‘可以忍性，可以效功，可以耐劳，不复为斗殴盗贼之行’，甚至俨然变成‘素娴礼教者’。来自天朝的他，初时还以为这或许只是让外宾参观的‘形象工程’，于是违背主人的安排，‘突至其他禁犯之所觇之’，结果仍然看到同样的情况，使他不能不感叹‘英人狱制之善’。刘锡鸿考察英国的养老院，同样怀有戒心，为了‘得其真’而不受官方安排，微服‘私往’，结果看到英国慈善公益发达，‘老幼、孤穷、废疾、异方难民，皆建大房院居之，优给其养’，而且非仅伦敦如此，‘其他城乡皆然’。养老院环境舒适，‘男女异处’、‘周遭各有院落，可任游憩’。还有育婴、济贫等院，‘每数里即有广厦，为病人调摄之所，亦由国君派太医临视之’。尽管各慈善机构经办者各异，但‘其宫室之崇广，衣食之充足，则大致无稍殊’。他不由得感叹，如此‘济贫拯难’，确为‘仁之一端’……当然，无论当年还是今天，这里说的都是内政，即使是‘礼仪之邦’，如果来侵略我们，那我们反侵略也是不能含糊的。但是很明显，人家在国内就是做得比‘我大清’仁义。”

在那些曾长期备受饥寒折磨的国家里，人们常常将“能否当饭吃”作为衡量许多重大事情如制度创新的价值标准，这尽管让人略感无奈，但也可以理解。不过，有一点要说明的，即便民主不能当饭吃，但是，有饭吃，吃得再饱，也不一定是民主。嵌满珍珠宝石的镣铐，依然是镣铐，人们唯恐避之不及；锦衣玉食的奴隶，依然是奴隶，依然渴望自由。好在已有足够的事实案例证明：“你花的钱是你投的票！”民主宪政的确是可以当饭吃的！尤其是它关乎普通百姓衣食祸福的，因此，民主宪政是值得追求的。就像市场经济普惠大众一样，民主宪政也是普惠大众。

当然，凡事适可而止，物极必反。对资本和权力的制衡，同样有一个“度”的问题。如果过度制衡资本以致减弱经济的活力和竞争力，或导致资本的大举外逃以致国内产业萎缩，如果过度制衡权力使政府无力推进正确目标，那么，这终将危害民众利益。当下，西方一些国家债台高筑，纷纷陷入主权债务危机，经济形势严峻，是否与这些国家民众对资本和权力的过度制衡所导致的过高工资和过度福利有关？政府在应对经济危机方面又阻力重重、举步维艰，遭遇一次次声势浩大的民众抗议示威，一些必要且合理的改革，比如退休年龄和福利制度改革难以展开，这是否与这些国家民众对权力的过度制衡有关？其实，工会、企业和政府之间的相互制衡是需要精巧平衡的。雇员、资本家和政治家的欲望均需受到合理遏制。显然，如何有效地实现这种相互制衡的精巧平衡和各方欲望的合理遏制，是当今世界大国需要深入研究和勇敢探索的重大课题。

民主政治确保经济持续增长

技术创新是推动经济增长的关键力量。言论与思想自由是科技创新所必需的环境。黎巴嫩诗人纪伯伦（1883～1931）曾指出："思想是空中的鸟，但在语言的牢笼中，只会展翅却不会飞翔。"试想，一个设置语言牢笼和文字狱的社会，人们的语言单调、乏味、僵化，久而久之，书同文、车同轨，怎能有持久的思想火花和创新浪潮？这样的社会怎能有文化的创新和文化产业的大发展？民主政治体制打破语言的牢笼，社会成员可以对几乎任何问题发表自己的意见，可以标新立异，甚至可以离经叛道，因为言论自由的实质，在于一个人可以自由地表达自己想表达的东西，丝毫不意味着所表达的东西是否"正确"或符合主流价值标准。于是，许多对社会经济生活产生巨大促进作用的理念和理论，便在语言的碰撞中产生。"自由是科学研究中最需要被尊重的品质，也是创新者不可或缺的环境。给思想自由的天空，才可能站在科技创新的最前沿。"（中央电视台财经频道《公司的力量》，2010）民主政治体制尊重自由，给思想自由的天空，给行动自由的舞台，再加上美国总统林肯所说的"专利制度给天才之火添加利益燃料"，最终极大地推动技术创新。可以肯定地说，近现代历史上，几乎每一项改变了人类历史进程和生活方式的重大科技发明与创造均出自"给思想自由的天空"的民主政治国家而与封建专制国家无缘。2005 年，西方发达国家拥有全世界 90% 左右的发明专利（徐冠华，2005）。此外，新制度经济学理论认为，自由签约、自愿协作、自主决策、自觉行动是市场经济的重要效率源泉，而民主政治给予并确保了经济效率所必需的几乎全部自由。按照经济学诺贝尔奖获得者阿马迪亚森的说法，自由不仅是社会经济发展的目的，而且也是社会经济发展的手段。2003 年，人均国民收入 6000 美元以上国家中，自由的国家占 80%，部分自由和不自由的国家分别占 10%（Freedom House，2003）。

民主政治确保新闻自由。民主政治制度下的新闻自由减少公共决策失误，有助于经济的可持续增长。英国历史学家托马斯·巴宾顿·麦考莱（1800～1859）

曾经说过："议会中的记者区已经成为王国的第四等级。"也有现代西方学者认为，当代民主政治体制有四根支柱，即行政、立法、司法和新闻自由。新闻自由，意味着大众媒体和公众有权对公共事务公开地发表意见。美国总统罗纳德·里根（1911～2004）1982年5月在他的母校尤里卡学院毕业典礼上发表演讲，其中有这么一段："一个美国人与一个前苏联人争论两国的不同，美国人讲：'你听着，在我们国家，我可以走进白宫椭圆形办公室，并且可以用拳头敲着桌子讲：里根总统，我不喜欢你管理美国的方式。'前苏联人讲：'我也可以做到。'美国人问：'什么？'他回答：'我可以走进克里姆林宫，进到勃涅日列夫的办公室，我可以捶着勃涅日列夫的办公桌说：主席先生，我不喜欢罗纳德·里根管理美国的方式。'"而美国总统肯尼迪（1917～1963）也说："我们并不惧怕让美国人民知道不愉快的事实：外国的理念，异国的哲学和对手的价值观。因为如果一个国家惧怕让其人民在公开的场合判断真理与谎言，那么，这个国家其实是惧怕他的人民。"新闻自由增加了政治过程的透明度，提高了滥权行为被发现的概率，强化了公共事务的舆论监督，提供了公共决策的论证平台，充分收集、展示和归纳民意并形成对公共决策的制约，最大限度地避免出现政治精英凭一时心血来潮或政治狂想而形成的冲动型公共决策及其对经济可持续增长的冲击。

民主政治下的分权制衡营造和谐社会，有助于经济的可持续增长。德国名相俾斯麦（1815～1898）有言："世上有两物，爱好者不当去观察其制作过程。两物者，一为香肠，一为法律。"的确，民主政治下，经由选举和分权等对公共权力加以制衡，独立工会社团和罢工等对私人资本加以制衡，这两种制衡机制，可以最大限度地避免权钱交易和公权力对法律和社会公理的践踏，以及避免资本对劳动的盘剥奴役，最终避免社会走向政治经济的极端。"如果不愿意贫富分化的内战发生，就应该把内战搞到议会中去，法院中去，而不是在大街上，广场上，不是在战火中，而是在争论中解决问题。美国独立战争是财产原因引起的，杰弗逊等人为，如果英国议会肯给予美国几个议席就不会发生革命。如果罗斯福不是把经济危机引起的矛盾在美国最高法院的大厅内解决，难免会有一场内战。"（陈永苗，2005）民主政治体制中，身强力壮的士兵在前方战场上刀光剑影保家卫国，专业尽责的议员在后方议会里唇枪舌剑护法维权，寻常百姓自然不用披挂上阵，社会少去许多摩擦和冲突。此外，民主政治制度最大限度地减少政府滥权所导致的政治经济动荡，有助于经济的可持续增长。

一般说来，提高长期生产力的产权制度需要至少三个条件：第一，"排他性"，即未经产权所有人同意或者法定程序并给予公平且预先的补偿，任何人不得攫取资产收益和干预资产运营，就是说，产权受到有效的保护；第二，“稳定性”，即产权关系稳定，不能朝令夕改，确保个人拥有恒产；第三，“转让性”，即产权所有人可以自由地按照自己愿意的条件和方式转让产权。民主政治制度有助于确保这三个基本条件。民主政治下的私有产权及其有效保护，确保稀缺资源的合理开发利用和长期投资的增加，有助于经济的可持续增长。

这是个稀缺的世界，稀缺是经济学的中心概念。其他条件不变，一个国家对稀缺资源的利用效率事关重大。然而，就人的天性而言，“所有人对自己东西的关心都大于与其他人共同拥有的东西”。（亚里士多德）私有产权激励其所有人一方面理性地开发使用资源，另一方全力强化对资源的保护，正所谓“物尽其用、定纷止争”。有恒产者有恒心！私有产权制度下，个人的收益同个人在工作和资产运营方面的效率紧密相连；基于个人利益的考虑，人们不断提高工作效率，增加长期性的智力与物质方面的投资，促进创新，使长期生产力得以提高。私有产权的长期经济效率是显著的：当今世界，压倒多数的国家和地区实行生产资料私有制，而高度民主自由且发达富裕的国家和地区，则无一例外地实行生产资料私有制。就那些由计划经济向市场经济转型的国家而言，其产权的私有化改革对其经济的快速增长同样有着决定性的贡献。

在现代经济学里，政策的短期效果和长期效果的区分是非常重要的！权威体制借助国家强大的资源动员和项目推进力量可以大起，短期经济绩效可能较高，经济总量迅速增大，但其人治特征、决策机制的缺陷以及缺乏对资本和权力的机制性制衡，使财富分配恶化和社会公平受损，终难以避免大落，从而长期经济绩效可能较低。而民主政治体制由于决策和权力制衡而不能大起，其决策的低效率可能限制短期经济绩效的提高，但其法治特征和法治环境以及对资本和权力的机制性制衡，有助于推进社会公平正义，可以避免大落，从而确保长期经济绩效的提高，成为长期的赢家。经济学家杨小凯认为，宪政规则的确立，在短期内甚至可能对经济产生负面影响，但从长期来看，这对经济增长具有显著的正面效应。有人说，民主政治制度不是人类社会通向天堂的梯子，而是阻止人类社会坠入地狱的顶门杠。国外的实践业已表明，民主政治体制具有强大的防御功能，是社会经济可持续发展的制度保障。托克维尔（1805～1859）说：“在行政集权的一定时代和一定的地区，可能把一个国家的一切可以使用的力量结集起来迎来战争的凯旋，但却无补于一个民族的持久的繁荣。我相信民主政府经过时间的推移一定能显示它的实力，如果一个民主国家，由共和政府管理一个世纪，那么在这个世纪结束的时候它一定会比相邻的专制国家更富有，更加人丁兴旺，更加繁荣。”

（转引自《炎黄春秋》2011 年第 2 期）曾于 1876 年任清朝驻英使馆副使和出使德国大臣并兼任驻奥匈与荷兰公使的刘锡鸿（？～1891），虽然极力反对洋务运动，但却也指出："西洋所以享国长久，君民兼主国政故也。"

2011 年 7 月 19 日，英国首相戴维·卡梅伦在尼日利亚发表演讲。他指出："我相信，我们今天所看到的专制资本主义，长期中必将衰落，这种模式在长期中是不可持续的。当人们在经济上变得更加富裕，就会提出合理的要求，要求获得与经济自由相称的政治自由，但是，这种模式不能对此做出反应。这种模式也不能提供投资所需要的信心和稳定。如果你要开办生意，你需要知道，你能信心满满地走进法庭，确保合同得以严格执行，也包括与政府对簿公堂。同时，你需要知道，你的财产不会被政府突然没收。而自由社会可以提供这种信心与稳定。因此，我坚信自由民主！"

"大家好才是真的好"，"长期好才是真的好"！

经济持续增长推进民主政治

经济增长意味着一个社会实际财富数量的增加。一般说来，伴随着经济增长，即便国民收入和财富分配不公，或者说社会成员之间出现相对财富数量差别的扩大，但是社会成员的收入和财产绝对量一般都会绝对地增加。伴随经济增长所带来的社会成员收入和财产的增加，中产阶层或有产阶层会逐渐形成并不断扩大。

有产者或中产阶层有遏制公权以保护私产的强烈愿望。一般说来，人们保护自己所积累财产或守业的愿望与努力，丝毫不亚于积累财产或创业的努力。随着经济增长所带来的个人财产的增加，人们日益关注个人财产的安全，担心个人财产被非法侵占和剥夺，期待出现“茅屋虽破，风能进，雨能进，但国王的千军万马不能进”的法治局面。在民主法治水平较低的社会里，人们仔细观察和思考之后会发现，法律似乎只是限制和惩罚百姓彼此间的财产侵害，很少禁止官府侵夺百姓财产，换言之，财产在法律上的不可侵犯性，只存在于私人个体之间而非私人与官府之间。私人财产往往面临“公共需要”、“整体利益”、“征用”、“没收”等等的威胁。当有产者发现了对于私人财产的真正威胁源于官府和公权力后，他们便极力推进或者至少赞成限制政府公权力来保护私人财产权的相关法律的出台。

类似《物权法》这样的保护私有财产的法律出台之后，私人财产不仅成为了抵御公权侵害的理由，而且为个体抵御公权侵害提供了经济保障。路德维希·冯·米赛斯（1881～1973）在《自由与繁荣的国度》一书中指出：“财产私有制为个人创造了一个不受国家干预控制的空间，限制了专制意愿施行的范围，它容许与政府权力相对立的力量能同时发展，它也因此成为所有那些能免于国家粗暴干涉的活动的基础。它是自由的种子自然生长的土壤，它也是个人自治以及最终物质与精神文明植根的沃土。”

从亚里士多德时代开始，思想家们就一直认为稳定的民主依赖于庞大的中产阶级的存在。社会学家巴林顿·穆尔（Barrington Moore）曾十分肯定地指出："没有中产阶级就没有民主主义。"有产者或中产阶层有争取自由与政治权力的愿望与能力。有产阶层所接受的良好而系统的教育，使他们有足够的智力资源去思考、探索相关复杂而专业的政治、经济与社会问题；他们摆脱了衣食之虞，从而有足够的时间与兴趣去关心并从事那些在尚为温饱生计苦苦挣扎的人们看来纯属"饥不可食、寒不可衣"、纯属"吃饱撑着"的政治社会事务尤其是具有高度风险的政治活动，去追求社会归属和政治活动的快乐与光荣，去证明和诘问"王侯将相宁有种乎"？历史学家黄仁宇（1918～2000）认为，中国传统社会结构类似一个"潜水艇三明治"，上面一片长面包是文官精英集团，下面一片长面包是大量的小自耕农，中间阶层不足，这种结构无法进化出现代制度。经济增长培育出日益强大的承上启下的中产阶层，有助于进化出现代制度。

杜光先生在《炎黄春秋》2009 年第 1 期发表文章指出："纵观到目前为止的世界历史，自由、民主、平等、人权，始终是有产者的权利，无产者是很难实现自己的自由民主权利的。所以，只有社会上的大量无产者发展成为有产者，自由民主的普适性才能实现……让每个劳动者都占有生产资料所有权……这是实现自由民主权利的经济基础。"经济发达、民生富足的江浙、湖广地区，是动摇中国两千多年封建体制根基的"震源"，是颠覆封建王朝运动的后方基地。2012 年 1 月 19 日《南方周末》"'辛亥'观点"一文指出："历史学家张朋园……关注立宪派在辛亥革命中的贡献，澄清了 1643 个立宪派人士的阶级背景：立宪派 90% 有传统士绅功名背景……很大部分人就读新式学堂或负笈海外，平均年龄 43 岁，大多富有。"即便是那些无产阶级革命家的领袖们，细细考察其出身背景后会发现，大多数都属于有产阶级，更遑论资产阶级领袖们。试想，那些终日饥肠辘辘、吃了上顿没下顿、全身心被生计占据的人，怎可能"问苍茫大地谁主沉浮"？他们纵然"穷则思变"，大多也是期待有人开仓放粮或是自己揭竿而起劫富济贫。这些人主导的浩大运动，多是让天下变个姓氏而已，即"改朝换代"而非"革命变法"。

此外，在民主法治水平较低的社会里，由于缺乏对公共权力和私人资本的有效制衡机制，市场化初期经济高速增长过程中也会伴随滥用公权力寻租以及资本疯狂追逐利润的局面，出现日益严重的贪污腐败、收入分配差距扩大、公平正义不彰、社会关系紧张，等等。经济增长过程中暴露的这些问题，又迫使人们探寻其产生的根源以及治本之道。最终，思路必然又聚焦于制度层面。

经济增长播下自由民主的种子，提供了科思在《论民主》中所说的"民主的物质条件”，带动民主政治进程。

言念及此，我想到了美国学者查尔斯·K. 罗利编著的《财产权与民主的限度》一书，该书中讲了一个发人深思的寓言：从前有一位“独裁君主”，尽管其国家资源富饶但却是一片凋敝。为增加财富，他便问计于一位智者。智者建议国王还人民做人的权利、释放其创造力和企业家精神、出售矿山森林、促进交易、轻徭薄赋、建立法律保护各种权利哪怕这些权利有损自己的权力，等等，并要求要将新增财富的千分之一作为智者自己的咨询报酬。要君主放权，还索要千分之一的财富，君主大为不悦，但为了财富便依从照办。“独裁君主”于是成为给予臣民经济自由的“开明君主”。开明带来了社会财富的迅速增加，但富裕之后的臣民开始要求公民权利和政治权力，也开始减少对君主的自然服从，甚至寻求用民主来取代他。“开明君主”面临两难选择：要么回到从前的压迫状态，要么走向根据民主原则形成的政府。但是，复辟代价太大，已无可能，最后只有顺从民意迈向民主。所以作者指出，所有的民主制度皆源于某种形式的专制独裁，而制度演变的逻辑是，从“压迫的专制”到“开明的专制”，从“开明的专制”再到“民主制度”。

夜郎自大自断生路

真正的世界历史，是从公元1500年前后开始的。在此之前，生活在相互隔绝独立的陆地上的人们，彼此间并无大规模的交流往来；几乎每一块儿陆地上的人们都认为自己生活在世界的中心，但他们也凝视远方，对遥远的天际充满好奇。

随着科学技术尤其是航海技术的进步，向远方猎奇探险的进程开始了。西洋人或经陆地，跋山涉水，或由水路，漂洋过海，其足迹遍布亚非拉和大洋洲，自然也踏上了中华大地。从此，中华古国不再宁静，秩序不再井然。西方世界的舞文弄墨者，或是基于亲眼所见，或是依据道听途说，发表了诸多有关中国制度的看法和评论。

1792年9月26日以马戛尔尼（1737～1806）为首的英国使团，800余人分

乘数条大船，从英国普利茅斯出发，浩浩荡荡前往中国，既为乾隆（1711～1799）皇帝庆祝83岁寿辰，也为英国打通中英贸易渠道或开辟中国贸易市场，当然也负有打探中国虚实的使命。马戛尔尼一行乘风破浪，近一年后到达热河，但在入觐时的礼仪程序上与清政府出现纷争。英国人坚决拒绝清政府要求的三跪九叩，说他们只有对上帝才双膝跪下，对国王也只能单膝下跪施礼。为礼仪问题双方多次磋商，出现诸多不快，而使团在贸易通商方面，则一事无成。根据有关资料记载，乾隆宠臣和珅（1750～1799）对大清与英国通商兴趣很大，他曾对乾隆说，大清国要发财了，因为英国人提出的通商贸易货物清单中，他们所出售的产品其价码都很低，而采购我们的产品其价码都很高，有很大的加税空间。但是，最终乾隆皇帝却当着马戛尔尼与和珅的面宣布："大清和英吉利通商一事与天朝体制不合，朕以为不必多此一举了。我大清天朝物华天宝、德威远播、万国来朝，各种贵重物事应有尽有。英吉利国爱搞奇巧之物，可是那些东西除了钟表外，其余的对我大清并没有多大用处。所以你们请求在广东、舟山、天津一带开辟商埠的事，朕断断不能应允！我大清法度森严，朕已经饬令各地，英国商船今后不得在大清沿海一带停泊，在广州原有的英国商埠也要立即关闭！凡有违抗此令者一律按抗旨论处！"乾隆帝以"与天朝体制不合"断然拒绝英国使团的通商要求，马戛尔尼使团最终无功而返。就马戛尔尼之行失败的原因，中国第一档案馆的徐艺圃先生有这样的看法："乾隆皇帝高傲自大，故步自封，陶醉于天朝上国的迷梦之中。他看不到世界发展的潮流和工业科技的进步，全部拒绝了英国的要求，堵塞了交流的渠道，失去了一次借鉴和学习外国的机会。"失望而归的马戛尔尼，返回英国后却对中国做出了这样的评价："中华帝国只是一艘破败不堪的旧船，因为幸运地有了几位谨慎的船长，才使它在近一百五十年期间没有沉没……假如来了个无能之辈掌舵，那船上的纪律与安全就全都完了；它不会立即沉没，它将像一个残骸那样到处漂流，然后在海岸上撞得粉碎。"（电视纪录片《故宫》）看来马戛尔尼在中国的一段时间里绝对没有放松对这个古老帝国的虚实进行打探评估，他的目光刁钻地透过古国华丽宏大的外表，直击其机制的脆弱与风险——中国是个赌"船长"的国家！遇到高明的"船长"——明君，则国泰民安；遇到无能的"船长"——昏君，则国破民穷。问题是，封建中国缺乏选拔和确保"船长"高明的制度安排，长期来看，"船长"品行与能力的不确定性，使社会处于高风险状态。大起之后有大落，相互抵消，社会长期处于停滞也就难以避免。马戛尔尼还说，满清只不过是个泥足巨人。对大清国类似马戛尔尼这样的评价，加速并导致了这样的严重后果：觊觎中华财富的侵略者们胆子大增，频频向这艘“旧船”发起武力攻击，且屡屡取胜。国内外皆有学者认为，列强的胜利是资本主义新体制对封建主义专制体制的胜利，证明了封建专制体制的外强中干。大清末年，日本在日俄战争中取胜之后，就是大清国朝廷内部也有渐强的声音，说日本的胜利是君主立宪的胜利。

北洋水师曾是装备一流的亚洲雄师，让周边国家心生畏惧。面对强大的北洋舰队，日本上下甚为紧张，议院里也是议论纷纷。在一次议会讨论中，日本著名的汉学家副岛种臣（1828～1905）陈词道：“都说中国海军可怕，我看不然。中国往往有可行之法，而绝无行法之人；有绝妙之言，而绝无践言之事。中法海战一败涂地，他们就感觉很没面子，又设海军衙门，又学西方办法，等有了一点样子，他们就会觉得大功告成，不再努力了。中国人贪慕虚名，何曾注重过实效？”（《凤凰大视野：李鸿章的洋务生涯》）。1896年英国《泰晤士报》对甲午战争中国的败因做过这样的描述：李鸿章（1823～1901）急于避免战争，他的整个军事目标是在未来的某一天给日本这个暴发户予以彻底的惩罚。对他来说，他以自己的民族为荣，但是这个目标暴露了，中国的每个人都相信，李鸿章的铁甲和军队不可摧毁，可是包括李鸿章本人都没有意识到腐败和无知影响得这么广，这些影响从他自己的衙门开始，那些在他指挥下的人们，只喜好展示场面的壮观，仅此而已。（《凤凰大视野：李鸿章的洋务生涯》）满清朝中的“清流派”大概就具有这样的特征，即总有绝妙之言，但很少践言；好言战而不能战，大凡遇到与列强矛盾冲突，必以民族荣辱国家存亡为由，鼓动破釜沉舟鱼死网破。恩格斯在《波斯和中国》一文中指出，中国的抵抗难免带有这个民族的一切傲慢的偏见、愚笨的行动、饱学的愚昧和迂腐的蛮气。（参见《马克思恩格斯选集》第2卷第20页）1900年6月，已屡遭败绩的清政府居然对外宣战，不是对一国而是先对八个强国进而达到十一国同时宣战。历史学家蒋廷黻（1895～1965）先生在《中国近代史》中谈到晚清的不平等条约时说，不打就赔当然不对，但明知打不了还打，打了赔得更多就更不对了。历史表明，不务实，尚空谈，固守教条，对务实者挥舞道德大棒，横挑鼻子竖挑眼，夸大变革中的问题，尤其是把与变革无关的问题强加给变革，实在是危害不浅！

张之洞（1837～1909）当年说，中国是宇宙的中心，儒学是这个中心芬芳的花朵。而澳大利亚历史学家L. G. 肖（1916～）在其所著《现代世界史》中写到：“大约公元1400年之前近两千年的时间里，中国在构成‘文明’的几乎所有方面——有序政府、艺术、文学、技术和工艺——都可能‘领先’于西欧。然而，其道德和政治制度……已经变得越来越拘泥形式和空洞无物……传统的重负也日益沉重；所有的独创性都受到抑制。当中国人面临新问题之时，无人知晓如何加以处理，因为儒家治国之道中不曾有所论及。1800 年，中国人生活的方方面面似乎都在遭受昔日死亡之手的折磨。”毫无疑问，孔孟之道有的是美好的理想和动人的劝诫，但缺乏实现理想的机制安排，其对于国人的思想束缚是显而易见的。它将国家的治理锁定在“礼治”状态而难以迈向法治，使这个国家的制度变迁充满惰性而变得特别迟缓。大清海关总税务司英国人赫德（1835 ~ 1911）说，恐怕中国今日离真正的改革还很远，这个硕大无朋的巨人，有时忽然跳起，哈欠伸腰，我们以为他醒了，准备看他做一番伟大事业，但过了一阵儿，却看他又坐了下来，喝一口茶，燃起烟袋，打个哈欠，又朦胧地睡着了。（《凤凰大视野：李鸿章的洋务生涯》）令人无奈的是，史上很多被誉为“鸿儒”者，占据主流话语权高地，深谙主旋律，为既得利益者们动情作词、深情谱曲、纵情歌唱，以官府力量为后盾，极力阻挠面向政治与经济现代化的制度变迁。这些享受浩荡皇恩的鸿儒硕学凭借其诗书经纶和权威影响，舞文弄墨，把自负美化为自豪，把鲁莽美化为勇敢，把愚昧美化为文明，把固执美化为坚毅，把僵化美化为稳定，把短暂美化为永恒，加剧“昔日死亡之手”对人的折磨。例如，晚清时期的有些大儒清流，蓄意将那些经由出使或游历西洋而“叹羡西洋国政民风之美”的人士如郭嵩焘（1818 ~ 1891）等，都贴上“士大夫目为汉奸国贼”的标签①，对其口诛笔伐，阻挠西学东渐，抵制洋务运动。不管怎么争论，这样的事实是不可否认的：儒家学说没有让这古老的国家走向法治、自由和富裕。

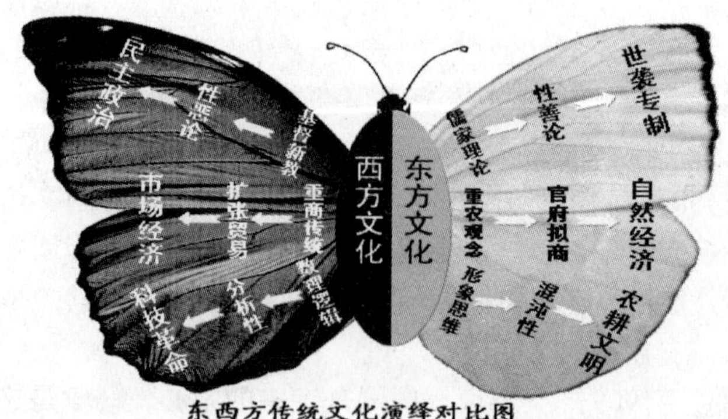

东西方传统文化演绎对比图

资料来源：李茗公《官场怪圈定律》

① 21 世纪的第 11 个年头，北京大学中文系某教授依旧公然给“叹羡西洋国政民风之美”的人士和出版物扣上“汉奸”的大帽子，并不顾斯文对其大爆粗口，且对有关人士发出暴力威胁。

英国历史学家汤因比（1889～1975）说：“每一种文明的死亡，皆为自杀，而非他杀！”那么，那些已经化作历史尘埃的各个帝国呢？他杀？还是自杀？

相关链接

2011年5月，台湾大块文化出版了一本书，名为《爱国贼》。南方朔为之撰写导读，其中写到：“‘爱国贼’以爱国为名，无论它是内神通外鬼，或是诉诸政治正确的民粹主义，但在‘爱国无罪’的诡辩下，它严重伤害到国家人民利益，它真正可恶之处乃是它变乱了是非，混淆了人民的认知，其遗害会更长更久……‘爱国贼’由于顶着爱国这种民粹的道德光环，因而有更大的‘自鸣正义’的成分，他们在手段上遂更不收敛，也正容易残酷失控……”

逆耳之言可资借鉴

康乾盛世是中国历史上耀眼的时代之一。18 世纪后半叶，正当全国上下为百年辉煌成就自豪陶醉之时，一个遥远国度的一位从未到过东方的学者——亚当·斯密（1723～1790）却对中国进行了这样的评价："中国一向是世界上最富的国家，就是说，土地最肥沃，耕作最精细，人民最多而且最勤勉的国家。近日旅行家关于中国耕作、勤劳及人口稠密状况的报告，与五百年前视察该国的马可·波罗的记述比较，几乎没有什么区别。也许在马可·波罗时代以前好久，中国的财富就已完全达到了该国法律制度所允许的发展程度……中国似乎长期处于停滞状态……但若易以其他法制（laws and institutions），那末该国土壤、气候和位置所许可的限度，可能比上述限度大得多。"该论述出自亚当·斯密 1776 年，也就是乾隆四十一年出版的《国富论》。这段话中至少有这么几点值得注意：第一，中国发展经济的自然禀赋条件很好；第二，中国已经处于停滞状态；第三，是中国的法律制度制约其经济发展和财富增加；第四，也是最为重要的一点，如果中国能够借鉴引入他国法律与制度，进行制度改革，那么，凭藉中国的自然禀赋条件，经济将会更快发展，会更加富强。当年，日本人及时"易以其它法制"，有了后来的强大。很遗憾，康乾盛世使人们近乎于志醉神迷，"易以其它法制"的努力屡遭顽固阻挠，终使大清国江河日下。

由李鸿章（1823～1901）推动的中国留美幼童计划，因大清保守势力的非议、阻挠以及驻美公使陈兰彬（1816～1895）上奏学生"西化"，再加上有些学生没有按政府期待进入军校等原因，提前五年终止。1881 年 6 月 8 日，清政府下令留美幼童全部裁撤。同年 7 月 23 日，《纽约时报》就留美幼童计划被中断一事发表社论："从我们的观点看，中国政府已经进行十年的该项教育计划是非常成功的。根据这一计划，约百名优选的中国青年现在正在中学或大学就读，其中大约一半已经修读大学课程……裁撤幼童教育计划，意味着这个帝国政府的政策没有任何变化。有人充满热情地宣称，中国已经踏上追赶他国的前进之路，不会倒退回头。这次裁撤行动是对这种看法的粗暴和断然的否定。中国若不一起输入政治自由的因素，就不能真正得到我们的知识、科学和关键工业资源形式，因此，她将一无所获。”社论认为，这种重视引进先进的科学技术，忽视甚至抵制催生这种科学技术并让其充分发挥作用的文化与制度安排，是不理性的，也是荒谬的。科学技术不是无源之水，不是无本之木，它需要相应的制度环境，比如，科技创新需要鼓励自由思想的文化氛围，需要人性的解放，需要遏制公权力对创新收益的任意攫取的民主政治等。

美国哈佛大学历史学家、畅销书作者尼尔·弗格森在2011年春出版了一本书，题为《西方与世界其它地方》。他指出，西方之所以战胜貌似强大的东方帝国，独领世界风骚500年，是因为西方独有六件杀手锏：竞争、科学、民主、现代药物、消费主义和工作道德规范。这六个要素是一个完整的系统，不可能像在饭店吃饭一样，仅仅选上自己喜欢的一两道菜，只复制或引入个别要素，长期而言是不可能成功的。

我们把日历翻到21世纪吧。马丁·沃尔夫，英国《金融时报》首席经济事务评论家，美国《外交政策》评选的2010年世界百大思想家中名列第37位。他在2006年9月19~20日英国《金融时报》中文网上发表文章，题目为“经济崛起与中国定位”。文章指出：“中国有三个经济层面的问题，一个政治层面的问题。这些弱点彼此关联。首先，中国非常依赖国外的专业技术知识、技能和应用能力，特别是中国出口的成功，它对国外专业知识的依赖程度很高。中国经济体系第二个大弱点，在于其对投资的极度依赖，不仅仅是高额的投资，而且是不断稳步递增的投资，但是其消费的增长却一直低于GDP增长速度，我不清楚这种情况将能持续多久。第三个弱点，是中国对于各类资源使用的高度密集，其程度令人难以置信。如果某类资源的价格变得非常昂贵，那么，其利润就会受到挤压。一个相关的问题，涉及政治层面。我认为也是最大的一个问题，在于其……制度……腐败现象的确普遍存在，或许还会愈演愈烈，这会导致大量的资源浪费与社会动荡，以及老百姓的不悦与苦恼，从长远看，这种情形不得不改变……不管怎样，只是个猜测：中国经济还有10年到20年的快速增长期。我很难想象，如果不展开深层次的改革，中国能否在20年之后继续保持高速增长。在那个分界线来临前，很多问题可能变得更严重。”

2011年3月12日的英国《经济学人》杂志的封面，是关于中国经济的。一片生机盎然的竹林，竹笋破土而出，竹子茁壮成长，节节拔高，商人乘着红色的蝴蝶在竹林中翱翔，封面副题为“企业家中国的崛起”。本期杂志相关文章指出，中国近年来经济奇迹的真正秘诀不在于其发展模式的特色，而在于其与世界求同，推进经济市场化。中国强大的民营经济在艰难的发展环境中顽强发展，同时又以违法经营的方式使发展环境艰难，为保守势力遏制私营经济发展提供口实。靠投机取巧和违法乱纪牟利，靠政府对违规违法商业行为的“睁一只眼闭一只眼”的宽容，靠盘剥工人，由此带来的经济繁荣和活力是不可持续的。作者还说，中国的法治水平必须提高，企业发展的现状必须改变！我本人对《经济学人》杂志封面的理解是这样的：竹子的特点之一就是其极强的向上蹿升和横向蔓延力，大小竹笋到处乱扎，高矮竹子随处疯长。这张封面表明，中国经济充满活力与混乱，而且两者互为强化；在短期内，其活力加剧混乱，其混乱增强活力，彼此互动增大经济风险。此外，商人乘着红色的蝴蝶在竹林里翱翔，意味着严重的官商勾结。当然，对封面的内涵可以仁者见仁智者见智，但是，封面和相关文章对我国经济发展的理论见解和政策建议，值得我们冷静深思。

美国斯坦福大学民主、发展与法治研究中心高级研究员弗朗西斯·福山在美国《外交》双月刊2012年1~2月号上发表文章，题为《历史的未来》，文章写到："（中国）模式是否持久也是一个问题。依赖出口的经济增长或自上而下的决策方式都不会永远源源不断地产生好的结果，中国政府的高效决策背后埋藏着定时炸弹。最后，中国未来将面临严重的道德弱点。"

回顾历史，放眼世界，品味旁观者的逆耳之言或诚恳建议，我们至少可以总结这么两条：第一，学习先进科学技术是必要的，但仅此是不够的。在对外开放及向他国学习借鉴方面，不师夷之长技是不行的，但仅师夷之长技是不够的；还要师夷之滋养长技并使之充分发挥作用的制度与文化之长，使自己的制度现代化。要与时俱进，变法图强。第二，可持续发展是需要制度保障的。康乾盛世可谓辉煌且持续百年有余，但缺乏及时地变法和应有的制度保障，最终，大清朝也是灰飞烟灭。从历史的角度看，也只能是昙花一现。我的一位复旦校友说，不管个人对正统体制的感情如何，作为受过良好教育的人，对社会变迁的大势和结果要有冷静清醒的判断。其实，看待体制之事，需要长远的历史眼光，需要综合标准，决不能以短期经济成败断言制度优劣成败。"过去的历史似乎告诉我们：寸步不让的保守主义是不能实现的。没有弹性的铁会突然断裂，有伸缩性的钢却可以弯曲。脆而没有伸缩性的经济制度不能逐渐演变来使自己适应与日俱增的紧张状态和社会变动。这种制度——不管它在短期中看来是如何强大——具有最大的被消灭的可能，因为，科学与技术经常改变经济生活的自然发展途径。如果一个制度要继续存在，它的社会体制和思想体系必须根据这种改变而加以调整。如果没有历史的眼光，激进派、保守派以及中间派都不能有效地推进他们的长远利益。"（萨缪尔森，1976）

要对未来充满信心，因为历史学家黄仁宇（1918~2000）先生说，"走兽不能即刻变为飞禽"，但从进化论来看，只要时间足够的长并具备相应的内外部条件，"走兽一定能够变成飞禽"！

百川异源而皆归于海

“启蒙”之本意乃是“光明”。启蒙教育就是用灿烂的思想驱散人的愚昧和社会的黑暗，把人和社会引向光明。启蒙教育对于人的思想和社会的发展影响很大。

每每说起启蒙运动，人们首先想到的就是法国。其实，世界历史上有两个重要的启蒙中心，一个位于欧洲大陆法国，另一个位于英国，其领军人物为大卫·休谟（1711～1776）、亚当·斯密（1723～1790）和埃德蒙·伯克（1729～1797）。美国学者哥特鲁德·海默尔法布2004年8月24日出版了《现代性之路》一书。该书指出，接受法国启蒙者，则着眼于权力理性，最大限度地发挥权力的作用，以人的理性征服和改造世界，敌视宗教，破坏传统，倡导暴风骤的激烈变革，在发展模式上催生公有制、计划经济和无产阶级专政或阶级斗争。而接受英国启蒙者，则强调限制权力，尊重宗教和传统，敬畏自然秩序，社会变革强调中道、渐进和平衡，在发展模式上实施自由市场经济和民主宪政制度。两种启蒙思想的实践效果，有目共睹；各自之是非对错，当今见仁见智，来日后人自有评判！

20世纪初叶，中国留法学生、德国的理论和俄国的革命，将那时法国的思路输入中国；中国留英留美学生和英美扩张推广其文化价值，将英（美）国的思路输入中国。两种思潮在中国大地交汇碰撞，惊涛拍岸，卷起千堆雪。中华大地上曾经分别受到两个启蒙中心影响的人们，分别选择了不同的意识形态和不同的现代化之路。他们曾经势不两立，水火不容，虽然国家内忧外患极其危急的时刻也短暂联手，但最终还是“道不同不相为谋”，兄弟阋墙，兵戎相见，沙场血拼，以致中国的现代化之路充满心酸、曲折和坎坷。

“度尽劫波兄弟在，相逢一笑泯恩仇。”2005年4月26日，中国国民党主席连战率团访问大陆。

2005年4月29日，连战先生在北京大学发表演讲，其中讲到：“关键的人物在关键的时刻做了关键的决定，扭转了关键的历史方向，这是惊天动地了不起的事情，形成了一个新的趋势，一个新的方向。我在这里特别要提到的，就是蒋经国先生和邓小平先生。蒋经国先生……为台湾创造了台湾的经济奇迹。在经济发展之后，更进一步推动了他政治民主化的工程……小平先生开放改革，大家看一看，不但转换了"文化大革命"的方向，而且深化地、全面地提升了人民生活的水平，这都是跨时代、了不起的作为。在整个的发展层面，除了经济的发展，政治的发展层面也很快速。比如说现在我了解到，在很多基层，有所谓定点的民主选举制度，在《宪法》里面也提到，所谓财产权是最基本的人权。我相信这都是正确的历史方向，都是让人鼓舞的历史步伐。当然，整个的政治改革，无论是脚步，无论是范围，在大陆还有相当的空间来发展，但是我必须要讲，在过去这段时间里面，同是中国人的海峡两岸所走的路、走的方向，已经使无论是差异还是差距，越来越小。这是历史的潮流，非常重要的一个方向。"

长期以来，我一直试图理出中国百年来制度变迁或演进的大趋势和大方向。将连战先生的演讲与我的思考判断结合起来，终于绘制出制度变迁走势图，以大视野展示中国百年间制度演进令人充满希望的历史大方向。

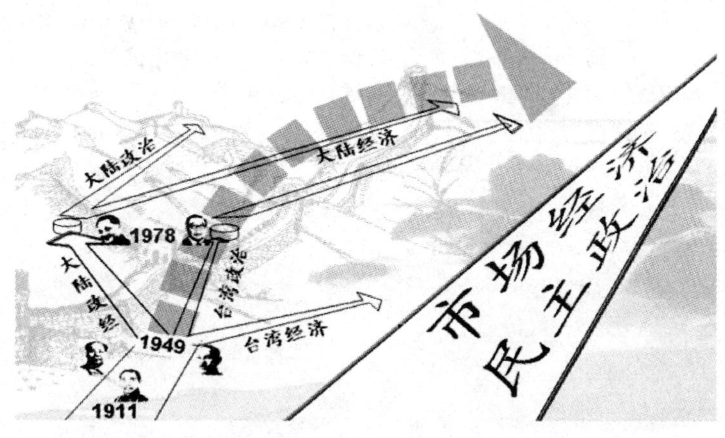

勇敢的纠错也好，大胆的创新也罢；有中国特色的社会主义也好，有中国特色的资本主义也罢；你热烈拥护也好，你坚决反对也罢；你欢歌也好，你悲鸣也罢，但客观事实只有一个：古老的中国正经历"三千年未有之大变局"，发生了向前的、本早该有的重要历史变革，并且逐步地、分领域地按照"国际惯例"进行社会经济治理，至少那只"看不见的手"正在挥舞，尽管多少尚有些生硬，至少市场经济已经基本形成，并且民主法制建设迈开了坚实的步伐，法治水平在

逐步提高。这的确是个奇迹！“创造中国奇迹的秘诀不在于与世界求异，而在于与世界求同……目前中国的问题不是经济改革的市场化取向的错误，而在于与经济体制相配套的政治体制改革的不到位、不彻底、不全面，法治、民主、自由、人权、公平、正义这些普世价值还未真正落实。”（杨民，2008）

世界潮流浩浩荡荡，顺之者昌，逆之者亡。毋庸置疑，顺应世界潮流，与世界求同，建设市场经济与民主政治体制改革齐发，乃祖国统一、中华复兴之康庄大道！

大道之行也，天下为公！

百川异源，而皆归于海！

相关链接

过去，中国因政治独裁而分裂；未来，中国由政治民主可统一。中央党校韩云川先生在2009年第8期《炎黄春秋》上发表文章指出：“完成大陆和台湾的统一更需要健全的民主制度。中国的统一大业还没有完成，大陆和台湾还处在分裂分治的状态。实现大陆和台湾的统一是海峡两岸人民的共同愿望。但海峡两岸如何才能统一呢？我认为，两岸的统一只能走民主统一之路。两岸统一不可能统一于哪个政党，而只能统一于民主。现在，台湾居民的民主意识越来越强，台湾的民主政治步子也越来越坚实。在这种情况下，要实现两岸的统一，只能统一于民主。统一于民主就是统一于进步。其实，海峡两岸都存在统一的意愿，只不过统一的理念不一样罢了。我们有必要树立共同的民主政治理念。只有统一于健全的民主制度，才符合两岸人民群众的根本利益，才符合历史前进的方向。可以这样说，中国民主政治健全之日，就是中国统一之时。”

后记一

可以怀疑我的能力，但千万不要怀疑我的动机！

面对着同一个客观事实——半杯水，不同的人却可以给予不同的解释和评论，而不同的解释和评论又给予人们大为不同的心理感受。

我本人既不是某甲这样满眼成绩歌功颂德的人，也不是某丙这样八面玲珑见风使舵的人，而是某乙那样实话实说、聚焦问题的人。

本人过去不曾、现在没有、将来也不会忽视和否认那来之不易的“半杯水”及其解国民之“干渴”的巨大意义。改革开放成就辉煌，除了在本书导论《你说这是为什么》中所提经济成就外，我国法制有所完善以及法治水平不断提高……某甲这样的人所看到的一切成就我都清楚地看到了。我也为之欣喜和骄傲！只是经济学家“社会医生”的使命感，以及我坚信“大家好才是真的好”和“长期好才是真的好”，我才严苛甚至不合时宜地“发现病毒、分析病理并开具处方”；心里都是病人的医生，从来不否认世界上绝大多数人都是健康的！同样，我满口问题和缺点，但从来不否认已经取得的巨大成就！我如果不是如此强烈地渴望真正的社会和谐与长久的社会稳定，就绝对不会如此焦虑地揭示潜在的社会矛盾与当下的社会风险；如果不是真诚地期待社会航船平安远航，就绝对不会善意地标注险滩暗礁；如果不是真正的崇尚实事求是，就绝对不会在天命之年还似《皇帝的新衣》中的孩童！此外，我还以一种“事情本可以更好”的思路看现实：成就本可以更大，或者，代价本可以更小，例如，既定的公共预算支出，路桥等公共物品质量本可以更高，或者，既定量的公共物品，预算支出本可以更少；一些让个人和社会付出惨痛代价的弯路和错误本可以避免；社会经济发展本可以更加平衡，等等。是的，对于追求理想和完美的知识分子，其在理想上是有些“得寸进尺、得陇望蜀”的；已经变为现实的理想，已经有了的“半杯水”，都成过眼风烟；他永远眺望远方，寻求新的风景。

本人过去不曾、现在没有、将来也不会认为，私有产权主导的市场经济和分权制衡的民主政治制度完美无缺。事实上，我认为市场经济和民主政治制度是有内在缺陷的，其批评者所提出的种种问题中有些的确存在。市场经济与民主政治确有缺陷，但我依然热爱并推介它们，是因为不是从理论上演绎，而是从实践效果上看，不是从短期看，而是从长期看，迄今为止，市场经济和民主政治制度的缺点相对少一些。两害相权取其轻，两利相权取其重。因此，我偏爱并推介市场经济与民主政治。此外，任何人都改变不了谁的孩子谁疼的事实，私人的东西总比大家共有的东西得到更好的照管和利用；任何人都改变不了政治家贪恋权力和滥用权力的内在倾向，绝对的权力，绝对的腐败，因此，私有产权和分权制衡，是绝对不可或缺的！

本人过去不曾、现在没有、将来也不会强制任何人接受我的看法。己所不欲勿施于人！我厌恶被人强制，也厌恶强制他人。即便是我手中那一点点的权力——考试，我也没有滥用过。我不会利用考试等形式强制我的学生到课、接受我的观点或写出“正确答案”。在本书的写作中，我甚至都不想费太多笔墨去证明自己的观点正确，因此，书中没有强词夺理式的文字，也没有令人怒发冲冠或是潸然泪下的案例，以强化我的看法或者说服他人。现如今，大家都很忙碌，即便是好同学和好朋友以及好同行，也很难静静地坐下来深入交流；纵使憋了一肚子话，既不能强拉朋友推心置腹，也不能直奔广场聚众慷慨激昂。怎么办？除了独上西楼把栏杆拍遍，就只有静坐书房敲击键盘。就本书而言，我只是以文字记录心路历程，只是想与朋友们说说话，说说我对国事天下事的看法而已！只是想给大家提供看世界的一个不同视角。当然，如果有人欣赏和接受本书中的某些拙见，并从所提供视角看到了新的景象，那么，我将倍感欣喜且荣幸之至！

我在此忐忑而诚恳地做上述说明，以缓释被人误解之痛！

霍彦立

2012.8

后记二

1998年8月12日，经济学诺贝尔奖获得者、美国经济学家保罗·萨缪尔森(1915~2009)给我复信，谈他对斯蒂格利茨的教科书《经济学》的看法，信中提到："每一代人都想超越自己的老师，这很自然。"不过，我可从没有想过超越自己的老师。我只是想继承老师们的优秀品格与专业精神，只想传递他们思想的火炬。在那弥漫着自由和浪漫气息的复旦园内，我从不同教育背景、不同阅历和不同理论偏好的老师们那里以及名列复旦校史的先师们的训导中，不仅得到了非常平衡的知识营养，避免了思想的畸形，而且得到了非常丰富的人生启示，避免了为人的浅薄，同时，也形成了自己的坚定理念信仰和鲜明专业特色。言念及此，心中对母校无以言表的感激之情更加强烈。

大学毕业，我自愿选择到大学从事经济学教学工作。经过大约一年半的进修和准备，于1985年3月11日上午，我第一次正式走上了大学讲台，讲授《西方经济学》。从那一天起，我就一直致力于提供一种文化思想上的平衡力量，让学生听到不同的声音，接触到不同的思想学说，以避免学生思想的畸形，阻止谬误流传。因为历史已经证明，思想畸形的青年人容易走向极端和疯狂，对文明和秩序的破坏力极其巨大。我始终认为，大学教师不为时政服务是不行的，但是，仅为时政服务是绝对不够的；他还负有发扬光大人类一般文化遗产的责任①。大学教师传授已经被证明是错误的东西是不行的，但是，仅传授已经被证明是正确的东西是绝对不够的；他还要探索许多尚无法真正断定对错的领域。大学教师不向学生传授实用知识与职业技能是不行的，但是，仅传授实用知识和职业技能是绝对不够的；他还要向学生传授纯粹的理论思想并培养其精神追求和社会责任感。大学教育不仅要培养学生高超的技能，还要塑造学生高尚的灵魂——读书人是要有几分贵族气质的！"我们这个浮躁而势利的时代需要用贵族的高贵感来镇静……我们以及我们的时代更需要让人肃然起敬且又久远、超拔、迷人、没有市侩气息、模仿起来没有任何负担的——贵族。"(李新中，2005)我始终坚持这

① 就大学而言，只有那些积极承担发扬光大人类一般文化遗产之责任的大学，才可能成为一流的大学。独立之精神和自由之思想以及多元文化和思想包容，永远都是大学创新与创造力的源泉，也是大学本应有的品格。而那些一味强调为时政服务的大学，一味跟着主旋律起舞的大学，无论舞姿有多翩迁，无论喝彩有多热烈，无论经费有多足，无论大楼有多高，无论校园有多大，无论设备有多新，无论平步青云权倾天下或日进斗金富甲一方的杰出校友有多少，都很难成为真正的一流大学！

样的教育观，也在科研和教学中实践这种看法。

我的信仰和理念，深深地影响着我的教学和研究，也影响着我的生活和命运。这本经济学随笔集，就是我的信仰和理念的具体体现。读它，其实也就是在读我，读一位自由主义者。“如果说自由主义者就是这样的人，他们展望未来而非沉溺往昔，他们欢迎新理念而不墨守成规，他们关注人民福祉——其健康、住房、学校、工作、民权和公民自由……那么，我自豪地说我就是一名自由主义者。”（约翰 F. 肯尼迪，1960）但愿此书以及我从前的作品，还有长期以来本人的职业表现和日常为人，有助于减少自由主义身上沉积的历史尘土和被人有意涂抹的偏见污垢。

这一生既然满怀激情和理想自愿选择了大学教师这份职业，就要无愧于知识分子和教授的称号，就要有强烈的道德与社会责任感，就要格外珍视思想的独立自由，就要有大师陈寅恪（1890～1969）“文章我自甘沦落，不觅封侯但觅诗”的气概。不过，虽不曾被“封侯”①，也不曾获得享受什么政府特殊津贴的专家称号，但却一直受到讲堂里绝大多数学生和听众以及友人的慷慨喝彩和大力支持，甚至还得到在学生中和网络上久久盛传的一些名号。我把这种喝彩和支持，看做是对我倾情传播的市场经济与民主政治理念的喝彩和支持。因此，给予我喝彩和支持的人，也是具有开阔视野和博大胸怀之人，也是被我视为精神世界的同路人，怎能不让我心生感佩？借此书付梓之际，我对诸君拱手致谢，真诚地谢谢大家！

我这人是有些执着的，在为人和做学问上，还真是做到了“走自己的路让别人说去吧”！自由思考，大胆梦想，随心写作，激情演讲，真乃是酣畅淋漓！中国社会现实的变化以及我的历届学生和听众，已经、正在并继续证明我倾情传播理念基本是正确的理念，我极目远眺的方向基本是正确的方向，尽管证明过程存在长短不一的“时滞”即时间差，也就是说，证明总是来得迟一些。我人生的悲或喜、甘或苦、得或失，等等，似乎皆与此有关。

现如今，须发染霜的我，时常深情和骄傲地在心中回望自己所走过的职业之路。深情和骄傲地回望是为了激情和勇敢地前行！啊，我身后那从未紊乱过的一串清晰坚定的脚印，已经决定了我继续前进的方向！

---

① 本人既无党派，也无官职。我的那个所谓“制度经济学研究所所长”绝对不是官职，只是个学术虚名，那个“制度经济学研究所”则是实实在在的“三无”——无编制、无经费、无场地。也好，自知“三无”，便不曾以所长招摇，也不曾以科研之需，巧立名目获取和支用科研经费、浪费公帑并制造印刷垃圾。2010 年我所在大学更名，那个研究所便也自行消失，与原校名一同成为历史。

纵然岁月的狂风折断我的翅膀，但仰望苍穹我心飞扬！
即使人生的巨浪打烂我的帆船，然凝视大海我梦远航！

霍秀之

2012.9

致　谢

我久仰茅于轼先生的长者风范和学者豪气。贡献卓著并声名远播海内外的茅于轼先生，应我之请，阅读书稿后，欣然为本书写下评语并全力推荐，鼓励晚辈学人，助推市场经济和民主政治理念及其实践。

荣幸结交一些有正气、豪气、义气和才气的朋友，且友谊之树长青，正所谓君子之交以道相合，不因升沉中路分。他们以不同方式给予我的学术工作极大的支持和帮助，增加知识价值，扩大思想影响。

国家留学基金委，以公正严格的程序用公帑助我行万里路、身临其境了解西方经济学的实践基础。我的所见所闻、所思所想，大大丰富了教学和写作内容，让更多的人更细致和真实地了解异域政治与经济。

图文并茂是一种迷人有趣的表达形式。书中图片漫画，风格各异，有些在原作基础上有所改动，有些找不到作者出处，都与内文相映成趣。图片漫画作者们的奇思妙想和神来之笔，为本书增光添彩。

王含女士亦是10年前我的《陌生的旋律》一书的责任编辑，热情、专业和认真。她及经济日报出版社的相关人员，总能给我的作品锦上添花，把我的见解建议及时且优美地传递给广大读者。